LOCAL AREA MANAGEMENT
ANALYSIS

地域経営分析

地域の持続的発展に向けて

南保　勝

[著]

晃洋書房

は じ め に

これまでの「地域経営」

　今から30年ほど前，日本がバブル景気に酔いしれていた時代．その頃，私は地方銀行系のシンクタンクに籍を置き，時々，本体の銀行が運営する文化活動（主催する団体名は，確か「文化経済懇話会」であったと記憶している）にスタッフとして参加することがあった．仕事の内容は，その団体がお客様を招いてとり行うコンサートや演劇などのイベントのお手伝いをすることで，参加する顧客の受付のほか主演者や会場の写真撮影といった単純なものであった．ただ，催しが終わると決まってゴージャスな宴席を設け，出演したアーティストや関係者をもてなした．もちろん，私達スタッフも当たり前の様にその宴席に参加していたことを覚えている．いま振り返るとまるで夢のような時代ではあったが，当時の日本国民にとって，それは当たり前の出来事であったに違いない．

　しかし，バブル景気が崩壊すると，これまでの仕事や暮らしは一変し"失われた10年"，"失われた20年"と呼ばれるように日本は長い景気低迷期を迎えた．そして，こうした中で地域の持続的発展，自活化を目指しながら，地域が独自に成長することによって日本全体の成長を引っ張るといった考え方が注目を集めるようになった．言い換えれば，国が一括して地域の成長をコントロールする時代から，地域活性化を中心的課題と位置づけながら，個々の地域が個性（地域力）を発揮することによって日本全体の持続的発展を維持しようとする考え方である[1]．そこに「地域経営」を実践することの意義が生まれたのではないだろうか．ただ，この時代の「地域経営」を考えてみると，それはどちらかというと自治体経営や地域開発に企業的な発想・マネジメントを入れ込んでいこうという限られた意味合いで使われていたような気がする[2]．

「地域経営」をめぐる新たな視点

ところで，戦後の日本経済を振り返ると，今日まで好況・後退・不況・回復といった景気循環が1945年以降で15回[3]あった．この間，政府の景気対策を振り返ると，高度成長期から安定成長期（1950～1980年代）にかけては，景気が落ち込むたびに公共投資などで需要を増やし景気回復を図るといった需要者側の改革で一定の効果を挙げることができた．しかし，バブル経済の崩壊以降は，ポスト冷戦とグローバル化・ボーダレス化の進展による地球規模での経済社会構造の大変革により，これまでの需要者側の改革だけでは十分な効果を挙げることができなくなった．そこで政府が採った経済対策は，規制緩和や構造改革を中核とする市場原理主義の導入による供給者側の改革である．確かに，政府による市場への介入や規制などを極小化し市場での自由な競争に任せておけば，価格・生産ともに適切に調節され，ひいては生活全体も向上する．しかし，企業の99.7%，数にして380.9万社[4]が中小企業で占められる日本において，行き過ぎた市場原理主義は産業社会に混乱を招き，十分な経済成長をなしきれない低成長時代を長引かせる原因となった気がする．そして，日本はこれまでの考え方，経済理論だけでは不況を断ち切れないといった，ままならない時代に突入していったのである．

こうした中で，「地域経営」に求められる第1の視点は，現代の経済社会をつくり上げたそのベースでもある，地域の歴史，自然資源，景観，生活文化，地域風土，伝統産業など，地域固有の資源に光を当て磨き育て，地域の自立的発展につなぐことで，日本経済全体の成長を下支えするということではなかったか．言葉を換えれば，地域の自立的発展を地域固有の資源から考え地域の再生，発展を図ること，それこそが「地域経営」の新たな視点であると思う．

第2の視点は，"文明"の"文化"化という言葉で示したい．近年，日本社会を取り巻く環境は大きく変化している．少子高齢化・人口減少社会の到来，自動車産業でのエネルギー革命，化石エネルギーから再生可能エネルギーへの転換，生産の集中から国際分散化への動き，環境技術や循環型社会への注

目，農業のビジネス化，さらに未来産業として拡大が見込まれるIoT（Internet of Things·モノのインターネット），Industrie4.0，AI，ビッグデータの活用……，様々な分野で大きな転換期（=「創造的破壊」が進展している時代）を迎えている．そして，こうした大転換は，地方自治の新たな仕組みづくりや地方の企業或いは産業界にとっても大きなチャンスになることは間違いない．但し，地域の将来を考えたとき，地域発展のルーツを再確認し，それを理解したうえで再スタートを切ることが必要ではないだろうか．なぜなら，これまで地域の発展を支えたものは地域固有の歴史が育んだ文化の違いにより地域固有の産業が生まれ発展してきたためである．文化とは「他とは異質なるモノ，地域固有のモノ，言語，地理的条件，気候風土，食……」，文明とは「広く共通しているもの，誰もが参加できる普遍的なもの·合理的なもの·機能的なもの」．Industrie4.0，AI，ビッグデータなどは文明であり，地域はそれらを使って地域固有の文化に置き換えることが出来るかどうか（例えば，製造業にとっての汎用機はどこにでもある文明であるのに対し，専用機はその企業固有の文化である）．"文明"の"文化"化がこれからの「地域経営」の重要な課題であり，公のセクターのみならず，民のセクターもそれを実践できる施策を講じなければならない．

　そして，第3の視点であるが，それを提示する前にこんな事例を挙げておきたい．それは去年の夏，徳島市で起きた「夏の風物詩」阿波踊りをめぐる事件である．この阿波踊りは，なかでも期間中（去年は8月12日から4カ日間）毎日最後の時間帯にフィナーレとして1500人の踊り手が一斉に踊る「総踊り」の人気が高いと聞いている．ところが，徳島市は，この阿波踊りの旧運営母体が40年間でつくった慢性的な赤字4億円余りの解消を理由に，この「総踊り」を取り止めると決めた．阿波踊りは，毎年，徳島県内外から120万人以上もの観光客を集める一大イベントであり，その一番人気である「総踊り」取り止めは，祭り関係者に激震となって走った．徳島市は，積み上がった赤字解消のために「総踊り」を止め，観客の少なかった他の複数ある演舞ゾーンに観客を分散させることで入場料収入を増やそうという考えだった．しかし，結局，徳島市のこの

思惑は外れ，観客数を増やすことはできなかった．考えてみれば，祭りは地域経済の繁栄の証である．それを祭り関係者，ひいては市民，県民のコンセンサスを得ることなく祭りの中身変更を決定した市側に何らかの問題はなかったのであろうか．それが問われるところである．つまり，この事例から言いたいことは，これからの「地域経営」にとって重要なことは，何事に関しても公民が互いに理解し合い連携して物事に当たる姿勢，言い換えればこれからの「地域経営」には公民連携の姿が最も重要であり，それが「地域経営」をめぐる3つ目の新たな視点でもある．

本書の構成

本書では，著者がフィールドとする福井地域を主なモデルとしながら，前述した「地域経営」における3つの新たな視点をさらにわかり易く解きほぐすことを試みた．従って，第Ⅰ部「地域固有の資源を考える」（第1章～第3章），第Ⅱ部「文明から文化へ　地域産業の挑戦」（第4章～第6章），第Ⅲ部「公民連携に向けて」（第7章）の構成として，福井の歴史，文化，伝統，地域特性，経済環境，産業・企業の状況，暮らし，さらに福井地域内外における地域活性化に向けての公民連携の動きなどをとりまとめた．

第Ⅰ部「地域固有の資源を考える」では，福井県をモデルに同地域の誕生ならびに現状での経済・社会環境，市まちごとの地域特性について歴史経過を含めながら整理した．ちなみに，第1章では「歴史に学ぶ地域資源——福井地域をモデルに——」と題し，地域の歴史経路にスポットをあて，越前国，若狭国など福井地域のルーツから地域資源を探った．なぜなら，地域の歴史・文化・地域特性・過去の主要産業などを遡ることで，そこに地域の持続的発展のヒントが隠れている気がしたためである．また，近世，幕末における産業についてもとりまとめた．ここでは，福井が昔からグローカル（ローカルだけどグローバル）な地域であり，農業圏ではなく工業圏であったことの理解を深めてもらいたい．第2章では「地域の経済」と題して，福井県の現状での経済規模，人口，産業，

労働，県民の暮らし等の面での地域特性を整理した．本章では，クオリティーの高い労働力と女性就業率の高さの背景を「歴史観」，「宗教観」，「地域風土」という3つの側面から論じている．第3章では「歴史で辿る市まちの姿」と題し，福井県内にある9市の歴史的発展過程と現状での経済・社会環境面での特徴をとりまとめた．各市まちの将来像は，その歴史経過を探ることで見出すことができるかも知れない．

　第Ⅱ部「文明から文化へ　地域産業の挑戦」では，第4章「地域の製造業」の中で，主要産業である繊維産業，めがね枠産業，化学産業，機械・金属産業ならびに福井に7つある伝統的工芸品産業の歴史的発展過程と現状ならびに未来像を論じたほか，技術の高度化を目指す企業群のすごさからは，"文明"の"文化"化が実際に起きている事実を理解してもらいたい．第5章「地域の非製造業」の中では，商業・サービス業，建設業，原子力産業について述べた．ここでは，福井の商業が全国的に注目を集めた「福井方式」による共同店舗運営についての是非を論じている．着眼点は，今，地域間競争がし烈化する中で福井の商業発展のためのツールとして本当に「福井方式」が機能するか否か，現在進行中の駅西再開発と併せて考えてもらいたい．また，サービス業では，その代表として観光業を採り上げ，課題を探った．地域における観光振興の一助となれば幸いである．第6章「地域企業の特徴」の中では，福井に長寿企業が多い秘密や，小規模ながら技術水準の高い企業が多いことと，その理由について述べた．これらの事実は，福井人にとって大いに誇れるところでもある．また，福井には県外から進出してきた外発型企業も比較的多く，これら企業の活躍が地域経済にとって重要な役割を演じていることも述べている．その中で，これからの地域産業の方向性についても示唆している．

　第Ⅲ部「公民連携に向けて」では，第7章「公民連携の動き――福井地域を中心に――」の中で，福井県や地域金融機関など福井地域の事例と併せて，小布施町のまちづくりや，新潟県農業総合研究所食品研究センターの試みなどから，公民連携のあるべき姿を述べた．

最後に，本書出版にあたりご指導，ご教示いただいた福井県立大学の進士五十八学長に深く感謝申し上げるとともに，出版のチャンスを与えていただいた晃洋書房の丸井清泰氏，福地成文氏に心からお礼申し上げたい．さらに，いつもながらこの研究を温かく見守ってくれた妻，家族にも感謝したい．

なお，本書は，公立大学法人福井県立大学より，出版助成を拝受しており，本学より特別のご配慮を頂いていることに感謝申し上げたい[5]．

2019年3月

南 保　　勝

注

1）内閣府 経済社会総合研究所　平成21年「地域経営の観点からの地方再生に関する調査研究」2009年より．

2）政策投資銀行編「21世紀の地域経営に向けて」『RPレビュー　2001 No.1 Volume 4』2001年，pp.6-8.

3）日本の場合は，景気循環を拡張（拡大）局面と後退局面の2局面に分割して表している．2局面分割の場合には，景気拡張局面の最高点が山で景気後退局面の最低時点が谷となり，谷から谷までが1循環とされている．

4）中小企業庁調査室編「2017年版中小企業白書」2017年より．

5）本書は，南保勝［2016］『福井地域学』の発展版である．

目　　次

はじめに

第Ⅰ部　地域固有の資源を考える

第1章　歴史に学ぶ地域資源 ……………………………………………… 3
——福井地域をモデルに——

1　福井地域のルーツを探る　(3)

2　近世，幕末へ　(6)

3　福井県の誕生　(14)

4　明治初期における福井県の産業　(18)

【コラム－1】若狭・鯖街道と熊川宿　(22)

第2章　地域の経済 ………………………………………………………… 25

1　経済規模でみる福井地域　(25)

2　人口でみる福井地域　(27)

3　産業でみる福井地域　(32)

4　労働でみる福井地域　(37)

5　県民の暮らしでみる福井地域　(40)

【コラム－2】蓮如上人ゆかりの地，吉崎御坊を訪ねて　(44)

第3章　歴史で辿る市まちの姿 …………………………………………… 47

1　温泉と蓮如上人ゆかりのまち「あわら市」　(47)

2　テクノポート福井と三国湊のまち「坂井市」　(49)

viii

3　朝倉氏100年の栄華が眠る県都「福井市」　　(52)

4　天空の城でブームを呼ぶ「大野市」　　(55)

5　平泉寺，繊維産業，恐竜のまち「勝山市」　　(58)

6　繊維，めがね枠，漆器のまち「鯖江市」　　(61)

7　1300年の歴史と製造業のまち「越前市」　　(64)

8　鉄道と湊，グローバルな人道支援のまち「敦賀市」　　(67)

9　「御食国」，大陸と都をつなぐ「小浜市」　　(69)

　【コラム－3】長崎県"出島"に学ぶ地域づくり　　(72)

第Ⅱ部　文明から文化へ　地域産業の挑戦

第4章　地域の製造業 ……………………………………………… 77

1　構造転換が進む繊維産業　　(77)

2　めがね枠産業のサバイバル戦略　　(86)

3　一業一社体制で躍進する化学・プラスチック産業　　(94)

4　福井のモノづくりを支える機械・金属産業　　(96)

5　未来産業として進化する伝統的工芸品産業　　(102)

　【コラム－4】「福井人絹取引所」と「福井人絹会館」　　(113)

第5章　地域の非製造業 …………………………………………… 117

1　地域間競争の中での商業・サービス業　　(117)

2　域内需要に恵まれた建設業　　(127)

3　転換期の原子力産業　　(130)

　【コラム－5】福井県年縞博物館　　(135)

第6章　地域企業の特徴 …………………………………………… 137

1　意外と多い長寿企業　　(137)

2　製造業を支える外発型企業群　　(141)

3　小規模企業が多いものの，技術水準はトップクラス　　(144)

4　自立化・自活化が進む地域企業　　(149)

5　グローバル化が進む地域企業　　(153)

6　これからの企業経営　　(156)

【コラム−6】今，求められる元気企業の条件とは　　(161)

第Ⅲ部　公民連携に向けて──福井地域を中心に──

第7章　公民連携の動き　………………………………… 167
──福井地域を中心に──

1　ふくいオープンイノベーション推進機構 (FOIP)　　(167)

2　公民連携に向けて，地域金融機関の挑戦　　(169)

3　長野県小布施町における公民連携　　(173)

4　「新潟県農業総合研究所食品研究センター」にみる産業支援から　　(177)

【コラム−7】福井県大野市和泉自治会の試み　　(179)

むすびにかえて　　(183)

資料編　全国47都道府県および福井県9市の「経済成長力」,「質的経済力」　　(189)

参 考 文 献　　(203)

索　　　引　　(207)

第Ⅰ部　地域固有の資源を考える

第1章
歴史に学ぶ地域資源
──福井地域をモデルに──

1　福井地域のルーツを探る

「継体天皇」と「越国」

　福井県といえば，「越山若水」という言葉を思い浮かべる人も多いことであろう．「越山若水」とは，越前の豊かな山と若狭の清らかな水を例えた言葉であり，これらに育まれた福井県は，極めて魅力的な場所として誇りうる地域でもある．では，こうした福井県は，いったいどのようにして生まれたのか．それを確かめるには，おそらく多くの人々が「継体天皇」の時代から，或いは「越国」の歴史からたどるべきだと主張するだろう．

　ところで，ここで登場する「継体天皇」だが，この天皇はどこで誕生し，どのように育ったのか．『日本書紀』によると，その父，彦主人王が近江高嶋郡三尾の別荘にて，「越国」の三国，坂中井にいた振媛の美貌を聞き，呼びよせて妃としオホト（後の「継体天皇」）が生まれたとある．しかし，父・彦主人王はオホトが幼い頃に世を去ったため，母・振媛は自分の生まれ故郷「越国」に連れ戻り，その地で50年あまりを過ごしたオホトは，507年に58歳でヤマト国の第26代天皇に即位したと記されている［隼田・白崎・松浦ほか 2006：44］.

　一方，「継体天皇」が育ったといわれる「越国」とは，現在の福井県敦賀市から北は新潟県に達し，山形県庄内地方の一部にもかかるほど広大な地域に設けられた地方区分としての国（令制国）であった．6世紀の段階ではイズモ（出雲，因幡，伯耆）やタニハ（丹波，丹後，但馬）と並び日本海側の重要な拠点の1

4　第Ⅰ部　地域固有の資源を考える

つだったといわれている．では，その「越国」は，何故，天皇を生み出すだけの力を保有することが出来たのであろう．その理由を調べてみると，以下の4つの背景が浮かび上がってくる．第1の背景は，「越国」が九頭竜水系をベースとした肥沃な土壌を有していたことで，農業技術や灌漑技術の発展を促したこと．これにより，越前平野の農業生産力は飛躍的に増大し，オホトの強大な勢力を支える要因となったことが考えられる．第2の背景は，角鹿，現在の敦賀市あたりを主な集散地とした越前，特に若狭一帯に広がる塩の生産を挙げなければならない．『日本書紀』によると，前代（第25代天皇）の武烈天皇の世に，大伴金村によって滅ぼされた平群真鳥は，あらゆる塩が天皇のご膳に上がらぬよう呪いをかけたとある．ただ，角鹿の塩だけは呪いをかけ忘れたために，その塩だけが天皇のご膳に上がったことを伝えている．角鹿の塩とは敦賀湾の塩だけでなく，この地に水揚げされる越前・若狭一帯の塩を指していたのであろう．こうした背景はオホトが勢力を伸ばすための十分な要因となったのではないか．第3の背景は，「越国」における鉄と馬の生産である．ちなみに，福井市にある天神山七号墳など福井県嶺北地方の古墳からは数多くの刀剣が見つかっており，中央進出に欠かせない馬についても，オホトは早くから馬の飼育にたけた河内地方の豪族とつながりを持っていたことが知られている．そして最後の第4の背景として，やはり「越国」を含む日本海側では，古くから大陸との交流が盛んな地域であったことを挙げなければならない．特に，越前は古くから敦賀，三国の湊を有し，大陸との交易が盛んであったと聞いている．現在の敦賀市にも，新城神社，信露貴彦神社といった大陸とのかかわりのある神社が残っており，天神山七号墳（福井市）からは朝鮮半島南部製の金の耳飾りが出土し，日本松山古墳（永平寺町）からも韓国・高霊の池山洞三十二号古墳出土の冠と類似する銀鍍金の冠が出土している．このことは，古より越前が朝鮮半島南部と深い交流があったことをうかがわせるものである．こうした4つの要因により，後の「継体天皇」，オホトは勢力を伸ばしていったに違いない［隼田・白崎・松浦ほか 2006：50-52]．

その「越国」は，7世紀後半に「越前国」，「越中国」，「越後国」に分割され，その「越前国」の国府[2]が旧武生市（現在の越前市）にあったと聞いている．また，3国に分割された時の「越前国」の領域は，現在の石川県と，福井県の北部を含み，後の敦賀郡，丹生郡，足羽郡，大野郡，坂井郡，江沼郡，加賀郡，羽咋郡，能登郡，鳳至郡，珠洲郡の11郡にわたる広大な面積であった．ただ，これまでの話を総括すると，この時期に現在の福井県としての若狭地方が出てこない．それもそのはず，この時代（7世紀），既に若狭地方には「若狭国」が成立していたのである．以下では，この「若狭国」と「越前国」について，若干の整理を試みたい．

「若狭国」と「越前国」

かつて，福井県は，「若狭国」と「越前国」の2国から成り立っていた．「越前国」は現在の嶺北と敦賀市，「若狭国」はそれ以外の嶺南地方である．

『日本書紀』によれば，若狭が「若狭国」として初めて登場するのは天武天皇4（675）年からである．それまで若狭は若狭の国造や角鹿の国造の領土だったといわれており，4世紀後半にヤマト王権の支配下に入った後，前述した7世紀後半に「若狭国」が設置されたと聞いている．また，「若狭国」は，奈良時代，ヤマト王権の日本海側入口として，海産物を朝廷に収める御食国[3]とされていたらしい．参考までに，若狭が御食国として調（各地の特産物）で収めた物産の中味を見ると塩が圧倒的に多く，平城京から若狭の調塩の木簡が数多く発見されている事実からも，奈良時代（6世紀後半～8世紀）にかけ，若狭が重要な塩の供給地であったことが確認できる．若狭湾沿岸には，今も土器に海水を入れ煮詰めて塩を生産した製塩遺跡が70カ所以上残っており，このことは，古代の若狭が塩の一大産地として大いに栄えていた事実をうかがわせるものである（**図1-1**）．

一方，「越前国」については，前述のように7世紀後半になり，「越国」が「越後国」，「越中国」，「越前国」の3国に分離する中で成立したものと考えられて

6　第Ⅰ部　地域固有の資源を考える

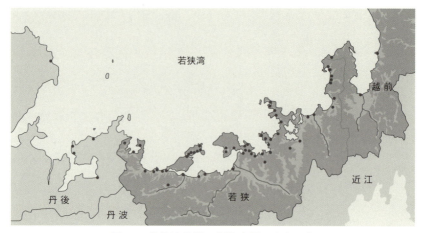

図1-1　若狭湾沿岸の製塩土器の出土分布
資料：福井県編［1998］．

いる．『日本書紀』には持統天皇6（692）年に，"越前国司，白蛾を献れり"と「越前国」の名が初めて現れ，このころには「越前国」が成立していたことがうかがえる．その後，「越前国」からは718年に「能登国」（羽咋郡，能登郡，鳳至郡，珠洲郡の4郡）が，823年には「加賀国」（江沼郡，加賀郡）が誕生することになる．では，いつの時代に「若狭国」と「越前国」が一体化し，福井県と呼ばれるようになったのか．

　古代史の話はこれくらいにして，時代を「越山若水」，若狭地方を含む嶺南と嶺北から出来上がった福井県の成立時期へとタイムスリップしよう．

2　近世，幕末へ

幕末の諸藩

　幕末の福井地域，諸藩の在り様を知るには，その始まりとなる1600年代初頭，江戸幕府の誕生の頃から振り返らなければならない．

　1600年の関ヶ原の戦い以後，それまで若狭地方を治めていた木下勝俊や越前

第1章 歴史に学ぶ地域資源　7

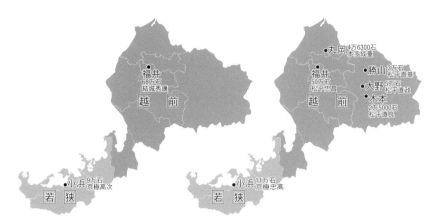

図1-2　関ヶ原の戦い後の所領構成
資料：図1-1に同じ.

図1-3　1624年（寛永元年）の所領構成
資料：図1-1に同じ.

　敦賀の大谷吉継は石田光成の西軍に味方したため領地を奪われ，徳川家康の東軍に属した府中（現在の越前市）の堀尾吉晴，北庄（現在の福井市）の青木一矩（あおきかずのり）なども領地を移された．そして，越前一国が家康の次男である結城秀康（68万石）に，若狭一国が大津城で関ヶ原の戦いの直前まで奮戦した京極高次（9万石）に与えられ，福井藩と小浜藩が成立することになる（図1-2）．

　その後，福井藩2代目の松平忠直は，大坂の陣で戦功を立てながらも将軍に認められなかったことから，次第に幕府に反抗的態度をとるようになった．そのため，忠直は幕府から不行跡や江戸への参勤を怠ったことなどの乱行を理由に，1623（元和9）年改易され豊後国大分に配流される．翌年の1624（寛永元）年4月，越後高田藩で別家25万9000石を与えられていた忠直の弟（秀康の次男），松平忠昌が50万石で入封．その後，居城周辺の街・北ノ荘は「福居」（後に福井）と名を改められる（図1-3）．聞くところによると，北という字義には，「背く，逃げる，違（たが）う，敗れる，という意味があり，一国の主城の名称や城下の名としてふさわしくない」という者がいて，忠昌がすなおに「福居」を採りあげたらしい．確かに，柴田勝家から忠直に至るまで，北ノ庄には悲運が続いた．そのため忠昌は「福居」に改め，その後，福井の文字が使われるようになった．し

かし，地名のおこりは諸説があって定かではない．もっともらしい説には，本丸あたりに「福の井」という霊泉があったからだと聞いている．

一方，若狭では，1634（寛永11）年に小浜藩が時の老中酒井忠勝に与えられ，譜代大名の領地となって明治維新まで続く．同時に，敦賀郡では小浜酒井氏の分家が3家成立したほか，1682（天和2）年に大野は譜代大名の土井氏へと領主が代わる．こうした中で，もっとも大きな変化は1686（貞享3）年に福井

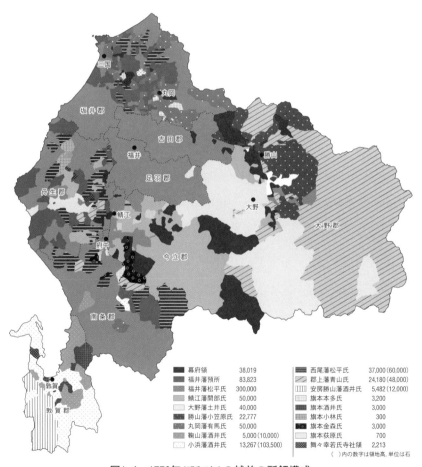

図1-4　1770年（明和7年）の越前の所領構成

資料：図1-1に同じ．

藩の領地が半分に削られたことである（もっとも，幕末には32万石まで戻したが…）．
この結果，越前には広大な幕府領が成立するとともに，1691年には勝山に小笠
原氏が入封，1697年に紀州家の分家の松平2氏（この内1家はのちの8代将軍とな
る徳川吉宗が当主）の領地が成立し，1720（享保5）年には鯖江に間部氏が入った．
このほか，大坂城代の土岐氏，美濃郡上藩，三河西尾藩の領地などがもうけら
れ，さらに旗本の諸領もわずかながら設定された．

　その結果，1700年代後半の越前には，城や陣屋を持つ大名6人，それ以外の
大名4人，旗本5人，幕府領も含めると実に16人の領主がいたといわれる．そ
して，こうした状況は概ね幕末まで続くことになる（**図1-4**）．

近世，幕末にかけての主要産業

　次に，近世の始まりから幕末にかけての主要産業の特徴を，福井県編『福井
県史通史編4　近世二』［1996］をもとに振り返ってみよう．

　本書によれば，近世，ことにその前半，越前敦賀・若狭小浜の2つの湊町は，
全国的にも大いに脚光をあびていたことが記されている．北国の領主たちは，
手に入れた年貢米を中央市場である上方へと輸送し，それで得た金銀で鉄砲や
高級織物などの手工業品を買い求めていた．これを中継したのが，越前敦賀・
若狭小浜の湊町であったらしい．特に，17世紀の中ごろ，敦賀には年間2000艘
を超える船が入津し，米だけで60万俵あまりが陸揚げされた．たぶん，行き先
は琵琶湖を通って大津・京都といったところであろう．ただ，この繁栄も17世
紀末に西廻り航路が開かれたことでかげりをみせはじめる．しかし，近世後期
には，小浜の古河屋，越前河野浦の右近家など，いわゆる「北前船主」が活躍
し，この地は幕末まで全国流通に深くかかわっていたらしい．

　ところで，この北前船だが，そもそも北前船とは何か．蝦夷地と大阪を西廻
り航路（日本海航路）で結び，船主自らが立ち寄る港々で商品を買い付けながら，
それら商品を別の港で販売し利益を上げる買積み廻船のことをいうらしい．

　江戸時代，武士の給料は米を単位として与えられていたが，北海道の松前藩

では米がとれないため，家臣には漁場が与えられた．家臣は，自分の漁場でとれた漁獲物を本州の商人に売り，生計を立てていたが，商いに馴れない家臣たちは商人に漁場での商売を任せ，商人から運上金を取り生計を立てるようになった．そこでできた制度に場所請負制というものがある．これは，松前藩の家臣が自分の漁場での商いを商人に任せた特権制度であり，場所請負人とは特権を与えられ運上金を収めた商人のことを指す．江戸前期から江戸中期まで場所請負人の特権を握った近江商人は蝦夷地の産物を荷所船に乗せて敦賀や小浜の港に運んだ．この荷所船の船頭として越前や加賀の船乗りたちが雇われていたのである．しかし，江戸時代中ごろになると，蝦夷地に進出してきた江戸商人によって近江商人が衰退していく．この近江商人の衰退により，荷所船の船頭をしていた越前や加賀の船乗りたちは，これまでの経験を活かして，自分で船を持ち買積みという商いを始めるようになったのである．これが北前船の始まりともいわれる．各地を寄港しながら自分で安く商品を仕入れ，高く売れる港で売却する北前船の買積みという商い方法は，運賃積と異なり大きな利益を生み，主に西廻り航路で蝦夷と大阪を結ぶ北前船の時代は明治の中頃まで続いたという．

　では，北前船は何を運んでいたのか．大阪から蝦夷地に向かう荷を下り荷と呼び，大阪や下関の港では，竹，塩，油，砂糖，木綿，紙，たばこなどの日用雑貨を，小浜や敦賀の港では，縄，むしろ，蝋燭など，新潟や坂田の港では米などを積み込んだという．逆に，蝦夷地から大阪に向かう荷を上り荷と言い，カズノコ，コンブなどの海産物やニシンを積み込んだ．北前船の1航海の利益は，下り荷と上り荷を合せた収益から，船乗りの給料，食費，船の修理代を差し引いたものであった．明治5年の「八幡丸」の収支報告を見ると，収入は下り荷が223両，上り荷が1169両，その他146両，合計1538両．支出は724両で，差し引き814両の利益が出ている．こうしてみると，上り荷の利益が極めて大きいことがわかる．当時，蝦夷地でとれたニシンは田や畑の肥料として大量に使用されていた．千石船1航海1000両と呼ばれた北前船の収益の多くは，上り

船のニシンだったのである．さて，話を越前河野浦の右近家に戻そう．旧河野村にある右近家は，いったい何時頃誕生したのであろう．一説によれば，初代，右近権左衛門が1軒の家と1槽の船を持ち，船主として名乗りを上げたのが延宝8 (1680) 年の頃と言われる．その後，右近家の廻船経営が明らかとなるのは，江戸時代の中頃，天明年間 (1781〜1789年)，7代目権左衛門の頃からである．

　7代目は蝦夷地と敦賀・小浜等を往復し物資を運ぶ近江商人の荷所船の船頭をする傍ら，自分で物資を売買する買積み商いを始め，次第に北前船主としての道を歩み出したのであった．こうして北前船の基礎を築いた8代目，繁栄を極めた9代目と続いていく．10代目は，明治時代中頃から衰退していく北前船主の中でいち早く汽船を導入し輸送の近代化をはかる一方，海上保険会社の創立など事業の転換をはかった．11代目は，日本海上保険会社と日本火災保険株式会社の合併や右近商事株式会社など経営の基盤を確立した．そして，12代目，安太郎は右近家の歴史と伝統を受け継ぎ日本火災海上保険株式会社の社長を長く務める一方，旧河野村の北前船歴史村事業に賛同し，本宅を村の管理にゆだね「北前船主の館 右近家」として一般に公開し，現在に至っている．

　いずれにせよ，北前船の船主が当地に存在していたという事実は，15〜16世紀，あのコロンブスやマゼランが活躍した大航海時代を彷彿させるものであり，さらに，小浜，敦賀，三国など大陸文化伝来の玄関口として栄えた地が存在していた事実と合わせて考えれば，福井県そのものが古より広域ネットワークの拠点として，経済，文化，人的交流などの面で極めて重要なポジションを担っていた事実を認めなければならない．

　このように海を生業の場とした越前・若狭の浦々は，近世前期には中世以来の漁業の先進性を背景に，城下町の成立による新たな需要を得て大きく発展したのである．

　また，古代以来の塩づくりも盛んであったが，18世紀に入ると塩づくりは瀬戸内の塩に圧倒されるようになり，漁業もその勢いが失われていく．塩づくりが衰退した要因はというと，そもそも越前・若狭の製塩法は，塩田に桶で汲み

12 第Ⅰ部 地域固有の資源を考える

上げた海水を撒き，夏の太陽熱と風によって水分を蒸発させ，塩の結晶が付着した砂をかき集め，それに塩水をかけてこい塩水を採り出し，それを窯で長時間煮詰めて塩を採り出すという，いわゆる揚浜式であったと聞く．こうした塩づくりには，塩に炊き上げるための燃料（当時，燃料になる木々を塩木と呼んでいた）が大量に必要となったが，この塩木を確保するには大きなコストと大変な苦労をともなった．こうした中，17世紀の終わりになると，気候条件に恵まれ，また潮の干満の大きい瀬戸内海沿岸で潮汲みや潮撒きの作業のいらない入浜式の製塩が盛んになり，そこで生産された安価な塩が，これより少し以前に開かれた西廻り航路（北前船）により越前・若狭にも大量に出回るようになったという．この結果，越前・若狭の浦々の塩づくりは大きな打撃を受け，徐々にこの地域から衰退していったのである[5]．

こうした中，一方では新たにサバやカレイ漁がさかんとなり始め，塩づくりに代わって油桐の栽培が急速に伸びて若狭の特産となっていくのであった．そのほか若狭ぐじ，サバ，若狭かれいなどが水揚げされ，鯖街道を通り畿内の大消費地へと運ばれていたことは言うに及ばない．また，若狭では，鎌倉時代から生産が始まった"へしこ"や，"熊川葛"，"なれずし"，"若狭うなぎ"などの生産も勢いを増している．

一方，農村に目をむけると，近世には越前・若狭ともに秀吉から厳しい太閤検地が行われたが，それでも17世紀中は人口増もみられ，生産力の増加がうかがえた．ただ，18世紀以降は，凶作や飢饉が続発し停滞していく．これは，越前・若狭に特徴的なことではなく全国的な状況である．

また，この時期，鉱工業の進展も目覚ましく，例えば，鉱山開発の場所として，今立郡，南条郡，坂井郡，大野郡などに金山の跡が，丹生郡，今立郡，南条郡，大野郡などに銀山の跡が残っている．16世紀中ごろより，全国各地で金銀山が開発されたが，その理由をたどれば，それまでの戦国大名の領国経営を中心とした経済から全国的な商品流通経済の拡大にともなう当然の流れといってよいかも知れない．

そのほか，工業製品としては，奉書紙の名が代表する越前五箇（旧今立町の岩本，不老，大滝，定友，新在家）の越前和紙の生産は言うに及ばず，越前打刃物などの生産も活況を呈した．鉄と銅を赤く熱し槌で打って槌接し，銅に焼を入れて硬くし，研磨して刃をつけて仕上げる．近世における越前打刃物は鎌鍛冶中心で，越前鎌とも呼ばれた．その他，旧松岡町（現在の永平寺町）や旧今立郡五分市（現在の越前市），旧南条町（現在の南越前町），旧坂井市三国町（現在の坂井市），敦賀市などでの鋳物業，山地に自生するトチ，ケヤキ，ミズメ，ブナ，ヒノキなどの木材を鉋，銑，鑿などで加工して，椀，膳，盆，杯，杓子，玩具などの日用木器具をつくる，いわゆる木地師なども数多く存在した．その他，大麻や苧麻（「ちょま」と呼びイラクサ科の多年草で衣料や漁網，莫蓙の縦糸，蚊帳用糸，苧縄用などに加工して使用されていた）や真綿，生糸・絹織物，木綿，桐油，越前焼，砥石，笏谷石などの数多くの特産物が生産されていたと記されている．特に，笏谷石は，17世紀後半に西廻り航路が整備されると，北へ向かう船のバラストを兼ねて多くが運ばれ，土木・建築の一般商品として，遠くは函館や江差あたりまでも規格化され販売されたという．

このように，近世，幕末にかけて，越前・若狭では農業以外の商工業が活発に営まれ，これらの生産物は北前船などの広域ネットワーク整備により全国的な広がりを見せていたことがうかがえる．ただ，若狭の塩づくりのように北前船の繁栄により，それがもとに衰退していく産業があったことも忘れてはならない．

近世，幕末の逸材

近世，特に後期の越前・若狭は，多くの逸材も輩出した．例えば，日本における洋学発達の歴史において極めて重要な人物，『ターヘル・アナトミア』を翻訳した杉田玄白・中川淳庵もその1人である．大野藩主の土井利忠は，洋学の受容に積極的で，藩政改革や蝦夷地開発にも努力した．

また，幕末期，小浜藩主酒井忠義は京都所司代，前福井藩主松平慶永（春

14 第 I 部 地域固有の資源を考える

嶽）は政事総裁職に就くなど，幕政に深く関与した．元小浜藩士である幕末
の儒学者 梅田雲浜，福井藩士『啓発録』の著者 橋本左内や，福井藩の財政再
建で手腕を振るった三岡八郎（後の由利公正），坂本龍馬が起草したとされる新
国家体制の基本方針 船中八策の原案をつくったといわれる横井小楠らが幕末
の政局に大きな影響を与えたことは言うに及ばない．その他，国学者で歌集
『独楽吟』の歌人 橘曙覧，幕末の福井藩士で米国ラトガース大学へ留学した日
下部太郎，その日下部と深い関係にある米国人で福井藩の藩校明新館で化学と
物理を教えたW.E.グリフィスなど枚挙に暇がない．また，幕末期には民衆も
また海防，幕府の長州攻め，京都警護などへ藩士とともに動員された．同時に，
開国の影響が徐々に越前・若狭にもおよび，物価騰貴は著しく民衆の生活を圧
迫するなど世情が激動の様相をみせる中で明治維新を迎えることになる．

3 福井県の誕生

藩の解体と敦賀県・足羽県の成立

改元の詔書が出された旧暦・慶応 4 年 9 月 8 日，新暦の1868年10月23日をもっ
て，元号が慶応から明治へと変わる（詔書では慶応 4 年 1 月 1 日に遡って明治元年 1
月 1 日と定められた）が，その 1 年後，1869（明治 2）年 1 月，薩長土肥の藩主連
盟の版（土地）・籍（人民）奉還の上奏がされると諸藩も相次ぎ，福井藩，小浜
藩なども奉還書を提出．旧藩主は藩知事に任命され，藩政の改革が始まった．
そして 2 年後の1871（明治 4）年，新政府によって廃藩置県が断行され，新た
に 3 府（京都府，大阪府，東京府）302県が成立した．これにより，これまでの藩
主の上京と共に有力藩士も政府に出仕して国元を離れ，江戸時代を通じて地方
に築きあげられた地方分権の時代は終わり強固な中央集権体制が東京中心に確
立されたのであった．その僅か 4 カ月後には，3 府302県から 3 府72県に整理
統合され，同年11月，若狭 3 郡（遠敷郡，大飯郡，三方郡）と越前今立，南条，敦
賀の 3 郡をもって敦賀県を，他の越前 5 郡（足羽郡，吉田郡，丹生郡，坂井郡，大野郡）

第1章 歴史に学ぶ地域資源　15

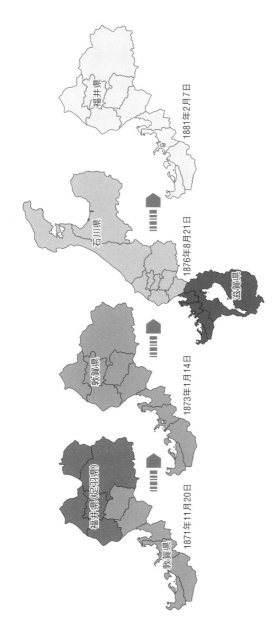

図1-5　福井県が設置されるまでの県域の変遷

資料：図1-1に同じ。

をもって福井県が置かれた．敦賀県は中央派遣の職員を中心に県庁が敦賀に置かれたが，これは実質上，旧小浜藩の解体であり，南北朝以来数百年にわたって若狭の中心であった小浜の行政的役割を終えることになる．また，福井県は旧福井藩士を中心に県庁が福井に置かれるが，旧福井藩色を嫌った新政府は僅か1カ月あまりで福井県から足羽県へと県名を変更させるのであった．もっとも新政府は，旧佐幕派（江戸幕府の補佐派）の城下町に新県庁は置きたくないという恣意もはたらき足羽県は1年あまりで消滅し，現在の福井県とほぼ同エリアの新敦賀県（1873年）が誕生，その県庁所在地が敦賀に置かれることになる．そして，こうした動きは旧足羽県側の反発を生む原因となったことは言うに及ばない．

嶺北は石川県へ，嶺南は滋賀県へ

ところで，今の福井県人が当たり前のように使う「嶺北」，「嶺南」の言葉は，いったいいつ頃誕生したのか．中島辰夫『福井県の誕生』［2014］を読むと，そのルーツが述べられている．中島によると，「嶺北」，「嶺南」の言葉は，足羽県を合併した新敦賀県において，県庁の所在地を巡り，木の芽峠を境に以北に住む主に足羽県側の人々と木の芽嶺以南の人々との意見の相違により生まれたと記されている．つまり，木の芽嶺以北の人々にとって県庁所在地が敦賀にあることは何かと不便であったのに対し，木の芽嶺以南の人々にとっては敦賀県のほぼ中央に位置する敦賀が県庁所在地として適切であると反論した．こうした対立から生まれた言葉が，古代律令からの国名である「越前」，「若狭」とは異なる木の芽嶺の南北をもって分ける「嶺北」，「嶺南」という地域名が登場するきっかけとなったと記されている．

いずれにせよ，こうした県庁所在地への不満をはじめ，新政府の様々な新施策（地租改正，廃刀令，散髪の奨励や太陽暦の採用，新しい学校教育の開始……）に対する不満は全国的な広がりを見せ，これに危機感を募らせた新政府は，県庁経費の節減と旧幕藩勢力のさらなる一掃を目的に再び県の統廃合を行い，その一環

として，敦賀県は嶺北7郡を石川県に，嶺南4群を滋賀県に分属させてしまうのであった．これは，ちょうど1876（明治9）年の出来事である．参考までに，この時の日本全体を見ると，これまでの3府72県から3府35県にまで統合が進められている．

福井県の誕生

前述の新政府による3府35県への統合は，違った意味での恐怖心を新政府に与えた．例えば，越前7郡を統合した新石川県は，現在の富山県をも統合し，人口規模で182万人，旧石高で220万石にも及び，人口，石高で当時全国1位の大県に達していた［中島 2014：62］．この頃の日本の人口が約3300万人であったことを考えると，新石川県は日本全体の5.5%にあたり，富山，石川，福井の3県にも及ぶ新石川県は，いわば古代の越国の復活を想像させるものである．

こうした中，1881（明治14）年2月7日，若狭3郡と越前敦賀郡が滋賀県から，越前7郡が石川県から分離されて，現在の福井県が成立する（図1-5）．初代県令は，旧彦根藩士石黒務であった．では，ここに至って何故再び福井県が誕生したのか．その理由として，中島によれば，まず現在の47県を基準に考えると，新政府としては当時の日本全体の人口（約3300万人）から試算した結果，1県あたり70万人程度を妥当と考えたこと．ちなみに，この再置県によって，関係各県の人口は，石川県70万人，富山県68万人，福井県57万人，滋賀県62万人となったらしい．それと旧石川県側は，坂井郡出身の杉田定一が指導する越前7郡の執拗な地租軽減運動，抵抗をきらったという側面も見逃せない．翌年より，毎年2月7日には旧福井藩士族を中心に「置県懇親会」が開かれたが，これは9年の空白をおいてふたたび旧福井藩を核とする県が成立した喜びの表れであったという．また，元福井藩主 松平慶永も県令石黒にあてた書簡の中で，福井県の誕生を喜びとして伝えている．一方，伝統，文化，人的・物的な交流などの面で滋賀県との関係の深い嶺南4郡にとっては協調路線を歩んでいただけに，福井県への分属は青天の霹靂となった．これ以降，10年以上にわたり嶺

18   第Ⅰ部　地域固有の資源を考える

南4郡の滋賀県への復県を求める運動が続くことになる.

4   明治初期における福井県の産業

商品流通経済の進んだ地域

　これまで述べてきたように，福井県は分離，統合，時には消滅という危機的状況を乗り越えながらも，明治期のはじめに現在の福井県とほぼ同じ地形の県域をつくりあげていった．では，こうした歴史的背景の中で，福井県が誕生した明治初期における本県の産業はいったいどのような特徴を持っていたのか．以下では，福井県編『福井県史通史編5　近現代一』［1994b］を紐解きながら振り返ってみよう.

　本書では，明治初年の福井県下農村社会における諸物産の生産状況を検討するにあたり，北陸3県の概観が述べられている．その基礎となる資料は，明治7年の「府県物産表」であるが，それによると北陸3県の状況について，まず米の生産高では，新潟県など主要産出17県のうち敦賀県（福井県）が12位，石川県が10位，新川県（富山県）が4位となっている．また，菜種では，愛知県はじめ主要産出14府県のうち敦賀県が9位，石川県が10位，綿織物では，大阪府をはじめ主要産出11府県のうち新川県が2位となっている．次いで，麻類では，栃木県をはじめ主要産出9県のうち敦賀県が2位，蠟類では，大阪府をはじめ主要産出10府県のうち敦賀県が4位に入っている．こうした北陸3県の主要産物の生産状況からみても，当時の全国63府県の中で，敦賀県（福井県）の農村商品生産は比較的高位にあったことがわかる.

　しかし，当時の敦賀県（福井県）での物産生産力の特徴はそれだけではない．本書によれば，当時の敦賀県下の諸物産の構成比と全国のそれを比較すると，次の特徴を見出すことができる．第1に，**表1-1**から，物産合計額の全国（3億7078万6000円）と敦賀県（783万1000円）を比較すると，敦賀県は全国の2.1%を占めていることがわかる．現在の福井県は人口比で全国の0.6%程度で出荷額等も

第1章　歴史に学ぶ地域資源　　*19*

表1-1　全国・敦賀県の諸物産構成比(明治7年)

物産名	全国(%)	敦賀県(%)	主要品目価額比率(敦賀県)(%)
米・麦・雑穀	49.6	45.4	米38.4，麦2.5
蔬菜，果実	3.3	1.5	蔬菜1.3
加工原料作物	8.3	5.1	菜種1.6，煙草0.5，麻1.3，綿0.7，染料0.2
离獣類	2.0	0.1	
林産物	3.3	5.3	炭2.5
水産物	1.9	4.5	鯖2.2，海藻類0.1
肥料・飼料	1.1	0.2	
飲食物	12.0	5.9	醸造物5.5
農産加工	11.9	14.8	油蠟類3.3，織物4.4，生糸1.5，製茶0.5，紙類0.5
水産加工	1.3	1.8	藤竹器類0.5
陶漆器	0.8	0.9	漆器類0.5
雑貨手芸品	1.9	5.5	
器具・船舶	1.3	5.4	**釘4.1，鎌0.6**
その他加工品	0.2	1.4	傘0.2
金属・石鉱	1.1	2.2	石炭1.2
計	100.0	100.0	
（千円）	370,786	7,831	**全国の2.1%**
農林水産物	68.9	62.0	水産物までの合計＋肥料・飼料の2分の1
工産物	31.1	**38.0**	飲食物からの合計＋肥料・飼料の2分の1

注：敦賀県は明治7年『府県物産表』，全国は古島敏雄『産業史III』による.
資料：福井県編［1994b：475］より抜粋.

全国比0.8%程度である．確かに，当時の人口は全国比で1.7%程度を占めていた
ことから，全国に占める産額のウエイトも現在より大きくなることはわかるが，
当時の人口比を斟酌しても2.1%はかなり大きい．つまり，福井地域は，近世か
ら明治にかけ，商品流通経済の進んだ地域だったのである（**表1-1**）.

日本屈指の工業地域（和釘の生産では日本最大）

　第2に，敦賀県が全国平均と比べて低率なのは，米麦雑穀を筆頭に，加工原
料作物・飲食物であり，反対に全国平均をかなり上回るのは，農産加工，水産物，
器具・船舶となっている．すなわち，農林水産物が全国平均を下回るのに対し，
工産物は全国平均をかなり上回っており，敦賀県下の加工商品生産の進展度が
かなり高かったことをうかがわせている．ちなみに，農産加工の分野では，織
物（奉書紬，木綿縞，白木綿，布，蚊帳）・油蠟類（木の実油，蠟燭）・生糸・麻糸・綿糸・

20　第Ⅰ部　地域固有の資源を考える

製茶・紙類の品目が，器具・船舶では，金属加工品（釘鋲・針・刃物類・農具）が主要なものとなっている．また，この事実をさらに確信させる文献として，古島敏雄『体系日本史叢書12　産業史Ⅲ』[1985] では，福井県が明治初期において鉄製品製造，特に和釘をはじめとする鉄製品生産の一大拠点であったことが記されている．

　本書によれば，「敦賀県では織物が第1位にあるが，これは後年顕著な発展をとげる羽二重生産によるものではない．絹織物の比重は高いが，それは奉書紬・糸織縞（両者計11万1727円，織物合計の32.2%）のような太糸によるものである．羽二重の発展は明治20年代以降のことである．麻布・蚊帳など麻製品が最も多く14万895円で織物類総価額の40.7%であり，木綿も8万1000余円産している．特色は，これよりも第2位の金属加工4.3%にある」と述べたうえで，さらに古島は，敦賀県の金属加工業について次のように述べている．「敦賀県の金属具の名産に越前鎌がある．物産表には4万9129円，97万挺があげられている．このほかにも包丁・斧・鋏・錐・蚤・鋸など刃物類の1万7812円があり，その他農具類も多く，刃物類の主要生産地の1つとなっている．刃物類は，兵庫県姫路周辺の飾磨県が第1位で5万8000円，大阪・京都がこれについて4万円前後，敦賀県は第4位となっている．敦賀の鉄製品生産地としての特徴はこれらのほかに釘，鋲・針等の最大の産地であることにある．直接これら商品の全国総生産額を計算してはないが，これらをその一部に含む器具・道具類のほぼ80%を生産する20県でこれらの生産物を95万余円生産するうち，敦賀県で31万8340円（33.4%）を占めている．金属加工としたものはこの釘の類のみである．これらに次ぐものは新潟県18.4%，大阪の10%，静岡の9.5%等である．釘はもちろん和釘であり，この後輸入洋釘に圧倒されて国内生産は失われ，明治40年代に入って，再び大阪中心に新しく洋釘の生産が始まるのである．敦賀県は釘類・刃物類・金属製農具類生産の中心地として，江戸時代から鉄製品生産地帯の地位を占めていた．農具・刃物類をも加えれば器具・金属製品の生産額は総生産額の5.8%となる．これが加わって敦賀県が工業県となったことは江戸時

代の鉄製品工業の中心地がここにあり，それが明治7年まで続いたことを示す意味をもっている．その具体的な姿は今日未だ十分に解明されていないのである……」［古島 1985：87-88］と．和釘といえば新潟県の金属洋食器産地 燕・三条産地を連想するが，明治初期，福井県の和釘生産量は新潟県のそれをはるかに上回り，日本一の生産を誇っていたのである．

　いずれにせよ，明治7年の「府県物産表」には，敦賀県の生産物構成が，農林水産物61.3％（全国68.9％）工鉱産物38.7％（全国31.1％）で，商品流通経済化の進展度が高く，明治の初めから，いや江戸時代から，福井県は農業地域というよりは工業地域として栄えていたことをうかがわせている（表1-1）．ただ，主力とする和釘が洋釘へと変化する中で，福井の金属加工業も新潟県の燕・三条産地と同様に，その地位を落としていったのではないか．そして，明治20年以降の言わば産業革命期に入ると，輸出向け羽二重を中心とする絹織物が飛躍的な伸びとなり，明治期の終わりには群馬の桐生産地をも凌ぐ勢いをみせている．一方で，重化学工業は阪神・京浜両地帯に集中するという国内産業の特質から，福井県には機械工業はまったく形成されず，結果として農業と軽工業である繊維工業を柱とする産業構造を創り上げていったのであろう．

　蛇足ではあるが，和釘を主力とする金属加工産地の燕・三条産地は，運よくその加工技術を煙管，矢立，そして明治の終わりには戦後まで主力となる洋食器（ナイフ，フォーク，スプーン）に向かわせることに成功する．しかし，福井県の場合は，いったいどのような変貌を遂げたのか．ひょっとして，その技術は，1905（明治38）年に増永五左衛門によって突如出現するめがね枠産業等を中心とした線材の加工技術として活かされていたのかも知れない．

【コラム－1】
若狭・鯖街道と熊川宿

　日本海側のほぼ中央に位置し，極めて良好なリアス式海岸をもつ若狭湾は，新鮮な海の恵み（魚介類）を捕獲する絶好の漁場でもあり，それらを擁する「若狭国」は，昔から，伊勢・志摩・淡路などと共に，朝廷に食料を貢ぐ「御食国」として知られていた．

　ところで，この若狭の国名の由来だが，『日本書紀』には，若狭の国造であった膳臣余磯が履中天皇に御酒を注いだところ，その盃に桜の花びらが舞い落ち，感激した天皇が余磯に「稚桜部民」の号を授けられたのが語源といわれる（国学者 伴信友の説）．

　この若狭について，永江寿夫（若狭長歴史文化課長　若狭見方縄文博物館副館長）が次のように述べている．「若狭は，前面に海の幸多き日本海を擁し，日本海諸藩の交易の拠点として，またその彼方，韓国，中国などの海を越えてもたらされた大陸文化の玄関口として機能してきた．また背後，南下すれば古代日本政治や文化の中心ともなった奈良や京都，大阪の畿内が位置しており，ここ若狭は閉じられた世界ではなく，開かれた空間，人と文化文物往来の開放系の空間なのである……」と．

　そして，こうした若狭にあって近世の都が位置する畿内と若狭を結ぶ往還の道，鯖街道とその拠点，熊川宿を忘れてはならない．そもそも鯖街道とは，若狭と京を結ぶ多数の街道や峠道の総称である．中でも，最も盛んに利用された道は，小浜から若狭町の熊川を経由して滋賀県の朽木を通り，京都の出町に至る"若狭街道"である．これ以外にも京都への最短ルートとしての"針畑越え"，小浜から熊川を経由して滋賀県の今津に至る"久里半越え"も重要な役割を果たした．鯖街道と呼ばれるようになったのは，18世紀後半，能登沖の鯖がとれなくなり，若狭湾でとれた大量の鯖が一塩したものや，あるいは中乾燥のいわゆる四十物などとして運ばれていったころからであろう．また，この鯖街道を通って畿内に運ばれたものは，鯖だけではない．アマダイ，カレイは若狭ものと呼ばれ京の市場では高値で取引され，いまも京料理の定番である．さらに三方五湖からは小浜藩の特産品として若州うなぎが出荷され人気を呼んだ．なんと，街道沿いの茶屋の生簀を使って生きたまま京に運ばれたという．そのほか福井梅や，後述する熊川宿の名産・熊川葛も京の精進料理や和菓子の名声を支えたらしい．

　一方，この鯖街道の要所として，大いに栄えた宿場町が熊川宿である．熊川

は，近江国との国境に接し，軍事上も物流上も要衝として重要な役割を担った地域であり，安土桃山時代，秀吉から若狭国を与えられた浅野長政が天正17（1580）年に在住する人々の諸役を免除することで，40戸ほどの寒村であった当地が200戸を超える宿場町として，一時期，栄華を極めた．『小浜市場仲買文書』によれば，往古，街道を年間20万駄60万俵，1日1000頭の牛馬が行きかい，西国巡礼の人々の通り道でもあったようだ．こうして，明治の中頃までは，街道を横切ることもままならない牛馬，人の往来があったと明治の古老が語ったことが今に伝えられている［永江 2015］．特産品としては，江戸時代当初から京の都でかの頼山陽が絶賛した熊川葛や，江戸時代後期には，4軒の造り酒屋も開業し，そのほか醤油醸造の家もあったようだ．

　明治時代に入り熊川村が発足すると，街中に郵便局や警察，銀行などが立ち並び，地域の産業も宿場町からミツマタ栽培や養蚕業，畑地が開墾されるなど，物資流通業からの転換が図られた．しかし，その後訪れた交通体系の進化は熊川の衰退へとつながり，やがて鯖街道の中心地としての役割を終えることになる．

注

1）現在の三国（福井県坂井市三国町），あるいは越前国高向（たかむく，福井県坂井市丸岡町高田付近）ともいわれる．

2）国府とは，国が政務をとる中心の場所を指している．

3）御食国（みけつくに）とは，日本古代から平安時代まで，贄（にえ）の貢進国，すなわち皇室・朝廷に海水産物を中心とした御食料（穀類以外の副食物）を貢いだと推定される国を指す言葉．律令制のもと租・庸・調の税が各国に課せられたが，これとは別に贄の納付が定められていたと考えられる．『万葉集』にある郷土礼讃の歌に散見され，『延喜式』の贄の貢進国の記述，平城京跡から出土した木簡の記述などから，若狭国・志摩国・淡路国などへの該当が推定されている．

4）『福井県史通史編1　原始・古代』「第二章　若越地域の形成　第四節　ヤマト勢力の浸透」より．

5）『図説福井県史』「近世13江戸時代の塩づくり（2）」より抜粋．

第2章 地域の経済

1 経済規模でみる福井地域

世界の国内総生産（名目GDP）

　はじめに地域経済の概観から考察してみよう．その場合，定量分析や定性分析といった様々な分析手法もあるが，ここでは最もオーソドックスで解かり易い規模分析，すなわち地域経済の規模に関するデータから評価・分析したい．もちろん，その対象となるデータは，比較的認知度が高い域内GDP（一定地域内で一定期間内に各種の経済活動を通じて産まれた付加価値の合計額）である．

　まずは世界の総生産（名目GDP）から眺めてみると，最も新しいデータ（国際通貨基金の統計）では，2017年の1年間で79.9兆ドルの付加価値（名目GDP）が産まれている．その内訳をみると，世界第1位はやはり米国で19.4兆ドル，第2位が中国の12.0兆ドル，第3位，日本の4.9兆ドルと続く．ちなみに，総務省統計局が出した資料，**表2-1**から各国の傾向をみると，リーマンショックが起きた2年後の2010年現在，全世界の名目GDPは総計65.6兆ドルであった．しかし，その後は徐々に回復し，2014年には78.4兆ドルへと対2010年比で18.9%の伸びを示している．ただ，この間の地域別状況をみると，全世界を100とした構成比で，ドイツが2010年の5.2%→2014年の5.0%，フランスが同4.0%→同3.6%，イギリスが同3.7%→同3.8%，イタリアが同3.2%→同2.7%，米国も同22.8%→同22.2%へと欧米諸国の相対的低下，言い換えれば主要先進諸国の低下（同52.1%→同48.0%）が目立ち，その中で中国（同9.1%→同13.4%）のウエイトが高まっ

26　第Ⅰ部　地域固有の資源を考える

表2-1　世界の国内総生産(名目GDP, 構成比)

（単位：%）

国（地域）	2010	2011	2012	2013	2014	国（地域）	2010	2011	2012	2013	2014
世　界						**南アメリカ**	**4.1**	**4.4**	**4.1**	**3.9**	**3.7**
GDP(10億ドル)	65,643.5	72803.7	74219.6	76174.6	78,046.0	アルゼンチン	0.7	0.8	0.8	0.8	0.7
構成比	100.0	100.0	100.0	100.0	100.0	ブラジル	3.4	3.6	3.3	3.1	3.0
アジア	**27.4**	**28.5**	**29.6**	**29.4**	**29.4**	イギリス	3.7	3.6	3.5	3.6	3.8
日本	_8.4_	_8.1_	_8.0_	_6.5_	_5.9_	イタリア	3.2	3.1	2.8	2.8	2.7
イラン	0.7	0.8	0.8	0.7	0.5	オランダ	1.3	1.2	1.1	1.1	1.1
インド	2.5	2.6	2.5	2.5	2.6	スペイン	2.2	2.0	1.8	1.8	1.8
インドネシア	1.2	1.2	1.2	1.2	1.1	ドイツ	5.2	5.2	4.8	4.9	5.0
韓国	1.7	1.7	1.6	1.7	1.8	フランス	4.0	3.9	3.6	3.7	3.6
サウジアラビア	0.8	0.9	1.0	1.0	1.0	ポーランド	0.7	0.7	0.7	0.7	0.7
シンガポール	0.4	0.4	0.4	0.4	0.4	ロシア	2.3	2.6	2.7	2.7	2.4
タイ	0.5	0.5	0.5	0.6	0.5	**アフリカ**	**0.6**	**0.6**	**0.5**	**0.5**	**0.4**
中国	_9.1_	_10.2_	_11.4_	_12.5_	_13.4_	南アフリカ	0.6	0.6	0.5	0.5	0.4
トルコ	1.1	1.1	1.1	1.1	1.0	**オセアニア**					
フィリピン	0.3	0.3	0.3	0.4	0.4	オーストラリア	2.0	2.1	2.1	2.0	1.9
香港	0.3	0.3	0.4	0.4	0.4	［参　考］					
マレーシア	0.4	0.4	0.4	0.4	0.4	主要先進国 a	52.1	50.3	49.7	48.4	48.0
北アメリカ	**26.9**	**25.4**	**25.9**	**26.0**	**26.2**	OECD加盟国(34か国) b	67.7	65.5	64.0	62.9	62.5
アメリカ合衆国	_22.8_	_21.3_	_21.8_	_21.9_	_22.0_	EU加盟国(28か国) b	25.8	25.2	23.2	23.6	23.7
カナダ	2.5	2.5	2.5	2.4	2.3	ASEAN加盟国(10か国) b	3.0	3.1	3.3	3.3	3.2
メキシコ	1.6	1.6	1.6	1.7	1.7	台湾 c	0.7	0.7	0.7	0.7	0.7

資料：総務省統計局『世界の統計2017』2017年.
a 日本，アメリカ合衆国，カナダ，イギリス，イタリア，ドイツ，フランス及びロシア.
b 付録「本書で掲載している地域経済機構加盟国一覧」参照.
c 台湾国家発展委員会「Taiwan Statistical Data Book 2015」による.

ていることがわかる.

国内総生産の0.6％を占める福井地域

　こうした状況下，東アジア諸国の中で相対的にその地位が伸び悩んでいる国が日本である．ちなみに，日本のGDPは2010年現在，全世界の8.4％を占めていたが，2012年には8.0％へ，2014年には5.9％へと大きくウエイトを落としている．これを都道府県別にみたのが**表2-2**である．この表は，2014年の都道府県別域内総生産（実質）を額の多い地域から順位づけをしたものだ．それによると東京都の99.3兆円（全国比18.2％）をトップに，2位が大阪府（39.4兆円の同7.2％），3位が愛知県（37.7兆円の同6.9％），4位が神奈川県（32.0兆円の同5.9％）．そして，福井県は全国42位, 3.3兆円の規模であり，そのウエイトは全国比0.6％しかない．福井県の経済力を評してよく「0.6％経済圏」と呼ばれる所以はここにある．

表2-2 都道府県別域内総生産(2014年, 実質)

RANK	都道府県	域内総生産 10億円	構成比(%)	RANK	都道府県	域内総生産 10億円	構成比(%)	RANK	都道府県	域内総生産 10億円	構成比(%)
1	東京都	99,344	18.2	18	栃木県	8,828	1.6	35	沖縄県	4,175	0.8
2	大阪府	39,462	7.2	19	群馬県	8,415	1.5	36	香川県	3,915	0.7
3	愛知県	37,778	6.9	20	福島県	8,038	1.5	37	宮崎県	3,851	0.7
4	神奈川県	32,022	5.9	21	岡山県	7,935	1.5	38	奈良県	3,783	0.7
5	埼玉県	22,214	4.1	22	岐阜県	7,649	1.4	39	和歌山県	3,725	0.7
6	千葉県	21,332	3.9	23	滋賀県	6,474	1.2	40	秋田県	3,665	0.7
7	兵庫県	21,053	3.9	24	山口県	6,431	1.2	41	山梨県	3,481	0.6
8	北海道	19,155	3.5	25	熊本県	5,959	1.1	42	福井県	3,367	0.6
9	福岡県	18,627	3.4	26	鹿児島県	5,619	1.0	43	徳島県	3,180	0.6
10	静岡県	16,730	3.1	27	愛媛県	5,094	0.9	44	佐賀県	2,940	0.5
11	茨城県	12,358	2.3	28	石川県	4,950	0.9	45	島根県	2,542	0.5
12	広島県	11,898	2.2	29	岩手県	4,902	0.9	46	高知県	2,421	0.4
13	京都府	10,534	1.9	30	富山県	4,698	0.9	47	鳥取県	1,964	0.4
14	宮城県	9,427	1.7	31	大分県	4,629	0.8	全県計		544,895	100.0
15	新潟県	9,084	1.7	32	青森県	4,575	0.8				
16	三重県	9,026	1.7	33	長崎県	4,526	0.8				
17	長野県	8,843	1.6	34	山形県	4,274	0.8				

資料：国民経済計算.

　参考までに北陸３県ではいったいどのような状況となっているのか．石川県が28位で4.9兆円，全国比0.9％，富山県が30位で4.6兆円，同0.9％で，北陸３県を足し込んでも13.0兆円，全国比2.3％に過ぎない．かつて北陸地方は，富山，石川，福井の３県で３％経済圏と呼ばれた．しかし，いつのまにかそのウエイトは低下しているのである．ただ，2015年には北陸新幹線金沢開業もあり，観光を中心に域内需要が堅調に推移しているほか，製造業の生産活動も順調と聞いている．さらに福井県への北陸新幹線乗り入れもそう遠くはない．そう考えると，今後は観光客やビジネス客といった交流人口の増加によって，少しだけでも地元経済が潤うことに期待したい．

2　人口でみる福井地域

明治以降，福井地域の人口の伸びは低かった

　人口減少社会の到来は，域内需要の低下など地域経済にも様々な側面から少

28　第Ⅰ部　地域固有の資源を考える

なからず影響を与えることが予想される.

　ところで，福井県の人口の伸びを明治時代から眺めてみると，全国平均に比べかなり低い伸びにとどまっていたことがわかる．ちなみに，1872（明治5）年に内閣統計局が推計した「明治5年以降我が国の人口」によると，この頃の日本の総人口は3480万人であったらしい．それが，今からおおよそ110年前の1904（明治37）年に4613万人となり，1912（明治45）年には5000万人を超えた．つまり，当時の日本の人口増加率は毎年平均して1％を超えていたのである．では，こうした人口増加の背景にはいったいどのような理由があったのか．一般には，明治以降の農業生産力の増大や工業化による経済発展に伴う国民の所得水準の向上と生活の安定，さらに保健・医療等の公衆衛生水準の向上，内乱がない社会の安定など様々な要因が挙げられている．確かに，現状では2010年をピークに日本の人口が減少に転じている．しかし，たかだか150年あまりで1億2800万人まで膨れ上がり，明治初期の約3.6倍にも達したという事実を私達日本人はいったいどのように評価すればよいのであろう．

　しかし，こうした日本全土の状況とは裏腹に北陸3県の人口の伸びは，全国とかなりかけ離れたものであった．参考までに，同期間の北陸3県における人口の伸びを独自推計すると，同期間，石川県が1.56倍，富山県が1.64倍，福井県については1.38倍とかなり低い（図2-1）．この要因は，明治以降，政府の国土利用策に日本海側と太平洋側で大きな差異があったためであろう．いずれにせよ，近年の日本における課題は地方創生と人口減対策である．この課題に応えるためにも，まずは国家的な戦略として均衡な国土利用策を検討すべきではなかろうか．

今後の人口増も期待薄で，その要因は社会増加の伸び悩み

　これまで述べてきたように，明治以降，人口の伸びが低かった福井県ではあるが，今後はいったいどのような状況となるのか．参考までに，国立社会保障・人口問題研究所の『日本の地域別将来推計人口』（2018年3月）をみると，

第2章 地域の経済　29

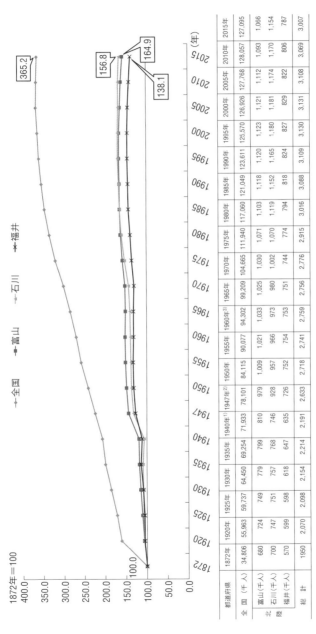

図2-1　日本，北陸3県の人口推移（1872年＝100とした指数）

都道府県		1872年	1920年	1925年	1930年	1935年	1940年[1)]	1947年[2)]	1950年	1955年	1960年[3)]	1965年	1970年	1975年	1980年	1985年	1990年	1995年	2000年	2005年	2010年	2015年
全 国（千人）		34,806	55,963	59,737	64,450	69,254	71,933	78,101	84,115	90,077	94,302	99,209	104,665	111,940	117,060	121,049	123,611	125,570	126,926	127,768	128,057	127,095
北陸	富山（千人）	680	724	749	779	799	810	979	1,009	1,021	1,033	1,025	1,030	1,071	1,103	1,118	1,120	1,123	1,121	1,112	1,093	1,066
	石川（千人）	700	747	751	757	768	746	928	957	966	973	980	1,002	1,070	1,119	1,152	1,180	1,181	1,174	1,170	1,154
	福井（千人）	570	599	598	618	647	635	726	752	754	753	751	744	774	794	818	824	827	829	822	806	787
総 計		1950	2,070	2,098	2,154	2,214	2,191	2,633	2,718	2,741	2,759	2,756	2,776	2,915	3,016	3,088	3,109	3,130	3,131	3,108	3,069	3,007

資料：全国の人口は内閣統計局「明治5年以降我が国の人口」による。1920年以降は、「国勢調査」による。1) 国勢調査結果に基づく補正人口。
2) 沖縄県を含まない。3) 長野県西筑摩郡山口村と岐阜県中津川市の間の境界紛争地域（73人）は、全国に含まれているが、長野県および岐阜県のいずれにも含まれていない。
福井県の場合、1972年の人口は、中島辰夫［2014］より、福井県が誕生した明治14年の人口を用いた。富山県、石川県についても同じ。

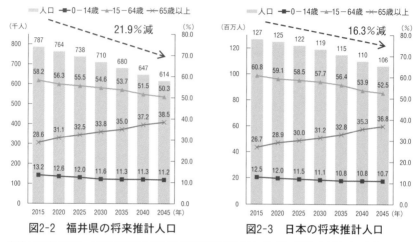

図2-2　福井県の将来推計人口　　　図2-3　日本の将来推計人口

資料：国立社会保障・人口問題研究所『日本の地域別将来推計人口』平成30（2018）年3月30日による．

　日本の将来推計人口は，2015年の1億2700万人から2045年には1億600万人へと16.3％減少する予想となっている．

　一方，福井県は，この間，78万7000人から61万4000人へと21.9％の減少予想であり，今後は全国平均を上回る早いスピードで人口減少が進むことがわかる．こうした中で，15～64歳の働き盛りの生産年齢人口も2015年の58.2％から2045年には50.3％へと，全国（52.5％）を2.2ポイント下回る推計となっているほか，これとは反対に65歳以上人口は2015年の28.6％（全国26.7％）から2045年には38.5％（全国36.8％）へと，全国を1.7ポイント上回る予測となっている．ただ，0～14歳の年少人口（全国12.5％→10.7％，福井県13.2％→11.2％）だけは，その減少率が全国より小幅な推計となっているため，2045年のウエイトは全国を上回る水準を維持できそうである（図2-2，図2-3）．

　以上のように，福井県の人口は全国を上回るスピードで減少していくわけだが，この最大の要因は，福井県の場合，出生率[1]は比較的高いが社会増減の面で流出超過となっているためである．

　特に，若者，女性の流出超過は深刻で，例えば，福井県の大学進学者の7割，約3000人が県外に出てUターン者は1000人程度といわれる．また，女性の

第2章　地域の経済　*31*

場合はさらに厳しい状況にあり，**表2-3**からも明らかなように，2017年現在で他府県からの転入者が4175人に対し，他府県への転出者は5146人を数え，なんと971人が転出超過となっている．

　そのため，今必要な施策は，何といっても若者の定着率を上げることだ．それには，高等教育機関の改善が重要で，例えば，福井県の場合，１年間に7500人程度の高校卒業生がいて，このうち55～56パーセントが大学へ進学している．しかし，その受け入れ体制はというと，県内大学全ての定員を合せても１学年あたり2500人程度しかない．しかも文学部，芸術学部や法学部などがなく，若

表2-3　全国, 北陸3県の府県内・他府県間別移動数及び率：2017年

(1) 総数

		実　　数				率（％）				
		府県内移動者	他府県からの転入者	他府県への転出者	府県間転入超過[1]	府県内移動者	他府県からの転入者	他府県への転出者	府県間転入超過	
									2017年	2012年
全 国		2,813,553	2,505,064	2,505,064	0	2.19	1.95	1.95	‥	‥
富 山		11,646	13,738	14,464	▲ 726	1.07	1.27	1.33	▲ 0.07	▲ 0.06
石 川		15,623	19,478	20,154	▲ 676	1.35	1.68	1.74	▲ 0.06	▲ 0.04
福 井		8,679	10,079	11,565	▲ 1486	1.08	1.25	1.44	▲ 0.18	▲ 0.21

(2) 男性

		実　　数				率（％）				
		府県内移動者	他府県からの転入者	他府県への転出者	府県間転入超過[1]	府県内移動者	他府県からの転入者	他府県への転出者	府県間転入超過	
									2017年	2012年
全 国		1,444,220	1,392,973	1,392,973	0	2.31	2.23	2.23	‥	‥
富 山		5,942	8,196	8,035	▲ 161	1.13	1.56	1.53	0.03	▲ 0.02
石 川		7,983	11,616	11,563	▲ 53	1.42	2.07	2.06	0.01	0.02
福 井		4,344	5,904	6,419	▲ 485	1.12	1.52	1.65	▲ 0.13	▲ 0.19

(3) 女性

		実　　数				率（％）				
		府県内移動者	他府県からの転入者	他府県への転出者	府県間転入超過[1]	府県内移動者	他府県からの転入者	他府県への転出者	府県間転入超過	
									2017年	2012年
全 国		1,369,333	1,112,091	1,112,091	0	2.08	1.69	1.69	‥	‥
富 山		5,704	5,542	6,429	▲ 887	1.02	0.99	1.15	▲ 0.16	▲ 0.10
石 川		7,640	7,862	8,591	▲ 729	1.27	1.31	1.43	▲ 0.12	▲ 0.09
福 井		4,335	4,175	5,146	▲ 971	1.05	1.01	1.24	▲ 0.23	▲ 0.23

注：▲は転出超過．
資料：総務省統計局『住民基本台帳人口移動報告年報』による．率は10月1日現在日本人人口100について．

32　第Ⅰ部　地域固有の資源を考える

者が県内の大学へ行きたくても行けないわけがそこにある．また，せっかく大学を卒業しても学卒を受け入れる就職先にも限界がある．福井県はモノづくりが強い地域で，優れた企業が数多くあることは十分評価できる．しかし，これからは若者の地元定着率を上げるために彼らの好む観光，レジャー，IT，サービス業など都市型産業の創造，誘致にも力を入れるべきではないか．さらに住環境の整備も重要である．若者が楽しめるレジャー施設の充実，若者が集えるコミュニティーゾーンの充実といった場所の整備，空間整備も重要な課題となろう．

　こうした中，福井県或いは各市町では，産業振興による雇用の創出，県内定住の促進，地元への意識向上（ふるさとへの愛着心の醸成）など様々な施策が講じられているが，さらなる充実を図り，若者の地元定着率向上に繋がっていくことに期待したい．

3　産業でみる福井地域

主要産業は，製造業と建設業

　次に，福井県経済の基盤となる産業構造をみてみよう．**表2-4**は，福井県が１年間に産み出す付加価値の合計額，おおよそ3.3兆円（2014年）をどのような産業が稼ぎ出しているか．つまり，産業別にみた付加価値の額と全産業に占める構成比を福井県および全国(全県計)で比較したものである．それによると，「政府サービス生産者」は別として，民間産業の中で農林水産業が全国の1.1%に対し，福井県は0.9%と全国水準を下回っていることがわかる．これに対し，全国の構成比を上回っている産業は，製造業（福井県26.1%，全国21.3%），建設業（福井県6.9%，全国5.2%）の２つの産業だけとなっている．つまり，これら２つの産業が福井県で特化集中する産業，言い換えれば，福井が得意とする産業分野ということになる．こうした中，福井県内の全産業に占める製造業事業所数の割合は12.7%で全国２位，建設業も11.4%で全国４位といった高い水準にある．こ

れとは逆に，不動産業・物品賃貸業の事業所数の割合は3.1%で全国最下位の47位，医療・福祉関連の事業所数も6.0%で全国最下位となっている．

　その結果，1次，2次，3次の産業別では，2次産業比率が全国の26.6%に対し福井県が32.8%と福井県の2次産業比率の高さを裏付けている半面，3次産業比率は，全国の72.3%に対し福井県が66.3%と大きく水をあけられた形となっている．今後，日本全体としても経済のソフト化・サービス化が進展する中で都市型産業，すなわち3次産業のウエイトが高まっていくものと思われる．その中で，福井県はあくまで2次産業中心でいくのか，それとも観光，レジャー，IT，サービス業などの都市型産業の集積を目指していくのか，今，まさに大きな岐路に立たされているように思える．

表2-4　経済活動別県内総生産（実質）2014年

	福　井　県		全　県　計	
	実数（百万円）	構成比（%）	実数（百万円）	構成比（%）
産　　　業	2,891,455	86.6	483,827,879	89.5
農林水産業	29,138	0.9	5,722,411	1.1
鉱業	1,243	0.0	279,167	0.1
製造業	870,271	26.1	115,315,500	21.3
建設業	229,982	6.9	28,194,888	5.2
電気・ガス・水道業	58,563	1.8	9,869,869	1.8
卸売・小売業	300,076	9.0	64,384,413	11.9
金融・保険業	155,895	4.7	31,829,717	5.9
不動産業	461,570	13.8	75,034,969	13.9
運輸業	134,421	4.0	24,131,302	4.5
情報通信業	104,468	3.1	30,430,551	5.6
サービス業	564,007	16.9	99,111,933	18.3
政府サービス生産者	362,698	10.9	45,227,791	8.4
対家計民間非営利サービス生産者	81,538	2.4	11,710,968	2.2
小　　計	3,337,113	100.0	540,829,719	100.0
輸入品に課される税・関税	41,884	—	6,036,054	—
（控除）総資本形成に係る消費税	16,118	—	2,599,380	—
県内総生産	3,367,214	—	544,894,728	—
参考　第1次産業	29,138	0.9	5,722,411	1.1
第2次産業	1,101,780	32.8	144,158,944	26.6
第3次産業	2,227,385	66.3	391,426,511	72.3

資料：国民経済計算．

人口1000人あたり民営事業所数は53.5事業所で全国1位

次に、『平成28年経済センサス‐活動調査（速報）福井県分集計結果の概要』から、事業内容等が不詳の事業所を除いた民営事業所数をみると4万1811事業所で、人口1000人あたりの事業所数（民営）では53.5事業所、全国1位となっている。つまり、福井県は、人口の割に事業所数が全国で1番多い地域なのである。

この要因として、よく言われるのが「福井県は起業家精神が豊かな地域」だからといった大変嬉しい話も聞く。しかし、その理由をよくよく考えると、それだけではない。例えば、これまで福井県の主要産業が繊維産業やめがね枠産業など地場産業、さらに建設業などといった比較的分業化し易い産業が中心で、それだけに次々と独立開業し起業家が誕生したこと。さらに、福井県の地域特性として、地域完結型つまり受注から生産、販売までをできるだけ域内で完結したいと考える人々が多かったこと。もっと言えば、福井人は出稼ぎ気質がなく、地域内での生活をこよなく愛する県民性が強かった。こうしたことが、人口1000人あたりの事業所数日本1位という地域特性につながったものと思われる。

そのためか、福井県内の事業所をみると、比較的規模の小さな事業所が多い。個人経営の事業所割合は42.2％を占め、全国（37.5％）より4.7ポイントも高く（全

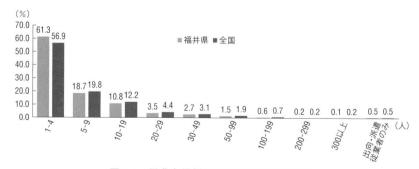

図2-4　従業者規模別民営事業所数の割合

資料：福井県、総務省『平成28年経済センサス活動調査』。

国15位），また，従業員10人未満の事業所については，全体の8割（全国12位）を占めているのも特徴的である（**図2-4**）.

製造業の主要産業は，電子・デバイス，繊維，化学，電気機械，輸送機械

最後に，福井県の主要産業である製造業について，業種別状況をみてみよう．**図2-5**は，製造業の業種別に事業所数，従業者数，製造品出荷額等（生産額）を示したものである．まず，事業所数ではやはり繊維産業(644件)がダントツとなっているほか，従業者数でも繊維産業（1万5952人）が最も多く，次いで電子・デバイス（1万361人），プラスチック（4796人），食料品（4711人），金属（4268人）の順．ただ，生産額の面では，電子・デバイスの3374億円をトップに繊維の2510億円，化学（2263億円），電気機械（1735億円），輸送機械（1559億円）と続いている．従って，生産額を基準に考えれば，福井県の主要産業は，電子・デバイス，繊維，化学，電気機械，輸送機械といったところであろう．

ただ，今から30年ほど前，ちょうど日本がプラザ合意（1985年）により超円高が進み日本企業の海外展開が始まった頃を振り返ると，その頃の福井県の製造業は，地場産業である繊維が生産額で約4000億円を確保し県内トップであった．しかし，その後徐々に生産高を落とし現在の2500億円あまりに低下している．また，めがね枠産業も1992年のピーク時には約1200億円を記録した時代もあったが，産地の海外展開が進むにつれ徐々に空洞化し今では推定500億円程度と思われる．そして，これら地場産業の衰退をカバーしてきた業種が，ここで示した外発型（県外資本）の電子・デバイス，化学，電気機械，輸送機械といった産業であった．こうして福井県は，これまで製造業の生産規模2兆円を確保してきたのである．ただ，時代とともに産業構造も変化する．次の時代はいったいどのような産業が求められているのか．福井県の製造業はこれまでも産業構造の硬直化を指摘されてきたが，目まぐるしく変化する時代の中で，時流にマッチした産業構造への転換は地域経済の持続的発展のための重要な要素であることを忘れてはならない．

第Ⅰ部　地域固有の資源を考える

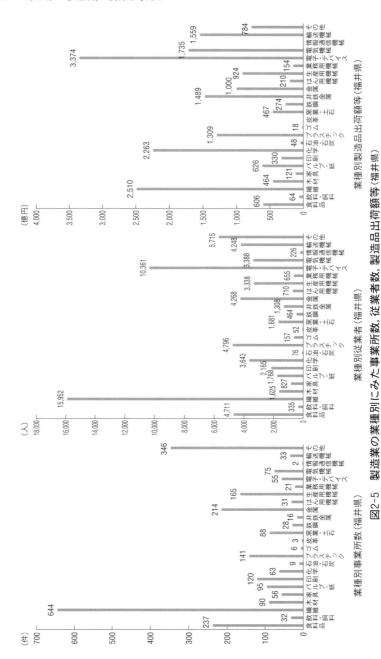

図2-5　製造業の業種別にみた事業所数、従業者数、製造品出荷額等（福井県）

資料：『平成28年福井県経済センサス活動調査（製造業）』2016年。

4　労働でみる福井地域

勤勉で粘り強い県民性

『平成29年就業構造基本調査』(総務省)から、福井県民の就業状態をみると、15歳以上の人口67万7000人(男性32万6000人、女性35万1000人)のうち有業者は42万2000人で、率にして62.3%を占める。また、生産年齢(15～64歳)に占める有業者の割合では80.3%(図2-6)となり全国1位である。これを男女別にみると、男性(全国83.3%)は85.1%で、愛知県(85.4%)に次いで全国2位。女性の場合は、全国68.5%に対し、福井県は75.4%で、全国1位となっている[3]。その結果、共働き率(夫婦のいる世帯の中で夫婦とも働いている場合)は、福井県が60.0%となり全国1位の水準にある。さらに、離職率は4.1%(全国5.0%)と全国46位(総務省統計局『統計でみる都道府県のすがた』2017)。つまり、福井県民は、働き者で仕事に一度就いたらなかなか辞めない、あきらめない粘り強い県民性の持ち主であることがうかがえる。こうした県民性もあって、福井県内の雇用環境は極めて良好で、失業率は1.7%(平成29年　総務省『労働力調査』)と全国(2.8%)と比較してもかなり低い。有効求人倍率も直近の平成30年6月現在、全国の1.62倍に対し

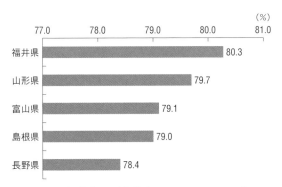

図2-6　都道府県別有業率(生産年齢人口)ベスト5
資料：総務省『就業構造基本調査』2017年。

て福井県は2.10倍と，東京（2.16倍）に次ぐ水準にあるほか，女性の正規社員比率は全国トップレベル（『平成29年就業構造基本調査』：全国43.4%，福井県50.6%）となっている．ただ，これに伴う賃金はというと，全国平均の9割程度，東京都の7割程度であり，決して恵まれた地域とは言い難い．しかし，とにかく福井県民は仕事に勤勉で，粘り強い性格を持つ人々が極めて多い地域なのである．

勤勉で粘り強い職業意識はどのようにできあがったのか

　では，賃金等の労働条件がそんなに良くもないわりに，どのようにしてこのような勤勉で粘り強い県民性，特に女性の就業者が多い地域が出来上がったのであろう．この答えを福井県が持つ「歴史観」，「宗教観」，「地域風土」という3つの側面から述べてみたい．

　まずは「歴史観」からその背景を考えてみよう．昭和の中期，ちょうど1950～60年代，福井県では繊維産業が大いに栄えた時代があった．いわゆるガチャマン時代である．当時の機織機として活躍したフライ織機が1回「ガチャン」と音を立てて機を織ると1万円札が湧いて出るくらい福井県は繊維産業で景気が良かった．それを例えて「ガチャマン時代」と呼ばれていた．この頃の福井は，景気の良い機屋に目をつけ次々と家内工業として独立する人々が後を絶たず，嶺北地方一円どこに行っても「ガチャトン，ガチャトン……」と機の音が絶えることがなかった．しかし，主にその機を織っていたのは女性だったのである．では，男性は何をしていたのか．全部ではないが，機屋の主人（男性）の多くは稼業をご婦人に任せ，いわゆる「魚屋」と称する今の時代でいう料亭で昼間から宴を催し遊びほうけている人が多かったのである．思い起こせば，福井県はその頃から女性の社会進出が盛んであったのであろう．しかし，そのルーツは，もっと遡ることができる．福井に繊維産業が持ち込まれたのは，712（和同5）年と聞いている．時の政府がこの地で綾錦織物の生産を奨励したのが始まりといわれるが，その後，江戸時代に入り，福井に入封した結城秀康も織物の生産に注力した．しかし，2代目藩主の松平忠直以降，石高の極端な減歩という悲

運に見舞われた福井藩では，武家婦人の手内職として織物で生計を立てるというスタイルが定着していった．そして，明治の殖産興業，つまり地域をあげて繊維産業に注力していった時代，江戸時代から織物業で活躍していた女性たちが労働予備軍として繊維産業の担い手になっていったのであろう．繊維産業以外にも福井県には女性が主役の職場が出来上がった．明治期の終わり1905（明治38）年に増永五左衛門によって持ち込まれためがね枠産業である．そこでもやはり労働集約型産業として女性労働者の活躍の場があった．「歴史観」からみれば，こうした背景が今の女性就業率の高さに影響したのではないか．

そして2つ目の「宗教観」についてである．やはり福井県の嶺北地方で門徒宗7割以上（福井県全体では約6割）を占める浄土真宗の影響を忘れることはできない．浄土真宗の教えが福井県民の労働意識，すなわち勤勉で粘り強い人々を作り出すルーツとなったと考えられるためである．1471年，この福井の地に入った蓮如上人は，福井の北端にある吉崎地区に坊舎を立て布教活動を行った．1473（文明5）年，蓮如上人が示した「真宗門徒の掟11ヶ条」を読むと，「もろもろの神菩薩等を軽んじてはならない，諸法諸宗を誹謗してはならない，わが宗のふるまいをもって他宗を非難してはならない，念仏者は国の守護地頭を大切にすることを決して軽んじてはならない，念仏集会の日，本性をうしなうほど酒をのんではならない……」など，一見，協調主義ともみえるが，人々に我慢，忍耐することの大切さを教えた．そして，この影響を受けた福井県民のDNAはやがてモノづくりの面でも大いに良い影響として広がっていったのであろう．福井県では，宗教の持つ力が地域住民の生き方に影響し，それが男性だけでなく女性の職業観にも大きなインパクトを与えていることを確認しなければならない．

最後に，3つ目の「地域風土」についてである．これについてはもはや語るまでもないが，福井県は，繊維産業，めがね枠産業など軽工業を中心とした地域であること，さらに，中小・小規模事業所が多いこと．言い換えれば，労働集約型の産業，中小・小規模事業所を中心とした福井県は,比較的小さな経済力,

40　第Ⅰ部　地域固有の資源を考える

産業力のわりに多くの労働力を必要とした．それが結果として，女性就労者の多さにもつながっていったのであろう．また，働く女性に対する地域社会の受け入れ態勢が整っていたことも挙げなければならない．例えば，歴史的にみると，主要産業の１つである繊維関連の企業では，女性就労者の子育て環境を充実させるために，企業自らが保育園を経営したり，勝山市ではかつて仕事をしながら学べる環境整備のため夜間高校（勝山精華高校）まで創立するなど，早くから学び働く環境づくりが整備された．また，福井県は他地域に比べ三世代同居が多く，一家の年寄が子供を育てる慣習が出来上がっていたことや待機児童ゼロといった子育て環境の整った地域であることなども，女性就労者を増やす要因につながったものと思われる．その他，地域社会においても，是非はともかく，女性の就労，特に「嫁が働くことは当然」と考える地域風土を備えた地域であったことも１つの要因として挙げなければならない．

5　県民の暮らしでみる福井地域

日々の暮らしは慎ましく，一点豪華主義

　福井県の特徴を尋ねると，共働き世帯の多さと，一世帯あたりの多額の預貯金残高を例に挙げる人も少なくない．事実，本県の共働き世帯は全世帯の60.0％（『平成29年就業構造基本調査』総務省）を占め全国１位，そのため一世帯あたり実収入も全国の52万6000円に対し，福井は56万1000円（2016年）と多い（**表2-5**）．また，貯金残高は一世帯あたり1856万円（「全国消費実態調査」2015年）で，これも全国３位の水準である（**図2-7**）．従って，貯金残高を基準に考えれば，「それが高額であるのは，共働きで一世帯あたりの収入が多いため」ということになる．しかし，もう少し掘り下げてみると，その要因は福井県民の日々の暮らしぶりから見出すことが出来る．

　例えば，総務省統計局の家計調査年報より平均消費性向（一世帯あたりの可処分所得に対する消費支出額）をみると（**図2-8**），2016年で全国平均の72.2％に対し，

福井は63.3％と8.9ポイント低く，過去の推移をみても全国水準以下であることがわかる．実額ベース（2016年）でも，消費支出は全国平均の30万9591円に対し，福井県は29万8590円と１万1001円も低く，過去を遡ってもこの傾向に大きな差異はみられない．また，**表2-5**から福井市の主要家計指標（一世帯あたりの１カ月の収入と支出）をみると，衣食住に関連する多くの費目で全国平均を下回っている．つまり，これらのデータは，他の地域に比べ慎ましやかな福井県民の日々の暮らしぶりを表しており，その結果として高水準の貯蓄をもたらしていることを物語っている．

こうした事実は，供給者側の指標をみても明らかとなる．ちなみに，本県での人口１人あたり大型店面積をみると1.37㎡（全国大型小売店総覧・総務省統計局2014年）で全国６位でありながら，その効率を示す人口１人あたり年間販売額は92万円で全国29位と，商業者にとってはすこぶる厳しい現実が見て取れる．

その半面，ある特別の出費に関しては，全国をはるかに上回るケースがある．それは，本県の結婚費用の額である．昔から，結婚費用は名古屋が１番と言われているが，本県の場合もそれに負けず劣らず，特に嶺北地方を中心に高額な出費がなされているのである．ややデータは古いが，県内のあるシンクタンクが実施した結婚費用実態調査（1996年）では，県内の新婚カップル１組あたりの結婚費用総額は1526万円とでており，これは全国平均（797万円）の約２倍に相当する．

このように，福井県民の生活は，日々の暮らしは“慎ましく”，しかし特別の催事には惜しげもなく出費する“一点豪華主義”が特徴であり，裏を返せば，いざという時に備えて，日頃から慎ましく過ごす福井県民の暮らしぶりが浮かび上がるのである．

歴史から生まれたライフスタイル

話は変わるが，本県金津町（現在の福井県あわら市）に浄土真宗８代目宗主蓮如上人が開いた吉崎御坊がある．前述のように，蓮如上人は1471年からわずか

表2-5　一世帯あたりの収入と支出(2人以上の世帯のうち勤労者世帯)

＊消費者物価総合指数(持家の帰属家賃を除く総合)

区分	世帯人員 (人)	有業人員 (人)	世帯主の年齢 (歳)	実収入 (円)	消費支出 (円)	食料 (円)	住居 (円)	光熱・水道 (円)	家具・家事用品 (円)	被服及び履物 (円)	保健医療 (円)	交通・通信 (円)	教育 (円)	教養娯楽 (円)	その他の消費支出 (円)	可処分所得 (円)	黒字 (円)	平均消費性向 (%)	平均貯蓄率 (%)	エンゲル係数 (%)
全国 2011	3.42	1.66	47.3	510,117	308,826	68,417	21,596	21,742	10,406	13,102	10,879	45,488	18,611	31,294	67,291	420,500	111,675	73.4	18.3	22.2
2012	3.42	1.68	47.8	518,506	313,874	69,469	20,479	22,511	10,484	13,552	11,721	50,233	17,992	30,506	66,926	425,005	111,131	73.9	18.3	22.1
2013	3.42	1.70	48.0	523,589	319,170	70,586	19,775	23,077	10,385	13,715	11,596	52,595	19,027	30,861	67,554	426,132	106,962	74.9	17.4	22.1
2014	3.40	1.67	48.1	519,761	318,755	71,189	20,467	23,397	10,868	13,730	11,279	53,405	18,094	30,435	65,890	423,541	104,786	75.3	18.2	22.3
2015	3.39	1.73	48.8	525,669	315,379	74,341	19,477	22,971	11,047	13,561	11,015	50,035	18,240	30,364	64,329	427,270	111,891	73.8	19.8	23.6
2016	3.39	1.74	48.5	526,973	309,591	74,770	18,862	20,730	10,854	13,099	11,295	48,798	19,612	30,133	61,439	428,697	119,106	72.2	21.3	24.2
福井市 2011	3.88	1.85	49.6	578,879	348,419	73,575	11,685	26,768	8,613	13,308	10,630	47,819	18,627	32,339	105,055	485,029	136,610	71.8	21.3	21.1
2012	3.70	1.81	47.9	520,011	287,169	65,762	16,145	24,754	8,156	10,503	8,970	39,569	12,719	24,429	76,165	440,703	153,533	65.2	29.2	22.9
2013	3.65	1.91	49.8	568,887	328,742	69,382	15,248	25,365	10,766	11,121	7,962	67,216	14,574	24,965	82,142	476,525	147,783	69.0	31.3	21.1
2014	3.62	1.76	49.7	570,140	304,400	71,070	20,730	24,632	8,625	11,866	10,623	50,342	12,122	26,502	67,889	478,589	174,189	63.6	30.4	23.3
2015	3.43	1.77	50.0	547,036	295,374	73,571	17,011	22,620	8,451	13,764	9,679	40,822	11,964	26,859	70,635	462,324	166,949	63.9	32.5	24.9
2016	3.28	1.73	51.0	561,423	298,590	71,907	15,269	21,902	9,951	12,781	10,600	36,494	18,771	24,923	75,992	471,785	173,196	63.3	27.1	24.1

資料：総務省統計局 [2017b].

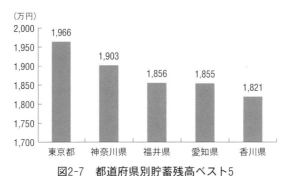

図2-7　都道府県別貯蓄残高ベスト5

資料：総務省統計局［2015a］．

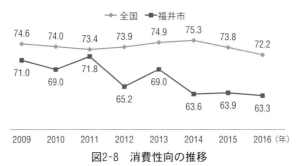

図2-8　消費性向の推移

資料：総務省統計局［2017b］．

5年ではあるが，この坊舎を拠点に布教を行い，この地に浄土真宗を広めた．そして，いつしか村人はその教えを請うため持ち回りで"講"を催すようになったが，これに備えて常日頃から貯えを惜しまず，"講"を盛大に執り行ったという．もしかして，今ある福井の県民性は，こうした「いにしえ」の習いを受け継いだもの，言い換えれば，歴史から生まれたライフスタイルなのかも知れない．

44　第Ⅰ部　地域固有の資源を考える

【コラム－2】
蓮如上人ゆかりの地，吉崎御坊を訪ねて

　先日，福井県あわら市に位置する北潟湖．その湖畔，石川県加賀市との県境
にある吉崎御坊を訪ねた．ちょうどその日は，幸運にも当地とゆかりの深い浄
土真宗中興の祖，蓮如上人の御忌法要が営まれていた日でもあり，かなりの人々
で賑わいを見せていた．毎年4月半ばになると，蓮如上人が歩いたといわれる
吉崎までの道のり約240キロを，供奉人に守られながら湖西廻りで1週間をか
け，蓮如上人自らが残された御影とともに京都の東本願寺から吉崎の地へ運ぶ
旅，いわゆる御影道中がとり行われる．今年で既に345回を数えるらしい．吉
崎の東別院では，御影をお迎えした後，蓮如上人御忌法要を10日間にわたっ
て厳修し，法要後は，今度は湖東廻りで京都の真宗本廟（東本願寺）に向け旅立
たれるらしい．
　ところで，6世紀半ば，インド・中国を経て伝来した仏教は，朝廷・貴族の
ものだった奈良・平安の時代を経て鎌倉時代には武士・町民さらには農民にまで
普及した．とりわけ浄土真宗は農民層に熱い支持を受けながら，この福井県で
はやがて「真宗王国」と呼ばれるまでに普及したことは言うまでもない．ちな
みに，現在，福井県には本願寺派，大谷派など真宗教団連盟加盟10派のうち
4派（出雲路派，誠照寺派，三門徒派，山元派）の本山が所在し，福井県28万世帯の
うち真宗門徒世帯が6割を超えるといわれている．では，当地で何故ここまで
浄土真宗が普及したのか．その理由を前述した蓮如上人の布教活動に求める
人々も多い．『福井県史』通史編1によると，蓮如上人は，文明3（1471）年，
比叡山延暦寺の迫害を避け，近江から越前より加賀に遊化し吉崎に居を定め，
当地には山上の本坊を中心に多くの多屋（宿坊）が建てられたと記述されている．
そして，吉崎御坊を拠点に，周辺の村落，越前では河口庄十郷，現在のあわら
市，坂井市，石川県加賀市や小松市までも精力的に足で布教し門信徒を獲得し
ていったという．とりわけ，文明5（1473）年，蓮如上人が示した「真宗門徒
の掟11ヶ条」の中では，「諸法諸宗を誹謗してはならない」，「わが宗のふるま
いをもって他宗を非難してはならない」「守護地頭を大切にすること」といっ
た協調路線を提示している．こうした蓮如上人のマーケティング手法はいつし
か職業感にもつながり，我慢強い福井県民のDNAとして引き継がれてきたので
あろう．そして，近世以降，これらは福井県の主要産業である繊維産業やめが
ね枠産業，化学産業などを生み出す原動力として作用したのではないだろうか．
ただ，こうした職業感を保有する福井県の県民性は，近年の若年層を中心とし

た宗教離れの中で希薄化しつつある様にも思える．戦後の日本は，宗教を政治や教育と関連させることをタブーとしてきた．しかし，親が子に社会の伝統を重んじる心を伝える，その語り継ぐ過程で宗教があり，それが高い道徳，倫理観となり新たな日本型の誰でも誇れる職業感に発展することも考えられる．その結果，地域の再興にもつながっていく気がするのだが．

注

1）合計特殊出生率：平成28年，全国1.44，福井県1.65，厚生労働省［2017］『平成29年（2017）人口動態統計月報年計（概数）の概況』より．

2）『平成28年経済センサス‐活動調査（速報）福井県分集計結果の概要』より．

3）女性の場合，福井県に次いで島根県（74.5％），山形県（74.3％）が比較的多い．

4）平成28年の『賃金構造基本調査』によれば，1月あたり全国の平均賃金は30万4900円，東京都が37万3100円に対し，福井県は27万1100円で，全国の89.1％，東京都の72.6％の水準となっている．

第3章
歴史で辿る市まちの姿

1 温泉と蓮如上人ゆかりのまち「あわら市」

温泉と蓮如上人ゆかりのまち

　あわら市は，2004年3月，旧金津町と旧芦原町が合併し成立した人口2万9000人あまりのまちである．特に，北側の旧金津町側は，古くから北陸街道の宿場町として栄え，ここには浄土真宗中興の祖，蓮如上人ゆかりの地として知られる「吉崎」地区がある．ただこの地区は，ちょっと変わった特徴もある．それは，この「吉崎」というまち，集落の中に福井県と石川県の県境を跨ぐという一種独特な特徴をもっている．福井県側から言えばあわら市も，石川県側から言えば加賀市も「吉崎」というまちが存在しているのである．では,何故,石川県加賀市吉崎町と福井県あわら市吉崎町は隣接しているのか．何故，1つの町が石川県と福井県に二分されたのであろう．これはあくまで筆者の推測だが，それは明治以降の県の再編成に関係している気がする．歴史的に言えば，「吉崎」はもともと越前国の吉崎につくられた．しかし，1876（明治9）年に福井県は越前7郡を石川県に，越前1郡・若狭1郡を滋賀県に編入され，福井県そのものが消滅してしまう．そして，1981（明治14）年，再び福井県が復活するが，そのときに県境を何処にするか両県でもめたのではないだろうか．両県とも歴史上意義がある吉崎御坊を県域に編入したい．そうした経緯もあり，まちが2つに分断されたのではなかろうか．いずれにせよ，「吉崎」は，歴史的，宗教的にみて，あわら市にとって，いや福井県にとっても重要な地域であるこ

図3-1 福井県

とは間違いない（**図3-1**）．

　一方，旧芦原町側をみると，いまさら言うまでもないが，多くの人々が福井を代表する関西の奥座敷，芦原温泉を思い浮かべることであろう．この地域，かつては低湿な沼地であったらしい．1883（明治16）年，集落に住む1人の農民が灌漑用の水を求めて水田に井戸を掘ったところ，約80度の温泉が湧出したのが始まりといわれている．翌年には，何軒かの温泉宿が開業し湯治客を泊めるようになり，1912（明治45）年に旧国鉄三国線が開通して以降，温泉街として発展していったのである．その後，福井大震災や芦原大火（昭和31年）などにあうが，こうした度重なる災害を乗り越え今日に至っている．ちなみに，現在，地元の芦原温泉旅館協同組合には14の旅館が加盟している[1]．

観光と農業を軸に

　あわら市は，現在，芦原温泉街を中心に北は丘陵地帯，南は水田地帯が広がり，観光と農業を軸とした発展を図ろうとしている．特に農業部門では，ハウス栽

培によるメロン，スイカ，トマト（越のルビー）の栽培が盛んで，まちの特産物となっているほか，最近，隣の石川県に立地する大手量販店からトウモロコシなどの受注を得るなど，流通業者を核とする6次産業化の新たなビジネスモデル構築にも成功している．また，芦原温泉に隣接する北潟湖は，休日になると県内外から訪れるカヌーイストや釣り人で賑わい，また，春から夏にかけてのシーズンには，北潟湖畔花菖蒲園内に約300種・50万株の菖蒲が一斉に花開き，新たな観光スポットの1つにもなっているらしい．今後も，同市が北陸新幹線金沢開業による地の利をうまく味方にしながら，石川県との県境を越えた観光ネットワークを構築するなどして，福井県の観光活性化に貢献していくことがねらいでもある．こうした中，あわら市では，この度，観光業界や商工会の代表，学識経験者らとつくる市地域ブランド戦略会議（会長・佐々木康男市長）で「芦原温泉駅周辺まちづくりプラン」を決定した．プランのコンセプトは「和心あふれる賑わい空間」で，新プランでは現在の駅西口の交通ロータリーを西口駅前広場とし，全国チェーンのカフェを誘致する予定と聞いている．その他，約330㎡の「賑わいホール」（仮称）を整備して修学旅行など団体客の待合場所やイベントの施設整備も検討しているらしい．福井県の一大観光スポットとして，さらなる発展を遂げようとするあわら市に大きなエールを送りたい．

2　テクノポート福井と三国湊のまち「坂井市」

テクノポート福井

　坂井市は，2006年3月に福井県北部，坂井郡にあった三国町・丸岡町・春江町・坂井町が合併して新設されたまちである．新設以来，同市では福井県の自治体で初めての地域自治区制度を採用し，旧4町と同区域・同名の地域自治区である三国町・丸岡町・春江町・坂井町を設置している．ただ，地域自治区制度が地域の融和を阻害するという懸念もあるため，郡が市にとって変わっただけとならない政策の必要性が問われている．一方，同市の誕生時点での人口は

50　第Ⅰ部　地域固有の資源を考える

表3-1　福井県内9市別に見た外発型企業の状況

	企 業 数	従業員数 2014年の決算 による	売上高 2014年の決算 による	工業統計調査 による2013年 の出荷額等	構成比（％）
あ わ ら 市	3	422	24,593	175,217	14.0
越 前 市	8	6,751	231,292	430,136	53.8
坂 井 市	13	947	30,286	282,980	10.7
鯖 江 市	3	169	9,772	156,676	6.2
小 浜 市	3	872	39,146	37,299	105.0
大 野 市	3	323	5,430	39,629	13.7
敦 賀 市	5	155	7,715	110,428	7.0
福 井 市	9	855	47,820	363,979	13.1
勝 山 市	1	240	5,896	116,041	5.1
お お い 町	1	38	630	2,096	30.1
南 越 前 町	1	22	95	9,470	1.0
	50	10,794	402,675	1,723,951	23.4

資料：独自調査による．資本金，従業員数，売上高は，個社別の決算期直前のデータによる．
　　　本データは，外発型企業のうち域内に本社機能を持つ事業所に限る．

約９万2000人，県内での人口規模では南に隣接する県庁所在地の福井市に次い
で２番目の規模を誇る．

　ところで，坂井市を産業面から眺めてみると，まず工業に関しては，県外か
ら入ってきた外発型企業が41事業所を数え，福井県全体（151事業所）の27.1％を
占めている．中でも，域内に本社機能を置いた事業所は福井県内で最も多く13
社（表3-1）を数えるなど，製造業の集積が高い地域といってよい．その理由は，
まぎれもなく本市東部，三国町に昭和44年ごろから造成を開始したテクノポー
ト福井の影響が大きい．団地内には化学工業をはじめ，金属，鉄鋼，木材など
多様な業種が集積しており，同市の産業力を支える重要拠点となっている．

　そして，もう１つ坂井市の特徴を挙げるとすれば，同市中心部にある坂井平
野は福井県を代表する穀倉地帯でもあることだ．しかし，ここでちょっとばか
り残念な話がある．それは，おおよそ1000年にわたりこの坂井平野を潤してき
た「十郷用水」が地下パイプライン化事業によって，2015（平成27）年，地上
から姿を消したことだ．同用水は，平安末期，今の坂井地区にあった春日大社
と興福寺の荘園への用水路建設が始まりとされ，鹿の足跡を農民が掘ってつな

げたという伝説が各地に残る．そして，水路網は豊かな穀倉地帯を生んだ．今
後は，この「十郷用水」の存在を地域発展をもたらした重要な歴史遺産として
後世に伝えていってもらいたいものだ．

　いずれにせよ，坂井市は福井でも珍しい工業と農業が両輪となって発展する
可能性を秘めた地域であり，両産業の益々の発展を祈念したい．

三国湊

　一方，観光面については，例えば東尋坊，三国祭り，丸岡城など．特に，丸
岡城は，柴田勝家の甥，勝豊によって築かれた城で，現在，全国に12ある天守
の中で最古の建築様式をもつ．そのほか，福井県一の大河，九頭竜川の河口に
位置する本市三国町のまち中散策は人気が高い．「かぐら建て（切妻造りの建物
に切妻造りの片流屋根をかけたもので，一見して平入り家屋と見える建て方になっている）」
造りの町屋「旧岸名家」や三国の情報拠点「三国湊座」，三国湊の繁栄に思い
を寄せる貴重な文化遺産「旧森田銀行本店」など，散策地点は数多い．中でも，
高台にそびえる「みくに龍翔館」は地域の歴史・文化・伝統・芸術・暮らしな
どを知るうえで素晴らしい．同館は，オランダ人土木技師エッセルがデザイン
したと言われ，明治12年から35年間建っていた木造5階建て八角形の龍翔小学
校の外観を模して復元した博物館で，今や三国町のシンボルとなっている．

　しかし，三国湊といえば，何といっても古来より九頭竜川やその支流の足羽
川を使った水運による物流の拠点として栄えたことを忘れてはならない．戦国
時代の武将朝倉義景が居城を構えた「一乗谷朝倉氏遺跡」内の庭園跡には，船
によって運ばれてきた東尋坊周辺の岩が庭石として残っているという．また，
柴田勝家も水運を重視し足羽川近くに居城「北の庄城」を構え，荷揚げ用の港
を設けていたらしい．

　江戸中期になると，狭い範囲で行っていた水運・海運が，それらの港をつな
ぐ海上航路へと発達し，それまで使用された北国船やハガセ船とは機能面で優
れるベザイ船を使った「北前船交易」が始まる．三国湊においても，海運で上

方（関西）・瀬戸内・山陰・東北・北海道から物品が集まり，物流の一大集積地として賑わったらしい．また，三国湊町には北前船を所有する廻船問屋をはじめ，様々な物品を販売する商店らが軒を並べ，町は大きく発展した．その繁栄は，明治時代に入ってもしばらく続いたが，西洋型帆船や大型汽船が主流となり，新しい商戦時代が到来したこと，さらに鉄道が開通し，物流の中心が船から鉄道へと移行する中で，三国湊は商港としての機能を失っていった．

　ところで，三国というと，今でも思い出すことがある．著者がまだ子供のころ，越前鉄道三国線が走っていたころ，それにのって，海女さんたちが素潜りで採ったアワビ，サザエ，ウニなどを天秤棒で担ぎ，著者が住んでいた旧松岡町まで商いに来ていたことだ．いわゆる「ぼてさん」と呼ばれる人たちである．まことに福井の女性は昔から働き者だったのであろう．

3　朝倉氏100年の栄華が眠る県都「福井市」

戦国武将・朝倉氏から柴田氏を経て福井藩・越前松平家へ

　先般，福井市立郷土歴史博物館を訪ねた．同館は，あいつぐ戦災と震災から復興した福井市のシンボルとして1953（昭和28）年足羽山に開館し，2004（平成16）年には越前松平家の別邸であった「養浩館庭園（旧御泉水屋敷）」隣に移設された．現在，この場所には，福井城の門「舎人門」も復原されており，福井市内の中でも歴史を漂わせる風情ある場所の1つとして存在感を知らしめている．

　同館に入ると，郷土に関する資料や，特に福井市春嶽公記念文庫をはじめとする福井藩，越前松平家に関する資料が充実していることに気付く．それを読んでいくと，古代の福井は，阿須波氏や生江氏などの豪族がこの地を治め，なかでも生江氏などは東大寺の土地開発に関係し，道守荘をはじめとする荘園の管理や経営に深く関係していたと記されている．

　中世に入ると，“ふくい”は南北朝時代の抗争，斯波氏や朝倉氏それに一向

一揆・織田信長の支配や進出を経て，信長の重臣，柴田勝家が城下町を形成し繁栄した．現在でも，福井市東部にある一乗谷朝倉氏遺跡は，全体で278haという広大な範囲が国の特別史跡として指定保存され，全国でも稀有な戦国城下町遺跡として残されているほか，1967（昭和42）年以来続けられている発掘調査によって得られた出土品は，福井県立一乗谷朝倉氏遺跡資料館に保存展示されており，そこを訪れる人々の興味を満喫させる．また，福井市中心部には，柴田勝家が築城したといわれる由縁の場所に柴田神社が建設され，北ノ庄城址，柴田公園としても整備が進んでいる．

　ところで，戦国時代，柴田氏はまもなく羽柴秀吉によって滅ぼされ，やがて江戸時代へと引き継がれていくが，当地に最初に入封した大名が，徳川家康の次男，結城秀康で68万石での入封であった．秀康は，産業の育成，中でも絹織物に尽力し，「玉紬」を「北荘紬」と改称し，藩士の妻の内職として奨励，品質の改良，販路の拡張に努めたという．そして，こうした試みが婦人労働者の予備軍となって明治の繊維産業振興につながっていったのである．その後，福井藩2代目の松平忠直は，大坂の陣で戦功を立てながらも将軍に認められなかったことから，次第に幕府に反抗的態度をとるようになった．そのため，1623（元和9）年改易され豊後国大分に配流される．しかし，翌年の1624（寛永元）年には，忠直の弟（秀康の次男），松平忠昌が50万石で入封．その後，居城周辺の街・北ノ荘は「福居」（後に福井）と名を改める．そして，第16代 松平慶永（春嶽）を経て，幕末から明治の福井藩最後の藩主，第17代 茂昭まで続いていく．

　廃藩後の1889（明治22）年，福井市は人口4万人でスタートを切ることになるが，絹織物業の発展に伴って，都市機能が充実するなど，徐々に政治・経済・文化の中心として発展．都市計画も進み，昭和6年以降，近隣の町村を次々と合併していった．そして，1945（昭和20）年7月の福井大空襲，その3年後の福井地震・水害によって壊滅的な打撃を受けたが，復興事業を強力に推し進めることにより「不死鳥福井」として生まれ変わっていく．ちなみに，福井市の人口は1995（平成7）年の27万3000人をピークに徐々に減少に転じ，現在26万

5000人あまりとなっている．また，約1万6000の事業所のうち3割弱 (27.3%) は卸・小売業が占め県内の水準 (25.4%) より高いが，その分，製造業のウエイトは1割 (福井市9.0%，福井県12.7%) を下回っており[2]，どちらかといえば商業中心のまちであることがわかる．

北陸新幹線福井開業，駅西口再開発に向けて

平成29年からは，第7次福井総合計画がスタートした．この計画で示した都市像をみると，今後5年と，さらにその先の将来を見据えた目指すべき姿が示されており，その中心テーマは，「子供から高齢者まで全ての市民が，安全・安心で豊かな生活がおくれるよう，市民と行政が様々な場面で手を携え，民間活力を活用しながら，福井市の輝く未来と"全国に誇れる　ふくい"の実現に向けた取り組みを実践していくこと」となっている．具体的には，「豊かな地域づくり」，「輝く未来への挑戦」を重点方針とし，この2つの重点方針に基づき，① 快適に暮らすまち，② 住みよいまち，③ 活き活きと働くまち，④ 学び成長するまち，の4つの分野ごとに，市政全般にわたる政策，施策が示されている．

今の福井市が抱える課題を挙げれば，北陸新幹線福井開業への備えや，それに伴う駅西口再開発の進化と同時に中心市街地を如何に活性化するか，さらに雇用・人材育成・新産業創造といった産業政策をどうするかなど枚挙に暇がない．こうした中，平成28年4月28日，駅西口再開発の目玉となる再開発ビル「ハピリン」がオープン．平成29年度の来場者数は279万人を記録，当初の目標を30万人あまり上回るなど順調な出足となった．ただ，駅周辺商店街などへの波及にはいまだ課題が残っており，今後はこれとどう向き合っていくか，どう打開していくかが重要となる．そのための景観整備事業として，平成29年6月にはJR福井駅と福井城址を結ぶ県庁線の再整備が完成．この福井城址周辺道路整備の完成により，中心市街地に「歴史を感じながら，歩いて楽しめる環境」がまた1つ整備されたことになる．その他，「中央公園のリニューアルオープン」，「福井城山里口御門」の復元整備なども終わり，新たな福井市の顔が見え

始めた感も否めない.

一方,福井市では,平成31年4月1日より中核市への移行を目指しているが,それと合わせて,嶺北11の市町が連携して行政サービスを実行していく「ふくい嶺北連携中枢都市圏」構想も進められている.実際にこの構想が具現化すれば,地方創生の一環として,福井市が嶺北全体の舵を取る姿も思い浮かべることができよう.

いずれにせよ,福井市は県都,福井の中心都市であり,それにふさわしい福井の顔として生まれ変わってもらいたいものだ.ただ,そのためには,今回の総合計画で示されたように官も民も,企業も住民も全てが,もっと言えば福井県全体が1つになって,県都,福井市と協力体制を強化していく気概が必要なのではないだろうか.

4 天空の城でブームを呼ぶ「大野市」

古くから,越前・美濃を結ぶ交通の要所として栄える

福井県の東部に位置する大野市は,人口3万3000人と小規模ながら,周囲を白山の支脈に囲まれ,同市の約87%を森林が占める地域であり,それだけに当地に一歩足を踏み込むと,その自然の豊かさには目を見張るものがある.

また当地は,古くから越前・美濃両国を結ぶ交通の要所として栄え,戦国時代に金森長近が当地に赴き築城して以来,城下町の建設に着手したことで,約440年を経た現在でも,市街のいたるところに寺社仏閣,碁盤目状の道路などが現存し,その面影を今に伝えている.その1つに,おおよそ700年前,道元禅師とともに中国で学んだ寂円禅師によって開かれ大本山永平寺に次ぐ第二道場として知られる宝慶寺がある.同寺の宝物館には多くの文化財があり,中でも道元禅師の肖像画は福井県指定の文化財となっている.杉木立の参道にひっそりとたたずむ同寺を訪ねると,ゆったりとした時間の流れを感じることができる.今の自己を見つめなおすには最高の場所でもあり,一度は足を運んで欲

しいものだ．そのほか，大野には越前大野城，全国名水百選にも選ばれた御清水，七間朝市などが加わって，今では「北陸の小京都」として歴史・文化の匂い漂う地域でもある．

一方，金森長近のあと，大野は，長谷川・青木・織田・松平氏を経て，天和2（1682）年，土井利房が大野に封ぜられたが，その7代目藩主，土井利忠（1818～1862年）は殖産興業による財政改革と人材育成に注力し，その功績は高く評価されている．例えば，その家臣，内山良休は，武士でありながら商いを学び，大野藩で煙草や生糸などを産業化することを提案．1855年以降，越前，大阪，函館などで全国37店舗の藩直営店「大野屋」の運営に乗り出し，大野藩の財政立て直しに貢献した．また，その弟，内山隆左は，蝦夷地開拓を提案．1858年，洋式帆船「大野丸」を建造して，1864年，同船が根室沖で座礁するまで敦賀～函館間を往来し，人員，物資の運搬に努めた．さらに，土井利忠は人材育成にも専念し，1844年，身分に関わらず誰でも入学できる藩校「明倫館」を開設．これと並んで，洋学の研究にも注力した．家臣を江戸・京都・大坂（大阪）方面に送り，西洋医学や砲術などを学ばせ，1856年には「洋学館」を建て，緒方洪庵の適塾の塾頭伊藤慎蔵を教師に招いた．

1871（明治4）年の廃藩後，1889（明治22）年には町村制が実施され，大野・下庄・乾側・小山・上庄・富田・阪谷・五箇・西谷・上穴馬・下穴馬の1町10村となった．1896（明治29）年，下穴馬村から分立し石徹白村が設立（但し，石徹白村は1958年，岐阜県にある白鳥町に編入している）．下庄村は1951（昭和26）年11月に町制を施行．1954（昭和29）年に2町6村が合併して大野市が誕生し，その後，1970（昭和45）年に西谷村を編入，2005（平成17）年に和泉村と合併し現在に至っている．

ブームを呼ぶ天空の城「越前大野城」

しかし，近年の大野市を眺めてみると，少子・高齢化の進行による人口の減少，主要産業である繊維産業等の衰退など，今後の地域振興を推進する上で極めて厳しい局面にあることも見逃せない．

こうした中，同市では，2012年度から地域振興の施策として，地域が保有する食，自然，歴史，文化，伝統などの地域資源を活かし，磨き，育てることでブランド力をつけ，その魅力を域内外に効果的に情報発信する取り組みを検討する「越前おおのブランド戦略」の策定，推進に乗り出している．現在，同市ではブランド戦略の基礎となるキャッチ・コピーを「結の故郷　越前おおの」と定め，これをベースに多様なブランド戦略，戦術の展開を検討中である．そうした矢先，同市の大野城が「天空の城」として全国的に脚光を集める事態が勃発した．春と秋のシーズン，前日に雨が降った早朝から徐々に日が高くなるにつれ上空から霧が薄れるにともない，大野城がぽっかりと顔を出す．まさに「天空の城」そのものの風情を楽しむことができるのだ．これにともない，観光客も増加し，2014（平成26）年度は200万人に迫る勢いを見せている．

いずれにせよ，今，大野市は，県内外の人々に「大野のよさを知ってもらい，来てもらって，食べて，観て，体験して……」もらう，そんな仕掛けづくりを行い，徐々に成果に結びついているのである．「越前おおのブランド戦略」は，人，歴史，文化，伝統，自然環境，食など大野市が誇る魅力ある資源を磨き上げるとともに，大野市全体のイメージを大きくアピールすることで経済性を持たせ，市民が地域に自信を持つことで所得向上にもつなげていこうとするものである．

地域の自立化・自活化を目指し，地域資源を活かしながら地域振興を図ることは，全国的に盛んだが，「越前おおのブランド戦略」は一味違う，そんな仕掛けをつくってもらいたいものである．ひょっとして，そのヒントは，結の大切さを重んじる大野人の人のよさ，ぬくもりといった気質に隠されているのかも知れない．それはともかく，今後の「越前おおのブランド戦略」に期待したい．

5 平泉寺，繊維産業，恐竜のまち「勝山市」

越前有数の煙草産地から，明治時代には絹織物産地に

本市は，人口2万4000人あまりの小さなまちだが，その歴史は古く九頭竜川が形成したこの地域の河岸段丘上には，旧石器時代から人々が暮らした痕跡が残っているという．

しかし，この地の歴史的遺産を1つ挙げるとすれば，「越国」の僧，泰澄大師によって確立された白山信仰の一大拠点，平泉寺が今もその姿を残していることであろう．最盛期には48社36堂6000坊を誇り，越前文化の中心的存在であったとも言われている．1574（天正2）年に一向一揆勢により焼き討ちに合うが，その9年後の天正11年，平泉寺に戻った僧たち（顕海僧正と，その弟子専海，日海たち）が平泉寺の再興に着手，現在残る平泉寺白山神社を建立した．以後，この地の大名たちから手厚い保護を受け，徳川将軍家の朱印地となるなど，江戸時代には白山信仰の拠点としてその土台を築いた．そして現在まで，地元の重要な遺産としてその存在感を高めているのである．

一方，平泉寺が焼き討ちにあった後の当地は，柴田勝安が一向一揆を鎮め，袋田村に勝山（袋田）城を築き統治したと聞く．勝山の地名は一向一揆勢が立てこもった御立山（通称村岡山）を「勝ち山」と呼んだことから起こったと言われている．江戸時代の1691（元禄4）年には小笠原氏が入封し，明治に至るまで藩政が続いた．

ところで，江戸時代の当地の産業といえば，17世紀の後半から始まった煙草栽培が有名である．そのほか，繭，生糸，菜種などがよく知られている．特に，幕末に藩政改革を行った林毛川は，煙草の生産に着目し専売を目指した政策を進めた．そして，この時培った販路の開拓手法，品質の改善力は，明治時代の繊維産業へと引き継がれていくのである．

廃藩置県後，機業が勃興し，羽二重を中心とする絹織物の製造が盛んになり，

第3章 歴史で辿る市まちの姿　*59*

さらに昭和初期には人絹織物の導入によって織物立国を形成した．戦後は，設備の近代化，技術革新により高級合繊織物の一大産地として国内外に知られた．

恐竜のまち

行政の組織は明治の市制町村制により，現市域内に，1町9箇村が誕生．その後猪野瀬村が勝山町に編入合併され，1954（昭和29）年，町村合併法により，勝山町，平泉寺村，村岡村，北谷村，野向村，荒土村，北郷村，鹿谷村，遅羽村の1町8箇村が合併し市制を施行．人口3万9000人の勝山市が発足した．

一方，1988（昭和63）年に，手取層群の1つ北谷町杉山で，1億2000万年前の肉食恐竜の化石等が発見されて以来，この地域一帯は全国でも貴重な恐竜化石の宝庫としてクローズアップされている．2000（平成12）年に開館した福井県立恐竜博物館の入館者数もうなぎ上りで，2015（平成27）年には入館者数が100万人を突破している．

それと併せて，当地を代表する宝といえば，毎年2月の最終土日に開催される「勝山左義長まつり」が挙げられよう．そして，2018年は偶然にもこの祭りを訪ねることができた．

奇祭と呼ばれる「勝山左義長まつり」は，勝山藩主，小笠原氏が入封して以来300年以上の歴史があるといわれる．この日も同市内の各地区には12基のやぐらが立ち並び，そのうえで色とりどりの長襦袢姿に着飾った老若男女が独特のおどけ仕草で三味線，笛，太鼓，お囃子を披露し，その姿に多くの見物人が酔いしれた様子であった．

主催者側の公表では，例年の「勝山左義長まつり」への来訪者数は2日間で10万人あまりを数えるらしい．いずれにせよ，祭りという文化は，地域繁栄の証でもある．いにしえの形を受け継ぎ，守り，次の時代に伝えてほしいものだ．

その他，まちづくりの面では，2002（平成14）年に「勝山市エコミュージアム推進計画」を掲げている．これは，まち全体を屋根のない博物館（ふるさと元気博物館）とする構想で，市民が自らのまちに愛着を持ち，自然，歴史，伝

統文化，あるいは産物，人的ネットワークといった地域の資源を再発見し，そ
れらの新しい価値を見つけ発展させ，地域の誇りと元気を取り戻す計画である．
2011（平成23）年の第5次勝山市総合計画では，「エコミュージアムによるふる
さとルネッサンスの実現」を基本理念に，「小さくてもキラリと光る誇りと活
力に満ちた ふるさと勝山」を目指した様々な施策の展開が図られている．エ
コミュージアムとは，"まちはまるごと博物館"の考え方のもとに，市民自ら
がまちの魅力を発見し，それを磨いてアピールしていく事業と聞いている．こ
れまで地域に埋もれていた歴史や自然，産業遺産や伝統文化を地域住民が掘り
起こして100を超える事業が実施され，古くて新しい勝山の魅力が醸成されて
きた．冬の名物「北谷の鯖の熟れずし」や食用油の「野向のエゴマ」，「荒土の
木炭」などは，商品化されてコミュニティビジネスへと発展している．文化，
観光面では，2006（平成18）年に史跡平泉寺を含む「霊峰白山と山麓の文化的景観」
を世界遺産の暫定リストとして登録申請を行った．2012（平成24）年には，「白
山平泉寺歴史探遊館まほろば」が，平泉寺および白山の歴史，自然および文化
を紹介する拠点としてオープンした．2009（平成21）年に，近代化産業遺産に
認定された「はたや記念館ゆめおーれ勝山」が，まちなか誘客の拠点として
オープンし，近年は入館者70万人を達成している．また，2009（平成21）年には，
勝山市全域をエリアとする「恐竜渓谷ふくい勝山ジオパーク」が日本ジオパー
クに認定された．

　一方，福祉および子育て支援では，勝山市の高齢化率が34.8％（平成28年10月
現在）と高齢化が進んでいる中，10年前にオープンした福祉健康センター「す
こやか」が，市民の地域福祉活動と健康づくりの拠点として親しまれる施設の
充実を図っている．また，誰もが夢と希望を持って子育てができる環境を整え
た「子育て環境日本一」を目指して，様々な子育て支援施策を展開している．
元来，当地は，繊維産業が根付いて以来，子育て支援や教育環境の充実のために，
官民一体となって取り組んできた地域である．例えば，早くから織子さんのた
めにケイテー，松文産業，山岸機業，白木興業，協和産業などの地元企業が造っ

第3章　歴史で辿る市まちの姿　*61*

た「女子寮」，1960（昭和35）年には「県立勝山精華高等学校」の建設，1964（昭和39）年には「勝山女子高等学院」の建設など，働きながら学べる環境づくりに取り組んでおり，現代の人口減少，若者流出をくい止めるための先例として大いに参考とすべき地域であろう．

6　繊維，めがね枠，漆器のまち「鯖江市」

越前では最も遅く成立した鯖江藩

鯖江市本町に真宗誠照寺派の本山，誠照寺^{じょうしょうじ}というお寺がある．元々，鯖江市はこのお寺の門前町として栄えていたらしい．鯖江市の『市制施行50周年記念誌』によれば，その起源は1207（承元元）年，親鸞上人の越後配流まで遡るといわれる．親鸞上人が配流の途中に鯖江を通過されるとき，豪族波多野景之の館で法を説かれたらしい．そして，1279（弘安2）年，親鸞上人の5子道性が，現在の誠照寺の地に堂宇を立て，この地に仏教を広められて以後，門前町が出来上がったと聞く．

江戸時代初期は，徳川家康の次男，結城秀康の所領に属したが，1645（正保2）年，丹生郡吉江（現在の鯖江市吉江）を中心に成立した吉江藩では，近世の近松門左衛門が幼少期を過ごしたという．1720（享保5）年には間部詮言^{まなべあきとき}が越後村上から移封され鯖江藩5万石が成立．江戸中期の入封だけに，近隣諸国との軋轢もあったことだろう．以後，鯖江は城下町として，明治の廃藩まで続く．この間，藩主の中でも特に名声を誇ったのは，11歳で7代藩主となった間部詮勝^{まなべあきかつ}であろう．詮勝は，1856（安政3）年，領民の憩いの場として嚮陽渓^{きょうようけい}，現在の鯖江市西山公園の基礎を創った．また，幕末期の大阪城代や京都所司代を務め，井伊直弼が大老の時代には老中など江戸幕府の要職を務めたことでも知られている．老中の時期には安政の大獄で総指揮を執り，恐れられた時期もあったが，1859（安政6）年，井伊直弼のあまりの大獄に間部詮勝は抵抗し老中を辞任，歴史の表舞台から姿を消していった．

ところで，鯖江の名の由来だが，『市制施行50周年記念誌』を見ると，このように書かれてある．「今から約2,000年前，10代宗神天皇の時代に四道将軍の一人大彦命が北陸道賊徒討伐に巡行された．賊徒は神矢によってたおれ，その矢が鯖の尾に似ていることから地名を鯖矢と呼び，後に転訛して鯖江になった」（舟津社記）と伝えられている．

繊維，めがね枠，漆器産業に特化

廃藩後，鯖江は鯖江県となったが，その後の県の統合廃止の中で，1881（明治14）年，福井県に移った．1889（明治22）年に町制を施行，その2年後に今立郡役場が置かれた．また1897（明治30）年には，かの勇猛な鯖江36連隊が神明・立待地区に置かれた．同年に2町5カ村が合併して市制を施行，鯖江市が誕生した．その後，北中山村を編入合併，1957（昭和32）年に河田村を編入合併して，現在の鯖江市が誕生した．

この間，当地の産業情勢をみると，当地の基盤産業といえば，古くから盛んであった繊維産業を挙げなければならない．特に，明治の半ば以後は，輸出羽二重の生産が始まり，昭和初期の世界恐慌により羽二重織物が衰退すると人絹織物に転換，「人絹王国福井」を支えた．昭和30年代以降は合繊織物が盛んとなり，現在では原糸，撚糸，整形・サイジング，織布，編立，染色，縫製など繊維に関する一連のメーカーが集積し，衣料部門以外にも様々な分野で果敢に挑戦する姿がみられる．

また，当地，鯖江と言えば多くの人々が周知しているめがね枠産業がある．1905（明治38）年，増永五左衛門が，冬場の当地の手内職として少ない投資で現金収入が得られるめがね枠づくりに着目．当時，めがね枠づくりが盛んであった大阪から職人を招いて，当地の産業として根付かせた．そして，1992年のピーク時にはめがね枠関連製品の出荷額が1200億円に達し，輸出も500億円を記録するなど，大いに飛躍を果たした時期もみられた．ただ，近年は，日本全体の生産額の9割以上を占めているとはいえ，イタリア，中国等の世界の産地との

競合の中で，めがね枠の生産技術を活かした他分野への参入にも動きが活発となっており，今後の飛躍に期待したいところである．

　最後に，当地に古くから根付き当地の基盤産業となっている河和田地区の漆器産業を挙げなければならない．1500年前に発祥と言われる河和田の漆器は，堅牢でその優美さに定評があり，全国に広く知られるようになった．1850年ごろには，京都の蒔絵，輪島の沈金の技法を取り入れ，装飾的にも一層の進歩を遂げたほか，1890年代後半には，丸物以外に角物の生産も始まり，従来のお椀だけでなく，お盆，重箱，花卉などの生産も始まった．さらに，1960年代頃からプラスチック素材に漆を塗る技術が確立されると，旅館や外食産業などがつかう業務用漆器の分野では全国シェア80%以上を占めるまでに発展した．また，2015（平成27）年には漆の可能性を探る「鯖江うるしアワード」を開催．募集したアイディアは3Dプリンタなどを使いながら試作し，商品開発に挑むなど，新たな挑戦も始まっている．

常に先進的なまちづくりに挑む

　さらに最近では，これら3大産業に加えドイツのIT大手SAPなどのオープンデータを活用して「データシティ鯖江」を推進するなど，IT活用による地域活性化への取組みも盛んである．いわゆる既存の3大産業プラスIT産業化によって，4大産業のまちづくりを目指す鯖江市の姿が鮮明になりつつある．その他，行政面では，平成26年にスタートした女子高校生がまちづくりを提案する「鯖江市役所JK課プロジェクト」が話題を集め，昨年には牧野鯖江市長がニューヨークの国連本部で開催された「SDGs推進会議」にて，女性活躍の推進などに関する市の取り組みの1つとして，同プロジェクトを全世界に紹介した．こうした革新的な政策と合わせて魅力が増大する鯖江市は自ずと若者からの共感も集め，福井県では数少ない人口増加都市として注目されるまでになった．

　いずれにせよ，時代の先を走り続ける革新的なまち鯖江市の益々の発展に期

64 第Ⅰ部　地域固有の資源を考える

待したいところである.

7　1300年の歴史と製造業のまち「越前市」

「越国」の中心「府中」として

　越前市は，2005（平成17）年，武生市と今立町の合併により誕生したが，文化財保有数が県内一である事実からも分かるように，福井県内の中では越前の中心的地域として古くから発展してきたことがうかがえる．ちなみに，承平年間（931〜937年）に成立した『和名抄』によると，既にこの頃から越前の国府が丹生郡にあったことが記されており，その他の文献を調べると，実際には708（和銅元）年頃より「武生」に国府建設が始まったらしい．その頃，武生盆地では農業が，また繊維，製紙，窯業などの産業も盛んに行われ，経済・文化の中心地であったようだ．また，平安時代には，『源氏物語』の作者で有名な紫式部が，越前国守となった父，藤原為時について1年余り武生で暮らしている．その証に，源氏物語の中には武生の地名が登場する．奈良・平安時代の越前国府は「たけふ」と呼ばれていた．「府中」と呼ばれるのは中世以降である．

　戦国時代，朝倉氏が滅びると，織田信長は府中を中心とした三郡，合わせて10万石を，不破光治，佐々成政，前田利家に支配させた．この3人は府中三人衆と呼ばれ，協議制で領内を治めた．佐々成政の居城であった小丸城跡には，今も一部に野面積みの石垣が残っている．府中で大名になった利家は城を築き，家臣団を組織した．前田氏100万石の礎はまさに府中で築かれたのである．関ヶ原の戦いの後，結城秀康が福井藩主となる．この時，家臣本多富正が福井藩の付家老として秀康に従い，3万9000石の府中領主となった．富正は，戦乱のため荒れ果てていた府中の整備や日野川の治水工事，用水・道路工事などに着手．また，打刃物や織物など産業の発展にも力を尽くし，今の越前市の基礎を築いた．本多家は明治維新まで9代にわたって府中領主として支配を続けるのである．1869（明治2）年，中世以降「府中」と呼ばれていた地名が「武生」と改

められ，1889（明治22）年の町村制の導入により，武生町が誕生した．明治2年の華族制度によりかつての大名は華族となった．江戸時代を通して大名格扱いを受けた本多氏は当然華族になると思われたが，福井藩は福井藩の家来ということで士族としたため，これに反対した家臣や町人は，明治3年に暴動を起こした．これを武生騒動という．この結果，1879（明治12）年，本多副元は華族に加えられ，1884（明治17）年に男爵を授けられた．1948（昭和23）年，武生市が誕生．その後，1959（昭和34）年にかけて近隣の9村を編入し，1990（平成2）年には人口7万人を超える都市として成長した．そして2005（平成17）年，今立町と合併し現在の越前市が誕生した．

伝統的工芸品産業と先端産業が相まみえるまち

　現在，越前市の人口は8万4000人と福井県内では，福井市，坂井市に次ぐ人口規模にあり，これを支える主要産業をみると，電子・自動車・家電部品産業やニットアパレル産業などが盛んで，福井県下第1の製造品出荷額を誇る「モノづくり都市」としても名高い．ただ，これらを支える企業は，福井村田製作所やアイシン・エイ・ダブリュウ工業，信越化学など，県外資本のウエイトが高く，そのため地域の課題としては，ローカル企業の育成を今後どのように図っていくかといった点もある．また，当地は，昔，大陸から日本海を渡ってきたモノづくり技術がこの地に根づき，今日でも越前和紙や越前打刃物，越前箪笥などの伝統的工芸品の産地となっており，新旧相まみえる工業地域といった点で極めてユニークな地域でもある．一方，市街地に入ると，中心部には白壁の蔵が立ち並ぶ「蔵の辻」と呼ばれる一角があり，大正から昭和初期に建てられた木造の店舗や蔵を再生し，伝統的建設物を活かしたまち並みとなっている．また，寺町通りと呼ばれる京町界隈は，国分寺や総社大神宮をはじめとする，多くの由緒ある寺社仏閣や昔ながらの町屋が点在し，その落ち着いた風情が越国の中心都市として栄えた面影を残している．

　一方，市の西部地域には豊かな里地里山が残されており，希少野生生物も多

く生息しているため，2004（平成16）年度に，環境省の「里地里山保全再生モデル地域」に選定された．この地には，40年前にコウノトリが飛来したことがあり，地域の人達は，コウノトリが再び飛来することを夢見て，環境調和型農業や里地里山の保全再生に力を注いでいる．

いずれにせよ，越前市は古い歴史，文化，伝統に恵まれた地域であるが故に，これらを活かしたまちづくりを推進しながら，一方では福井県最大の工業地域として，リアリティーを最優先させた発展を模索するという多様な顔を持ち合わせたまちでもある．

多文化共生の地域づくり推進

ところで，これまで述べてきたように，越前市には福井村田製作所やアイシン・エイ・ダブリュウ工業，信越化学など県外大手企業があり，こうした大手企業の雇用対策として外国人労働者の数も多い．ちなみに平成30年3月現在，越前市に住む外国人数はブラジル人を中心に3999人を数え，同市人口の5％を占めるに至った．今後も企業の旺盛な求人ニーズに伴いさらに外国人の増加が予想される今，同市では全ての市民が国籍の有無を問わず相手を尊重し，歩み寄りながら理解していくことの必要性の啓発と外国人市民の自立のための施策づくり[3]に乗り出している．具体的には，多文化共生社会実現に向けた共生プログラムの啓発をはじめ，日本語教育の環境の充実などコミュニケーション支援や，外国人市民に対する医療・教育・保育・就職などの生活支援，外国人の能力を活かし人材活用の検討などを通じた地域活性化やグローバル化への貢献などである．

地方創生，人口減対策が当たり前のように各自治体の施策として求められる中，この多文化共生の地域づくりにより，福井県内にまた1つ新しい顔を持つ自治体が誕生してくれることを期待したい．

8　鉄道と湊，グローバルな人道支援のまち「敦賀市」

敦賀湊を主軸に「北国の都，敦賀」と呼ばれる

　敦賀市にある敦賀港，かつての敦賀湊は，古代日本における3大要津（湊）の1つとして，渤海国や宋国をはじめ大陸諸国との交流拠点として大いに繁栄した地域と聞く．また，現在ある敦賀市旧市内の原型は，13世紀後期以降，16世紀末に至るおおよそ300年間の間に形成されてきた敦賀津にあるといわれる．津とは中世の"みなと"のことであり，別名"とまり"ともいわれたらしい．『福井県史通史編2　中世』には，1309（延慶2）年に書かれた文書「敦賀津鳥辻子左近充」の中に，気比社の西門大鳥居の西方に成立した門前町，鳥居辻子町の存在が記されており，敦賀はこの時代，既に街並みが形成されていたことがわかる．ちなみに，"辻子"とは街路を意味する言葉らしい．近世では城下町が地方の都市の主流となるが，中世では湊町が地方の都市を代表するものとして発達したのであろう．16世紀末，戦国時代の終わりには，豊臣秀吉によって荒廃した都の復興と，聚楽第，大阪城の建設が進められるが，その時，敦賀は東北地方で採り出された加工材「太閤板」の移入地となる．江戸時代初期には日本海沿岸地域に領地を持つ大名の年貢米も敦賀に移送され，ここから京都・大阪へと運ばれていった．17世紀後期の文学者 井原西鶴は，人や物資が行き交い繁盛する敦賀を「北国の都」（『日本永代蔵』）と評した．こうした盛況の中，豪商 打它宗貞，高嶋屋伝右衛門，道川兵二郎などの豪商が成長していった．18世紀後期から19世紀末にかけ，北前船交易が盛んとなる．北前船とは，大阪から瀬戸内海，日本海をへて北海道に至る航路を往復し，各寄港地で積荷の販売，仕入れをしながら利益を得る，言わば「動く総合商社」であった（敦賀市立博物館資料より）．敦賀湊の移入品の筆頭はニシンと昆布で，ニシンは油を搾ったあとのしめかすが肥料として東海，近畿地方に送られた．また，主な移出品は，伊勢，美濃，近江産の茶，賀賀産のむしろ，縄などであった．

68　第 I 部　地域固有の資源を考える

　明治期，敦賀の近代化は，立石岬灯台と鉄道の整備により劇的に加速した．1899（明治32）年開港場（外国貿易港）の指定を受け，その３年後には敦賀とウラジオストック間に直通航路が開設された．政府は敦賀を神戸や横浜と並ぶ重要港湾に指定，1910（明治43）年には駐日ロシア領事館が開庁，1912（明治45）年にはシベリア鉄道を利用して，ヨーロッパの各都市を結ぶ拠点港となった．さらに同年，東京新橋駅と敦賀金ヶ崎駅間に欧亜国際連絡列車が運行を開始，ここに敦賀は関西・東海地方の商業都市を背にシベリア鉄道を通じてヨーロッパ各国に直結する国際都市として戦後まで発展していくのであった．

グローバルな人道支援のまち敦賀市

　2017（平成29）年９月24日，国連教育科学文化機関（ユネスコ）の国内委員会は，2017年の登録を目指す記憶遺産の候補の１つとして，第２次世界大戦中，ナチスドイツの迫害から多くのユダヤ人を救った「命のビザ」で知られる外交官，杉原千畝を選定した．「命のビザ」を発給された多くのユダヤ人難民は，シベリア鉄道でユーラシア大陸を横断し旧ソ連・ウラジオストックから船で敦賀港へと渡り，米国やオーストラリアへと旅立っていった．同市の資料館「人道の港　敦賀ムゼウム」には，杉原の功績や当時の敦賀市民の協力の様子，ユダヤ人難民が残した腕時計や証言記録などのゆかりの資料が残っている．またそれ以前の大正年間にも，敦賀港にはポーランド孤児たち約1000人あまりを上陸させ，救いの手を差し伸べていたのである．まさに敦賀はグローバルな人道支援のまちとして歴史の中に存在していたのではないか．

　このように素晴らしい歴史を保有する敦賀市（人口６万7000人）ではあるが，今後の展望を考えると，いささか厳しい状況も見え隠れする．なぜなら，現在の敦賀市は原発関連収入に依存せざるを得ないという特殊な状況があるからだ．その状況から離脱するには，やはり新たな産業の創造ということになる．その場合，何を売りに敦賀市は前に進むべきであろう．その答えは，これまで敦賀市が創り上げた歴史の中に見つけ出せる気がする．例えば，原発は基本，

安全・安心という意味では課題が残るものの，環境という面では極めて優しい．そんな地域が敦賀市なのである．それと合わせて人道支援のまち，これを売りに新たな経済性を持たせることはできないか．環境に優しく人道支援に満ちた優しいまち敦賀，そして観光，そんな地域性が次の時代にぜひ役立ってもらいたいものである．それを後押しするかのように，2016年秋，敦賀市金ヶ崎町にある敦賀赤レンガ倉庫がリニューアルオープンした．

ハーモニアスポリス構想の推進

　一方，敦賀市では，現在，人口減少が進み，各自治体の地方創生の取り組みが激化することは近隣自治体同士での人口の取り合いを招き，かえって地域の活力をなくす危険性があるとして，地域間競争ではなく地域間協調（ハーモニアス）を重視し，敦賀市と周辺地域がそれぞれの優位性を活かしながら連携して，共に発展を目指すハーモニアスポリス構想の策定に取り組んでいる．この構想では，敦賀市とその周辺地域における新たな産業の創出や雇用の拡大などにより，広域的な経済圏・生活圏の形成を目指しており，構想策定は2018（平成30）年度末までを予定としている．

9 「御食国」，大陸と都をつなぐ「小浜市」

「御食国」若狭と鯖街道

　小浜市がある若狭地方は，古代から日本海を隔てた対岸諸国との交易が開け，日本海側屈指の要港として栄えてきたといわれる．陸揚げされた大陸文化や豊富な海産物，塩など各地の物産は，陸路，若狭と京をつなぐ鯖街道を経て，近江，京都，奈良にもたらされた．1500年前には成立していたといわれる若狭国と大陸とのつながり，奈良や京都との古くからの交流の足跡は，市内に点在する数多くの文化遺産からうかがい知ることができる．また，生きたゾウが日本

へ初めて上陸したのも，記録上，若狭国小浜が最初といわれ，ちょうど1408（応永15）年のことと聞いている．

　鎌倉時代には執権である北条氏自身が若狭の守護職を務めていたが，鎌倉幕府と北条氏の滅亡後は，北条氏を倒し武家の棟梁となった足利氏の最有力支族である斯波氏など，その時代時代の室町幕府の実力者か，それに連なる人物が若狭の守護職を得ていた．例えば，室町時代初期には一色氏が，その後は安芸国分郡守護の安芸武田氏から分出した若狭武田氏が，若狭武田氏が衰退すると越前朝倉氏の庇護を受けた時代もあったようだ．その朝倉氏も尾張守護代より台頭した織田氏に滅ぼされて，その後は丹羽長秀が支配し，本能寺の変の後，織田信長に代わって豊臣秀吉が政権を握ると，若狭国は山内一豊などの秀吉の子飼いの大名が治めるようになった．

　江戸時代になると，京極高次が若狭を領することとなり後に越前敦賀郡を含む若狭地方一帯は小浜藩領となった．又，江戸時代には北前船が若狭地方を本拠地とした為に，敦賀と並んで小浜は海運の一大拠点として大いに盛えた．また，小浜と京都を結ぶ数々の街道が鯖街道と呼ばれるようになったのは江戸時代に入ってからのことである．この頃，特に鯖の水揚げが多かったためであろう．そして，1634（寛永12）年，それまで武蔵国川越城主であった酒井忠勝が入封し明治維新まで続く．特に，酒井家の時代には，色漆を用いて貝殻や卵殻などを塗り込め，研ぎ出しの技法で模様を出す若狭塗を藩の殖産興業として奨励した．また，若狭地域の多くの寺の修復も行った．現在まで，若狭塗は伝統工芸品として続き，地域には古い寺社仏閣が残されているが，これらは酒井家の力によるところが大きい．そのほか，江戸時代を通じて歴代藩主は学問を盛んに奨励した．人材育成に重きを置いた小浜藩の方針は，江戸時代後期になるとみごと開花し，『解体新書（ターヘル・アナトミア）』を出した杉田玄白，中川淳庵をはじめとする優れた才能を持つ家臣を多く輩出した．1774（安永3）年に酒井忠貫が若狭に設立した藩校「順造館」は福井県内で最も早く開校され，ここで学んだ人々の中には，国学者の伴信友，幕末の志士の指導者，梅田雲浜

などもいた.

食と産業・観光とを結びつけることで地域経済の活性化をめざす

　明治維新により小浜県が設置されると，これに属することとなり，敦賀県，滋賀県を経て1881（明治14）年に福井県に編入された．1889（明治22）年の町村制度実施に伴い小浜町が生まれ，その後，1951（昭和26）年3月，1町7村の合併により若狭の中心都市として小浜市が誕生，次いで1955（昭和30）年，さらに2村を編入し現在の小浜市（人口3万人）となっている.

　ところで，同市が誇る産業と言えば，400年以上の歴史を持つ塗箸の生産を挙げなければならない．現在，日本の塗箸のなんと80％以上がこの地から生産されていると聞く．そしてもう1つ，同市が代表する特産物といえば，「へしこ」，「ぐじ（甘鯛）」，「若狭カレイ」など．これらは，全国に知られる高級ブランドとなっている．そして，これらに共通するキーワード「食」を生かしたまちづくりも興味深い．地域の歴史，文化，風土は「食」にあるとし，健康，教育，福祉，環境，産業，観光など，あらゆる分野のまちづくりが「食」を起点に取り組まれているのである．「食のまちづくり」の総合的な課題に取り組むために，2001（平成13）年9月には全国で初めて「食のまちづくり条例」も制定した．そして，今，小浜市では食と産業・観光とを結びつけることで地域経済の活性化をめざす，様々な取り組みが行われている．2011年に策定された小浜市の「第5次小浜市総合計画」には，"「夢，無限大」感動おばま"のテーマが飛び込んでくる．そこには，自然と文化があふれる小浜だからこそ可能な地域力を活かして次代を築こうとする小浜人の気概を読み取ることができる．今後の発展に期待したい.

【コラム－3】
長崎県"出島"に学ぶ地域づくり

　先日，人口140万人あまりの小さな県，長崎を訪れることができた．当地域の特徴を1つ挙げるとすれば，それは平坦地に乏しく，いたるところに山岳・丘陵が起伏し，海岸線が多くの半島・岬と湾，入江から形成されているため，海岸線の延長が4184km（平成24年3月31日現在）と，北海道に次ぐ全国第2位（北方四島を除くと第1位）の長さを誇っていることであろう．

　また，当地域は，古代より「海の道の要」，「日本の窓口」として，東アジア諸国は無論のことヨーロッパ諸国とも交流を保ち，近世以来，日本で唯一貿易の拠点として栄えた地域（国際都市を保有する地域）でもある．それだけに，当地域に残る文化は異国情緒たっぷりで，歴史的建造物では「大浦天主堂」や「グラバー亭」，祭りでは「長崎くんち」や「長崎帆船まつり」，食べ物では「長崎ちゃんぽん」など国際色豊かな「和・華・蘭（わからん）」面白さを数多く秘めた地域でもある．

　ところで，当地域の中心，長崎市に焦点を充てると，同市が国際都市として産声をあげたのは，1571（元亀2）年にポルトガル船が来航してからと聞く．それ以来，長崎の町には教会が建てられキリスト教が広がるとともに，全国各地から海外との貿易を当て込んだ商人も集まってきた．しかし，豊臣秀吉の時代になるとキリスト教への弾圧が始まり，さらに徳川幕府は貿易の独占とキリスト教の禁教政策を強化．そのための施策が，長崎の町の岬の先端に築造（埋め立て）した貿易の拠点，"出島"であった．それは，1636（寛永13）年のことと聞いている．この"出島"ができたことにより，それまで長崎の町中に住んでいたポルトガル人がこの"出島"に集められ，これにより徳川幕府は貿易の掌握とキリスト教の広まりを防ぐ仕組みを完成させた．しかし，その翌年の島原の乱により天草四朗との関係が疑われたポルトガル人の来航が禁じられたことから，これに代わって当時平戸で貿易を行っていたオランダ人が"出島"に移され，以後，1859（安政6）年の開国まで，"出島"は鎖国期における日本唯一の玄関口として日本の近世史に多大な影響をあたえていくのである．一説によれば，"出島"のオランダ人は，幕府の厳重な監視体制のもとにおかれ不便な生活を強いられたそうだが，それでも彼らが"出島"から離れなかった理由は，この島での貿易が莫大な利益を生んだためであったという．ちなみに，"出島"の最盛期は元禄時代で，この頃の貿易品を見ると，日本からは，金，銀，銅などが輸出され，オランダからは砂糖，薬品，香料，染料などが輸入された．し

かし，輸出品の主力は当初の銀から，次第に銅に代わり，1689（元禄11）年にはオランダとの貿易額の75%は銅で占めるまでに至ったと聞く（参考資料：長崎市編『出島』2016年）．

　一方，この"出島"だが，島の広さは1万5000平方メートルあったといわれている．では，いったい誰が出資し"出島"を築造（埋め立て）したのであろう．聞くところによると，「出島町人」と呼ばれる25人の町人が共同出資して"出島"の工事が始まったという．費用は当時の金で銀200貫目（4000両），今の価値で4億円であった．この町人たちは長崎を代表する豪商ばかりで，日増しに厳しくなる鎖国体制の中，ポルトガル貿易を有効に利用して，利益をあげようと考えたようだ．これら「出島町人」たちは，今でいう"出島"の大家となって，借主であるポルトガル人に年間約1億円にも上る賃料（出島賃銀）を払わせたのである（参考資料：長崎市編『出島生活』2016年）．今よりはるかに大きな利益が出るビジネスモデルではないか．今，地域づくりの主役が官から民へと代わる中，この出来事は私たちに儲かるビジネスの在り方を教えてくれたような気がする．

注
1）芦原温泉協同組合講評資料による．年間100万人を越す浴客が訪れる北陸有数・福井屈指の温泉地．各旅館が保有する庭園と家族旅行者に適した清潔感が特徴となっている．
2）福井県『平成28年経済センサス‐活動調査（速報）福井県分集計』より．
3）多文化共生プランの推進については，2006（平成18）年に，総務省より「地域における多文化共生推進プラン」として，自治体における今後の方向性が示されている．

第Ⅱ部　文明から文化へ　地域産業の挑戦

第4章 地域の製造業

1 構造転換が進む繊維産業

福井県繊維産地の歴史

　福井県の繊維産業は，温暖多湿という織布生産には恵まれた気候条件から，その地の利を活かし，今日まで福井県の主要産業として発展を遂げてきた．事実，現在でも日本の繊維産地の中では，合繊（長）織物・人絹織物・絹織物等の長繊維織物，丸編ニット・トリコット・リボン・マーク等の細幅織物，レース・アパレル・紡績糸・合繊糸等の繊維製品を中心に一大産地を形成しており，産地内には織布業・編立業・撚糸業・サイジング整形業・染色加工業・縫製業・紡績業・合繊ファイバー業等の多彩な業種が集積，これに産地内の流通業者が加わって，産地規模・技術力・製品開発力・品質等の面では，いずれも世界を代表する繊維産地なのである．

　参考までに，福井県における繊維産業の歴史を振り返ると，その起源は古代（和同5年，712年）まで遡るといわれる．事実，当時代を記述した文献の1つ『続日本紀』の中には，朝廷が越前国に綾錦絹織物の生産を命じたことが記されており，奈良時代には既に全国有数の絹織物産地に位置付けられていたことを裏づけている．ただ，地域の主要産業としてその基盤が整い出したのは江戸時代に入ってのことであろう．それは，1600年，越前藩主として赴いた結城秀康によって絹織物が奨励されたころより始まった．秀康は「玉紬」を「北荘紬」と改称し，藩士の家内の内職として奨励，品質の改良，販路の拡張に努め，公儀

78   第Ⅱ部　文明から文化へ　地域産業の挑戦

表4-1　絹織物生産額

	全国(A) (%)	福井県(B) (%)	全国順位	全国シェア (B)/(A)(%)
1885（明治18）年	3,743	68	10位	1.8
1888（　21）年	11,091	377	7位	3.4
1890（　23）年	12,632	933	3位	7.4
1894（　27）年	32,538	5,466	2位	16.8
1903（　36）年	35,318	16,175	1位	24.8
1904（　37）年	68,180	22,351	1位	32.8

注：全国順位が変化する年次のみ掲載.
資料：福井県繊維協会編［2000］より抜粋.

献上品の1つとした．その後，「北荘紬」は「奉書紬」と改称され，その高い
品質は全国に広く知れ渡り，生産量は年産1万疋に達するなど，藩の財政を大
いに支えたと聞いている．

　明治時代に入ると，1871（明治4）年，旧藩士由利公正が欧米を視察し，イ
タリアなどの国々から多種の絹布見本を持ち帰り，本県繊維業者に欧米絹業の
発展と状況を伝えた．これが本県繊維産業近代化の端緒となった．1887（明治
20）年には群馬県桐生産地より機業に精通した高力直寛が来福して，羽二重製
織技術を指導．明治の中ごろに入ると，当時としては最新鋭のバッタン機を
次々と導入，海外の需要急増もあって，1895（明治28）年には羽二重製織工場
が3000を突破し，日本最大規模の羽二重産地に成長するのである．ちなみに，
福井産地における絹織物生産額の全国シェアをみると，1885年1.8％（全国10位）
から，1890年には7.4％（全国3位）に上昇し，1903年には24.8％（全国1位）に達
し，「羽二重王国」と呼ばれるまでに発展した（表4-1）．しかし，日露戦争を契
機に，それまで急成長を遂げてきた輸出向け羽二重は停滞状況に陥り，その打
開策として，生産コストの低減を図ることの必要性を悟った福井産地では，バッ
タン機から力織機への転換が相次いだ．大正時代に入るとその流れは更に強ま
り，これに伴って生産品目の多様化・高度化が進み，高級絹織物の時代を迎え
る．おりしも1914（大正3）年に勃発した第1次世界大戦は，福井産地に空前
の絹織物ブームを呼び起こすが，大戦後はその反動から苦境の道を歩むことに

なる．そのため，福井産地では1916（大正5）年に開発された人絹織物に活路を求める生産者が増加，人絹織物の生産量が徐々に拡大していくのであった．

昭和時代に入ると，人絹糸の国内生産は質量ともに本格的となり，絹織物から人絹織物への転換が飛躍的に進んだ．最盛時の1935（昭和10）年前後は毎年約1万台の織機が増設され，1940（昭和15）年には企業数2873件，織機台数9万2253台，織物生産量6億7440万平方ヤードに達し，人絹王国福井の名を世界に轟かせた．しかし，日華事変の勃発，第2次世界大戦突入，1942（昭和17）年5月の企業整備令の発令によって，産地業界は3分の1の規模に縮小を余儀なくされた．戦後，福井産地に復興の兆しが現れたのは1948（昭和23）年になってのことである．しかし，その後まもなく地域を襲った福井震災は産地に大きな打撃を与えた．そして，1950（昭和25）年の朝鮮戦争勃発による特需の発生を境に，産地は再び息を吹き返すのであった．

ところで，産地では戦後まもなく合繊織物の研究が進められており，昭和30年代半ばになると，その甲斐あって人絹織物からナイロンを主力とする合繊織物への転換が進展．これと合わせて，東洋紡，東レ，帝人，旭化成など原糸メーカーを頂点とする賃織生産による系列化も進んだ．また，合繊織物の発展は，労働不足への対応，品質向上のための自動織機導入を促し，産地全体の自動織機数は，1956（昭和31）年の363台から1965（昭和40）年には4000台を突破，自動織機導入による設備近代化が加速度的に進んだ時代でもあった．さらに技術革新の面でも，この合繊織物ブームが産地の染色加工業界に新風を吹き込み，新たな加工設備の導入による技術革新の波となって現れる．すなわち，コーティングに加工，犠皮加工，貼り合わせ加工など，従来の人絹織物時代には見られなかった新技術の開発が促されていったのである．例えば，1962（昭和37）年にはポリウレタンフォームの貼り合せ加工，コーティングによる完全防水加工，撥水加工などが開発され，雨具，防寒具，作業衣や室内装飾，資材用の広範な市場開拓が行われた．同年には福井精錬（現在のセーレン株式会社）のラミネート加工が量産体制に入り，各種コート，ガウン，羽織から資材分野開拓に威力を

80　第Ⅱ部　文明から文化へ　地域産業の挑戦

発揮した．いずれにせよ，福井産地では，昭和30年代後半から40年代前半にかけ，ナイロン織物の全盛期を迎える．

　一方，福井産地の織布業界で人絹織物から合繊織物への転換が進んだ高度成長期には，産地のニット，レース，細幅織物の分野でも飛躍的な発展を遂げた．例えば，産地の丸編業界は，福井市内で愛宕メリヤス（現在の株式会社アタゴ）が1928（昭和3）年に操業したのが始まりだが，戦後，肌着を中心に徐々に規模が拡大，1967（昭和42）年の24工場から1973（昭和48）年には68工場へと増加，この間，丸編機台数も307台から1297台へと飛躍的な伸びをみせた．

　福井の経編業界も，戦時中の統制下，国産の優秀な経編機が全国から福井市に集められ福井経編興業株式会社が創立され，編機台数は全国総台数の3分の1に及んだといわれる．その後の1955（昭和30）年前後，ナイロン・トリコットの生産着手により編機台数が増加，その3年後には下着ブームでトリコット製スリップが一世を風靡し，1960年代半ばになると，下着から外衣への脱皮が行われ，高級パイルの変り編によるスポーツシャツ地やウーリー加工糸使いの婦人下着物，綿糸の高級シャツ地など新製品開発が積極的に行われた．これにより，1955（昭和30）年の工場数9件，編機台数100台前後から，1965（昭和40）年には工場数45件，編機台数307台にまで達している．

　また，福井の編レース工業は，1942（昭和17）年に始まったが，戦後は大阪から古いラッセル機4台を取り入れスタートを切っている．ただ，レース業界が福井産地でその形態を整えたのは1952（昭和27）年以降といわれる．1956（昭和31）年から山本機械製作所，武田機械製作所（現在の日本マイヤー株式会社）などがラッセル機の製造を本格化したことが引き金となって，産地でも編レース業者が増え，台数も徐々に増加していった．

　最後に，福井の細幅業界は，昭和30年代の初め新規参入の増加による競合激化などから不況に見舞われたが，その後，安定的な伸びをみせ，1960（昭和35）年の工場数980件，織機台数6450台から，ピーク時の1970（昭和45）年には工場数1423件，織機台数1万1819台にまで増加した．

再び福井産地の織布業へと話を戻すことにしよう．これまで述べてきたように，福井産地では，明治・大正時代の羽二重織物，昭和戦前時代の人絹織物，昭和30年以後のナイロン織物など終始一貫して長繊維織物の生産に特化してきた．長繊維織物の特徴は，綿・毛織物の短繊維織物に比べ糸が細く優美で繊細な風合いを持った薄地織物であり，裏地主体にブラウス，スカートなどの春夏・秋物の衣料分野が得意な織物であった．その半面，肉厚な織物を製造することが難しく，秋冬用の表地に使用されない．この弱点を補ったのがポリエステル加工糸織物である．福井産地の場合，このポリエステル加工糸を使った織物生産は東レ，帝人が増産に入った1959（昭和34）年から始まっていたが，爆発的な発展を遂げるのは，酒伊繊維工業（現在のサカイ・オーベックス株式会社）で最初のポリエステル加工糸織物が開発された1966（昭和41）年以降である．ポリエステル加工糸織物は，当時，長繊維織物でもなく短繊維織物でもない「第3の繊維」と呼ばれ，シルクの光沢とウールタッチを兼ね備えた商品としてコート，ブレザー，スラックス，スカートなどで人気を呼んだ．その後，カシドス，カシミヤ，サージなどの肉厚織物へと品種を拡大し，織物の幅も並幅からダブル幅へ，100％ポリエステル織物から交織織物へ，内需から輸出へと飛躍的に拡大．かくして，ポリエステル織物は，産地の長年の悲願であった表地への転換を果たしたのであった．

しかし，1970年代に入ると，中東戦争（1973年）勃発に端を発した石油ショック不況と，韓国・台湾等の繊維産業の発展によって福井産地に陰りが見え始め，以後，成熟産業へと大きく変貌していくのであった．こうした中，福井産地では，知識集約産業を目指して製品技術開発に全力をあげ，減量加工をほどこしたジョーゼット，パレス，デシンなどの差別化織物を次々と開発，この間，革新設備の導入も目覚しく，ＷＪ織機（ウォータージェットルーム），レピア織機などの革新織機を導入して，コストダウンへの対策，付加価値品の創出に邁進した．

一方，福井産地ではかつて輸出比率が4割程度を占めていたが，1985年，プラザ合意による円高から，海外向けの比率が高い織布業などを中心に深刻な不

82　第Ⅱ部　文明から文化へ　地域産業の挑戦

況に見舞われた．こうした中，産地では競合状態にあった韓国，台湾などとの明確な国際分業を図るため，内需転換を目指して新製品開発に全力をあげて取り組むことになる．こうして開発された製品が新合繊テキスタイルであった．レーヨン，アセテート，ナイロン，ポリエステルなど世界人造繊維の歴史を振り返ると，それはまさにシルクライクとウールライクという天然繊維の模倣の追及であった．この天然繊維模倣の究極の姿として，また天然繊維を越えた新繊維として登場したのが，この新合繊であった．1983(昭和58)年の東レのシルク・アベスタ，帝人のミクセルⅦの開発を先駆けに，1984（昭和59）年にはカネボウのザビィーナPS，クラレのデフォール，1986（昭和61）年にはユニチカのミキシィなど各社が新タイプのポリエステル糸を開発．天然繊維にない新合繊の質感と独特の風合いは新たな市場を生み，新しい高級合繊テキスタイルとして急速に拡大するが，この開発には，原糸工程，撚糸・サイジング，製布，染色，後加工の各々の工程が統一理念の下に有機的に連結することが必要であり，福井産地が過去30年間にわたって構築してきた合繊メーカー系列生産による垂直連携方式がまさに威力を発揮した結果でもあった．

　こうして，内需転換の推進と新合繊テキスタイルの開発により勢いをつけた産地では，その後訪れたバブル景気の恩恵も加わって，以後しばらくは堅調な生産動向を維持することになる．しかし，バブル崩壊後の1993（平成5）年になると，輸出，内需ともに大幅な需要減に見舞われ，産地は再び不況色に包まれる．さらに，これに追い討ちをかける様に阪神大震災が発生し，繊維集散地の神戸，大阪の大混乱と大被害によって，国内の繊維ビジネスは麻痺状態に陥り，福井産地も大きな打撃を受けることになった．このバブル崩壊に端を発した産地不況は，その後の超円高，東アジア地域のＷＪ織機増設に伴う合繊長繊維織物の大増産，輸入品の増加，低価格志向等の国内消費構造の変化が加わり，別名「複合構造不況」とも呼ばれた．そして，これを克服するには，さらなる高付加価値品の開発が必要として，準備，製布，染色の各工程が垂直連携の強みを発揮して新複合テキスタイルの開発に踏み切ることになる．例えば，価格

破壊への対策として糸価の高い新合繊と糸価の安いレギュラー糸との交織織物の開発，過剰品質・過剰機能の是正，安価な台湾合繊糸の活用などが広まった．また，韓国，台湾等の新合繊分野への進出が活発化したことから，明確な国際分業の構築が必要となり，1994（平成6）年前後から従来の新合繊の感性を超えた新質感素材，例えばストレッチ性，冷感，温感，導電性，軽量感などの機能性を備えた第2世代新合繊の開発が行われ市場の拡大が図られた．このような第2世代新合繊・新複合テキスタイルの開発に加え，リーズナブルプライス織物の開発，多品種・小ロット化・短納期などのQRの推進，マーケットインの推進などによって国際競争力の強化を図り，福井産地は再び不況を克服し，景気回復に向かうのであった．しかし，この回復は長くは続かず，1997（平成9）年の秋口になると再び産地は不況色に包まれる．この時期の不況要因としては，第1に，消費者の低価格品志向により，福井産地が得意とするミセスゾーンの新合繊・新複合などの高級衣料品が不振に陥ったこと．第2に，1997（平成9）年から表面化した大手証券会社を含む経営破綻問題が集散地繊維卸商を直撃し，テキスタイルビジネスの縮小を招いたこと．第3に，繊維輸入急増問題，すなわち日本の繊維輸入急増は1985年のプラザ合意から始まり，中でも衣料品の輸入浸透率は，8割以上に達したという．第4に，東アジア合繊長繊維織物業界の革新織機大増設によりテキスタイルの供給過剰が深刻化したことなどが挙げられている．

　こうした状況を克服するために，業界（福井県繊維産業振興協議会）では，「福井県繊維産業21世紀ビジョン」を策定し，当産地の発展の方策として，市場対応・創造型生産供給体制の確立（消費者起点のサプライチェーン化の推進，クリエイティブな製品を供給する生産供給構造の充実，マーケティング戦略強化とコンバーター機能の充実），新成長分野への戦略的展開（ハイテクおよび既存技術の改良による新分野製品の開発，産学官連携による創造研究開発，高収益の魅力ある産地企業への脱皮），産地活性化のための基盤の強化（人材育成の強化，創造的技術基盤の整備，産地組合の活性化，生産基盤の整備，環境保全対策の整備）などの方策をまとめた．また，「2000年代の

84　第Ⅱ部　文明から文化へ　地域産業の挑戦

福井産地の進路」と題して，需要拡大の有望な環境，医療福祉，情報エレクトロニクス，宇宙海洋，生活文化の非衣料分野，いわゆるフロンティア分野への大胆な転換を示唆．衣料分野のテキスタイルについても，合繊の高度技術を武器にイタリア型のグローバル展開の必要性を方針とし打ち出した．

多様な成長分野に挑む福井産地

　現在，福井の繊維産地は，ピーク時（1992年）に比べ規模の上では縮小傾向ながら，近年は，織物，ニット，染色業などで高機能テキスタイル，非衣料分野へ積極的に取り組む企業が増加したことなどから，製造品出荷額等，付加価値額などの面では業界全体としての活力は増幅しつつある．例えば，セーレンのエアバック，ウラセの電磁波シールド，前田工繊の土木資材，白崎コーポレーションの防草シート，はやぶさ搭載アンテナとして採用されたサカセアドテックの3軸織物複合材，ミツヤおよびSHINDOの炭素繊維複合材料基材（航空機エンジン部材），福井経編興業の人工血管の開発など，様々な分野で多様な製品づくりに果敢に挑戦する企業が増えている．また，産元商社の中には，米国，韓国，台湾等のトップアパレルメーカーとの連携を模索し，福井産地が得意とする高機能織物の開発により輸出戦略を強化する動きも広がっている（表4-2）．確かに，最近の福井産地を取り巻く環境は，合繊メーカーの国内生産からの撤退・縮小に伴う在庫・生産品目の集約化産地企業の衣料用テキスタイル受注や，自販用原糸手当てに大きな支障をもたらしていること，それに伴い準備工程を担う産地企業の相次ぐ廃業などから産地を支えた地域内分業体制が崩れつつあることなど危機に直面している事実は否めない．そのため，今後の方向性としては，産地の強みでもある生産の域内垂直連携システムの崩壊を他の産地との連携によりカバーすることや，原料の海外調達といったグローバル化戦略を視野に入れた展開が必要となろう．

　ただ，近年の福井繊維産地を概観すると，バブル崩壊以降，非衣料化と賃織体制からの脱却が進んだ結果，メーカーを頂点とする系列下がなくなったこと

第4章　地域の製造業　　*85*

表4-2　福井県繊維関連企業の製品・技術

No.	会社名	製品・技術名	備考
1	稲山織物株式会社	折りたたみ式サポートマット(防災マット)	
2	井上リボン工業株式会社	リボンを使った新しい日用品(リボンプロジェクト)	
3	ウラセ株式会社	ポリエステル繊維染色におけるブラック深色加工	国内シェア1位
4	永平寺サイジング株式会社	立体多層構造織物クッション材	
5	小浜製鋼株式会社	船舶用ロープ	国内シェア1位
6	株式会社カズマ	ジョイントパネル	
7	ギャレックス株式会社	学校体育衣料	国内シェア1位
8	株式会社クナプラス	knaplusエコバッグ	
9	クラレファスニング株式会社　丸岡工場	成形面ファスナー「マジロック®」	
10	クラレファスニング株式会社　丸岡工場	面ファスナー「マジックテープ®」	
11	小杉織物株式会社	高密度多色柄無縫製の浴衣帯	国内シェア1位
12	サカイオーベックス株式会社	中層型浮魚礁	
13	サカセ・アドテック株式会社	宇宙用構造材料	国内シェア1位
14	サカセ・アドテック株式会社	建築・工業デザイン/高性能スポーツ用材料	
15	株式会社白崎コーポレーション	防草シート「チガヤシート」	
16	株式会社SHINDO	航空機部品向けノンクリンプファブリック	
17	株式会社SHINDO	41,000点の品揃えを誇るファッションリボン S.I.C.(SHINDO ITEM CATALOG)商品	
18	セーレン株式会社	自動車用内装材(カーシートなど)	世界シェア1位
19	セーレン株式会社	「Viscotecs make your brand」ビスコテックス メイク ユア ブランド	
20	セーレン株式会社	ロケット用防音ブランケット	
21	セーレン株式会社	ハウスラップ材「ラミテクト(R)」	
22	セーレン株式会社	高性能消臭商品「DEOEST(R)(デオエスト)」	
23	セーレン株式会社	天然たんぱく質「ピュアセリシンTM」を用いた製品	
24	株式会社タケダレース	インナーウェア用レース(商品名：フォルポレース, レーシイ・リバーレース, ラックスレース)	国内シェア1位
25	東洋染工株式会社	超薄地ニットの染色仕上加工	
26	東洋染工株式会社	合成繊維に保湿機能を持たせる 加工技術「SKINDY」	国内シェア1位
27	東洋染工株式会社	吸水・撥水機能付快適衣料素材「アクアホール aquahole」	
28	東洋紡株式会社　敦賀事業所	自動車エアバッグ用原糸および基布	世界シェア1位
29	豊島繊維株式会社	超軽量・超高密度のダウンジャケット用生地	
30	日本ダム株式会社	肌や着衣に優しい織ネーム「ダムソフトエッジ®」	
31	日本ダム株式会社	偽造防止織ネーム「ブランド・セキュリティ」システム®	
32	日本マイヤー株式会社	シームレス編みラッシェル機	世界シェア1位
33	八田経編株式会社	ダブルラッシェルのセンターカット素材	
34	冨士経編株式会社	メディカル白衣(看護衣)	国内シェア1位
35	前田工繊株式会社	接着系樹脂カプセルアンカー「ボルトメイトHC」(打ち込み式)	
36	前田工繊株式会社	盛土・地盤補強用繊維構造体 ジオテキスタイル「アデム®」	
37	前田工繊株式会社	高強力繊維製落石防護柵「ネイチャーネット®」	
38	前田工繊株式会社	耐候性大型土のう「ツートンバッグ®」	国内シェア1位
39	前田工繊株式会社	袋型根固め工法用袋材「ボトルユニット®」	
40	株式会社松川レピヤン	「超高密度織」技術を活かしたQRコード織ネーム・バーコード織ネーム	
41	株式会社丸仁	反射材	
42	丸八株式会社	繊維強化複合材料およびその応用製品 (炭素繊維を用いたスーツケースなど)	
43	ミツカワ株式会社	屋上緑化システム(校庭芝生化, 砂漠化防止システム)	
44	ミツカワ株式会社	滑り止めニットテキスタイル	
45	株式会社ミツヤ	航空機エンジン構造案内翼部材用 炭素繊維複合材料	
46	株式会社ミツヤ	インクジェットクロス「Tifone(R)(ティフォネ)」	
47	株式会社山崎ビロード	超薄手ベルベット	

資料：福井県産業労働部 地域産業・技術振興課 産学官連携推進グループ『「実は福井」の技』2018年版より.

86　第Ⅱ部　文明から文化へ　地域産業の挑戦

で産地メーカーは自由に系列外の原糸を利用できることになり，多様な糸づか
いによる自由な製品開発ができるようになったこと．2000年前後から，北陸産
地では，海外との連携を模索する動きが活発化したが，これにより石川産地が
イタリアのコモと連携しファッション性を求めるなら，福井産地は欧州非衣料
テキスタイルの最大産地，フランスのローヌ・アルプ地方（リヨン）と交流を
進め機能性を求めるといった具合に産地の方向性が決まってきたこと．2000年
以降，中国の革新織機，染色加工機の大増設により韓国・台湾のテキスタイル
が中級ゾーンから高級ゾーンにシフトすると，福井産地ではそれがかえって奏
功し，高機能分野あるいは非衣料分野への動きが加速するなど新たな展開が
加速度的に進行していることも事実である．そして，これに伴い産地内企業の
二極化の動きも顕著となった．すなわち，その1つが，大手・中堅企業を中心
に高機能テキスタイルやハイテク産業資材といった非衣料分野へ傾斜を強める
動きであり，もう1つは，小規模零細企業を中心に，これまで蓄積された技術
力と川下への粘り強い営業力で，職人技を発揮し小ロットのファッション・テ
キスタイルや生活資材でアパレルへの直接販売を手がけ自立化を図る動きであ
る．そして，これらの動きは，激変する内外環境を力強く乗り越え，21世紀を
積極果敢に生き抜こうとする構造転換の動きとして大いに評価することができ
る．

2　めがね枠産業のサバイバル戦略

福井県眼鏡枠産地の歴史

福井地域において，世界に誇れる産業を1つ挙げるとすれば，それはめがね
枠産業といえよう．現在，世界のめがね枠産地と呼ばれる国は，イタリア，日
本，中国といわれ，その日本にあって国内生産量の9割以上のシェアを持つ産
地が福井県である．ちなみに，めがね関連製品については，その生産品目がチ
タンやプラスチックを素材とする「眼鏡枠」と，サングラスや老眼鏡などの「眼

第4章 地域の製造業 *87*

表4-3 眼鏡関連製品の出荷額・事業所シェア(従業者4人以上規模)

(単位：百万円，％)

		出荷額		事業所数	
		実数	構成比	実数	構成比
眼鏡枠	全国計	34,089	100.0	74	100.0
	東京	290	0.9	3	4.1
	福井	32,971	96.7	66	89.2
	その他	828	2.4	5	6.8
眼鏡	全国計	4,341	100.0	21	100.0
	福井	1096	25.2	9	42.9
	大阪	2,005	46.2	8	38.1
	その他	1,240	28.6	4	19.0
眼鏡の部分品	全国計	6,237	100.0	68	100.0
	福井	5,916	94.9	60	88.2
	その他	321	5.1	8	11.8
眼鏡レンズ（コンタクトレンズを含む）	全国計	41,757	100.0	43	100.0
	埼玉	7,654	18.3	4	9.3
	福井	10,386	24.9	16	37.2
	愛知	12,775	30.6	8	18.6
	大阪	2,154	5.2	5	11.6
	その他	8,788	21.0	10	23.3

資料：経済産業省「工業統計表　品目編」2014年.

鏡」，それに「眼鏡レンズ（コンタクトレンズを含む）」や「部品類」に大別される．これらについて，地域別の出荷額，事業所数（従業者4人以上の規模）の状況をみると，福井県の場合，めがね枠の全国シェアは，出荷額で96.7％，事業所数でも89.2％を占めている（表4-3）．

　では，こうしためがね枠産業が何故，福井県で発展したのか．そのルーツを探ると，福井に初めてめがね枠の製造技術を持ち込んだ福井市麻生津村生野（現，福井市生野町）の富豪，増永五左衛門まで遡らなければならない．ときは1905（明治38）年のことであった．当時の生野は，戸数36戸に対し田畑はわずか17ha．これといった産業もなく，こうした貧しい村民の暮らしぶりをみかねた五左衛門は，冬場に利益の上がる手内職としてめがね枠に着目したといわれる．既に，めがね枠製造業は，東京・大阪などに集積していたが，製造工程が比較的単純で手作業による部分が多く，農家経済を支える副業としては最適

88　第Ⅱ部　文明から文化へ　地域産業の挑戦

であったのであろう．また，この頃，日露戦争勃発による軍事用望遠鏡や防塵眼鏡の需要が増大していたことに加え，戦況を知らせる新聞，雑誌が相次ぎ発刊され，こうした時代の潮流が活字文化をもたらし，めがねが生活の必需品となることを確信したことも導入のきっかけとなったのである．

　ところで，現在の福井市生野で産声をあげためがね枠づくりが，後に一大産地として成長した鯖江市に広がったのは，生野に増永工場ができた翌年，1906（明治39）年のことである．五左衛門の母方の従兄弟にあたる青山彦左エ門が，生野とは文殊山を挟んで西隣にあたる河和田村小阪（現．鯖江市河和田町）で，五左衛門の増永工場で得た技術を基に開業している．ともあれ，福井市生野で始まっためがねづくりは，鯖江市を中心に，以後，河和田から片上，北中山地区などにも広がり，徐々に鯖江産地の基礎が形成されていくのである．

　なお，この発祥期において注目されることは，増永五左衛門が導入した「帳場制」という請負生産システムである．一期生を中心に厳しい徒弟制度で技を磨かれた親方数人が職人や徒弟を抱えて眼鏡づくりに取り組み，出来上がった製品を大将である五左衛門に納入，出来高に応じて手間賃を受け取るという制度である．これにより帳場間の競争は激しくなり，いきおい技術，品質の向上につながる．現在も製品の独自性を競う福井産地の特色は，こうした「帳場制」に由来しているのかも知れない．

　ともあれ，金，銀，赤銅，真鍮にセルロイドを加えて，めがね枠の一大産地としての基盤を固めた鯖江産地は，1940（昭和15）年頃には東京，大阪をしのぐめがね枠産地に成長した．しかし，その後，第2次世界大戦により金使用禁止，企業整備を余儀なくされ，終戦直前には20工場にまで産地規模が縮小している．

　戦後，焼け野原になった東京，大阪などのめがね産地が大打撃を受ける中，被害の少ない鯖江産地ではいち早い復興を遂げることに成功する．その引き金となった出来事が，1947（昭和22）年，鯖江市神明・立待地区にある旧陸軍連隊跡地の民間への払い下げであった．この跡地で，復員しためがね関係者が次々

と独立．また，河和田や北中山など文殊山の山裾に連なる各地区のめがね関係者も，この広くて安い土地に集まりはじめ，瞬時のうちに兵舎の町はめがねの町へと変貌したのであった．この結果，戦前までの生野，河和田地区に変わって，同地域が産地の中心地となり，今日に至っている．めがね枠工場と並行してレンズ，部品，中間加工業者，材料卸や産地卸売業者なども急増，現在の産地の特徴である地域内分業一貫生産体制が確立したのもこの時期からである．そして，朝鮮戦争による特需景気を経た1955（昭和30）年には，めがね関連企業数は350件，従業員数1500人を擁し，年産45万ダース，生産額で5億1000万円に達している．

　1950（昭和25）～1960（昭和35）年にかけては，セルロイド枠の生産が全盛期を迎えた．また，戦後まもなく取り組みを始めたサングラスが，1960（昭和35）年前後，オードリー・ヘップバーンの使用による世界的ブームから，爆発的な売れ行きを示し，国内は無論，北米，東南アジアをはじめ世界各国に輸出された．ちなみに，全盛期に入った1956（昭和40）年には，産地全体の生産量142万ダース，30億円のうち7割はサングラスで占められた．

　この間，技術・販売革新も凄まじく，欧州への視察を通じ，これまで手作業で行っていたセルロイドの「腕」（ツルの部分）に芯を入れる「自動芯入機」の開発に成功したほか，販売面でも，サングラスの主な販売先である時計店，めがね専門店など従来の流通ルートを，ヨーロッパに習って観光地の土産品店などあらゆる媒体を使った販売方法に切り替えている．また，サングラスが金枠からセルロイド枠へと移行する中で，セルロイド枠の製造コストを従来の2分の1に抑えられる射出成型機の開発にも成功している．

　しかし，1967（昭和42）年になると，これまでのサングラスの流行も一転して陰りをみせ始め，東京，大阪などの集散地問屋から返品が相次ぐなど，不況色につつまれた．そのため産地では，「さばえ火祭り」を実施，サングラスや枠，半製品など約3万5000ダースを焼却するなど，需給バランスの調整が行われている．

90 　第Ⅱ部　文明から文化へ　地域産業の挑戦

　また，1970年代に入ると，産地ではドルショック，オイルショック，円高などから厳しい経営環境にさらされた．しかし，輸出志向から内需志向への転換，品質・デザイン力の向上，チタンなど新素材加工技術の開発，製造の自動化・省力化，国際化戦略等を推し進め，鯖江産地は国内めがね枠の大半を製造する一大産地として，技術的にも世界トップレベルの産地として，その地位を確立していった．

　この頃，HOYA，ニコンなどのレンズメーカーのめがね市場参入が本格化し，産地企業はその委託生産を引き受けるようになる．また，1970年代半ばになるとディスカウンターなどの量販店が全国に登場するようになった．これに対して，産地企業のなかには，市場ニーズを直接製品づくりに活かす狙いで直販体制を築く動きや，グループ化，系列化の動きがみられたほか，1980年には産地大手メーカーが米国市場へ参入するなど国際戦略の口火が切られたのもこの時期である．また，この頃になると国民の所得向上から高級輸入ブランドブームが巻き起こり，ヨーロッパからのライセンスブランドの輸入・生産が盛んになると同時に，産地企業のデザイン展開もみられるようになった．

　一方，技術面では，この時期，産地が世界的評価を受けるに至ったチタンフレームの開発がある．チタン素材は，1981年頃，材料販売業者によって産地に持ち込まれたといわれるが，これに中央の素材メーカー，産地フレームメーカーなどが加わり，僅か2〜3年で実用化に成功，1983年には生産が本格化している．そして，1985年代以降，国内高級品の主流に成長し，現在，めがねフレームの大半がチタン素材といわれる．また，1987年にはチタンフレームの技術をもとに世界ではじめて形状記憶合金フレームの商品化にも漕ぎ着けている．

　この間，生産設備面での改善も目覚ましく，コンピュータを駆使したデザイン開発・設計や生産工程の自動化・高度化も飛躍的に進んだ．ともあれ，産地では，チタンフレームの開発をテコに1985年の円高を乗り越え，1992年のめがね関連製造品出荷額等は1200億円を突破するまでに至った．

　ところで，鯖江産地では，生成からバブル崩壊までの90年あまりの間，戦間

期を除いて比較的安定成長を続けてきたが，その要因の1つを挙げると，不況に際し輸内需のどちらかが良好でカバーが可能であったという経緯がある．しかし，バブル崩壊と1993年の円高急進は輸内需ともに不振が襲い，この時期，産地はかつてない不況に見舞われた．これにより，1980年代後半からそのスピードを増していた産地企業の海外生産がさらに加速し，現在では産地大手メーカーの大半が海外に生産工場を持つまでに至っている．しかし，こうした動きは，国内市場への海外品（持ち帰り品）の流入をまねき，産地企業の操業低下や受注単価の下落が恒常化した．加えて，力を増した中国メーカーとの競合激化などから，この時期以降，産地は極めて厳しい局面が続いている．ちなみに，眼鏡枠と眼鏡の合計による輸出入の動向（著者調べ）をみると，輸出が1992年の505億7600万円をピークに2014年には246億6100万円にまで落ち込む一方，輸入は持ち帰り品や中国品の増加などから，2002年には輸出額を上回り，2014年現在で257億9900万円に達している．

　こうした状況下，産地では活性化に向けた新たな取り組みを開始．福井県は1994年から工業技術センターに技術・支援窓口として「めがね班」を新設するとともに，ロー付け，メッキ用材料の開発に取り組んだ．また，1996年からは特定中小企業集積活性化法の指定を受け，産地が得意とする軟加工性材料の加工技術を活かした新分野進出に向けての動きを強めている．その他，業界では，部品の共通化，工程の短縮化等によるコストダウンに努める一方，眼鏡工業部会に「眼鏡素材研究部会」を設置，工業技術センターとも連携して，新素材の開発・活用に取り組んだ．また，安価な輸入品との差別化，産地ブランドの確立を狙って，1996年から「組合統一マーク事業」をスタートさせたほか，これまで産地で開催していた「日本めがね展」を，1997年から「国際眼鏡展」（IOFT）の構成メンバーとして東京で開催している．一歩，眼鏡協会では，「つくるだけの産地」から「つくって売る産地」の実現に向けて，2010年に産地のシンボルである「めがね会館」のリニューアルを行った．現在，同施設は，産地で造られためがねの購入ができるメガネショップをはじめ，産地の歴史的資料を展

示するメガネミュージアム，手づくり眼鏡をつくることができるメガネ工房などの機能を備え，国内唯一の眼鏡産地の産業観光拠点施設として大きな期待が寄せられている．

　以上のように，生成以来この100年，戦間期を除けば概ね順調な成長を続けてきた鯖江産地ではあるが，バブル崩壊による不況の深化と中国などの海外メーカーの台頭のなかで，近年，産地の景況は一向に回復の兆しがない．2000年以降，国内外の受注悪化がさらに深刻化し，産地は大幅な生産低下にみまわれており，同産業を取り巻く環境が大きく様変わりしたといえよう．こうした中で，鯖江産地の現状をみると，これまで述べた環境変化にともない，産地規模の縮小が続いている．例えば，1997(平成9)年との比較で2011(平成22)年には，事業所数が852件から519件へ，従業者数は7058人から4485人へ，製造品出荷額等は997億から539億へとそれぞれ減少しており，しかもその傾向は近年加速しているのである[1]．

産地の再生を目指して

　こうした状況下で産地企業の対応をみると，技術面では肌に優しいマグネシウム合金枠，エクセレンスチタンなど新素材による製品づくりを進める一方，販売面では高級品の望める欧州市場での拠点整備に乗り出す例も多い．しかし，最大の課題である複雑な流通構造にメスを入れるには，リードタイムの更なる短縮をベースに，もう一段の多品種・小ロット生産，高機能・高付加価値品にシフトするなどして川下の卸・小売分野からのイニシアチブ奪還が求められるが，これには産地を支えた域内分業・一貫生産体制の見直しが必要であり，言い換えれば産地の大半を占める下請企業の役割を否定することにもなりかねないといった矛盾をはらんでいる．

　このように鯖江のめがね枠産地は，内外の環境変化に直面し，今，大きな変革の時期を迎えている．それは，今後の産地がこれまでのめがね枠生産を唯一とする産地特性から脱皮し，本業（めがね枠）部門を発展的手段と位置付けな

表4-4 福井県めがね関連企業の製品・技術

No.	会社名	製品・技術名	備考
1	青山眼鏡株式会社	炭素繊維・チタン複合軽量・高強度眼鏡フレーム	
2	株式会社アサヒオプティカル	眼鏡用高屈折率プラスチックレンズ	
3	株式会社コンベックス	スポーツ用淡色偏光サングラス	
4	株式会社サンルックス	国産視力補正用プラスチックレンズのキャスティング	国内シェア1位
5	株式会社サンルックス	放射線教育用の学校教材	
6	株式会社シャルマン	ニッケルフリーの超弾性チタン合金「エクセレンスチタン」	国内シェア1位
7	株式会社シャルマン	チタン製メガネフレームのレーザ微細接合技術	国内シェア1位
8	株式会社シャルマン	脳外科用マイクロ剪刀	
9	株式会社シャルマン	放射線防護眼鏡「CHARMANT RSG」	
10	株式会社ナカニシビジョン	眼鏡フレームに性質の全く異なる二つの素材を採用する「二重射出成型」技術	
11	株式会社西村金属	チタンの微細精密部品加工	
12	浜本テクニカル株式会社	ロー付け工程のないチタンメガネフレーム	国内シェア1位
13	株式会社フクオカラシ	緩み止め機能付きナット(高品質精密切削加工技術)	
14	株式会社ホプニック研究所	視力補正用高屈折偏光レンズ	世界シェア1位
15	増永眼鏡株式会社	形状記憶合金の直接接合技術	
16	ヨシダ工業株式会社	医療機器用金属精密部品	
17	ヨシダ工業株式会社	フルート・オーボエ・ピッコロ・サックス向け木管楽器部品	

資料：表4-2に同じ.

　がらも，一方ではこれまで培った技術，流通網などを武器に新分野進出を視野に入れた展開（複合産地化）をはかるべき時期にあることを意味する．言い換えれば，鯖江がこれまでの「めがね枠産地」というイメージから脱し，その得意とする難加工性材料の加工技術により，あらゆる線材の加工に対応可能な「金属微細加工産地」へと転換することである．既に，めがね枠への加飾技術を応用して携帯電話，自動車内装部品等へ加飾を行う企業や，産地内大手企業では医療分野への参入を打ち出すなど新分野進出を目指す企業も見られるほか，産地内若手十数名が「ギフト組」と呼ばれるグループを結成し，これまでのめがね枠技術を活かしながらもめがねにとらわれない自由な発想でオリジナル商品の開発に取り組む動きもみられるようになった．それは，「厚さ2mmのペーパーグラス（老眼鏡）」，「オールタイムサングラス（紫外線対策）」「めがねの技術を活かしたアクセサリー」などの開発に繋がっている．また，昨年には，業務用食器，家具企画製造販売のユニバーサルエージェントが，めがねブランド「香化瑠―KAKELU―」を立ち上げ，食器と漆器，眼鏡の技術を融合した商品を開発，プラスチックに漆を塗り，軽くて丈夫で漆器の高級感がある眼鏡を製作した．

94　第Ⅱ部　文明から文化へ　地域産業の挑戦

これはプラスチックと漆器や眼鏡の金属加工技術を融合した技術である．このように，今後，産地内でこうした新しい動きが活発化し，各々の企業がめがね枠技術の深化或いは新分野の展開といった具合に多様化する企業が増加し，結果として複合産地へと変貌していくことに期待したい（表4-4）．

3　一業一社体制で躍進する化学・プラスチック産業

福井県化学・プラスチック産業の歴史

　福井県の化学産業は，全国的にみても比較的歴史の新しい産業分野である．それは，安価な電力料金と良質な労働力，豊富な工業用水を背景に，大正の半ば，旧武生市（現越前市）で化学肥料・石灰窒素を生産する化学肥料メーカー，信越窒素肥料株式会社（現：信越化学工業株式会社）の誕生により始まった．戦後の動乱期には，小規模企業の整理淘汰が進んだため事業所数の減少をみたが，その後は時代の変化に対応した製品づくりに特化することで順調な伸びをみせている．

一業一社体制

　福井県の化学・プラスチック産業を規模の面（製造品出荷額等）から眺めてみると，平成28年現在3586億円で，福井県全体（平成28年：2兆786億円）の17.2%を占め，県内では電気機械に次ぐ地位を占めている．また，平成元年（2279億円）以降の推移をみても順調な伸びをみせており，製造品出荷額等では1.5倍以上に膨らんでいることがわかる．また，福井県の化学・プラスチック産業は，かつての化学繊維（原糸）や医薬品，界面活性剤，シリコン，塗料，ガスなど様々な分野に分かれており，どれも一業一社体制となっているのが特徴的である．ちなみに，化学・プラスチック産業の主要企業をみると，繊維加工用界面活性剤の製造・販売を主力に，業務用洗剤・化粧品の製造・販売やバイオ事業などを展開する「日華化学株式会社」，異形押出成形による各種建築資材およ

第4章　地域の製造業　　*95*

表4-5　福井県化学・プラスチック関連企業の製品・技術

No.	会社名	製品・技術名	備考
1	アイテック株式会社	ゴルフ用カーボンシャフトの装飾	世界シェア1位
2	アイテック株式会社	メガネフレームの表面処理	国内シェア1位
3	アイテック株式会社	無接点でのイオンプレーティング加工	国内シェア1位
4	株式会社エツミ光学	真空蒸着技術による携帯電話,車載,各種工業部品へのコーティング	
5	株式会社NCC	HONDA全車種のオプションカラーエンブレム(金色,黒色)	国内シェア1位
6	カンボウプラス株式会社　福井工場	広告宣伝用膜材	
7	カンボウプラス株式会社　福井工場	建築工事用シート	国内シェア1位
8	清川メッキ工業株式会社	ナノ単位(100万分の1ミリレベル)のめっき技術	
9	清川メッキ工業株式会社	微小部品や粉体へのめっき技術	
10	清川メッキ工業株式会社	半導体/MEMSセンサーデバイスへのめっき技術	
11	清川メッキ工業株式会社	医療機器部品への撥水めっき技術	
12	ケイ・エス・ティ・ワールド株式会社	光通信用の部品基板(厚膜熱酸化膜付ウェーハ)	世界シェア1位
13	三和メッキ工業株式会社	硬質アルマイトへの着色処理	
14	シプロ化成株式会社	プラスチックの製品寿命を飛躍的に延ばす紫外線吸収剤	国内シェア40%
15	ジャパンポリマーク株式会社	自動車に表示する各種コーションラベル(注意書き)	国内シェア1位
16	ジャパンポリマーク株式会社	模倣対策熱転写ラベル	
17	信越化学工業株式会社 武生工場	ハイブリッドカーやハードディスクのモーター用磁石(ネオジム焼結磁石)	国内シェア40%
18	大八化学工業株式会社 福井工場	パソコンや家電製品などのプラスチック部の難燃剤	世界シェア1位
19	株式会社田中化学研究所	高性能二次電池(充電式電池)用の正極材料	
20	日華化学株式会社	カーテンに防炎性を付与する薬剤	世界シェア1位
21	日華化学株式会社	人工皮革用水系ポリウレタン樹脂「エバファノールシリーズ」	
22	日華化学株式会社	ドライクリーニング用洗剤「ドライスター WP-1」「アスティオンシステム」	
23	日華化学株式会社	美容室向けヘアカラー剤「アソートアリアC」	
24	日信化学工業株式会社	グラビア印刷インキや磁気カードのバインダー(商品名:ソルバイン)	
25	日信化学工業株式会社	壁紙のツヤ消し剤(商品名:ビニブラン)	
26	日信化学工業株式会社	塗料・インクに配合されている濡れ剤(商品名:サーフィノール,オルフィン,シルフェイス)	
27	日東シンコー株式会社	複合電気絶縁材料	
28	日東シンコー株式会社	高放熱回路基板材料(金属基板)	世界シェア1位
29	株式会社北陸濾化	微細バリ取り剤(商品名:ホロクリン)	世界シェア1位
30	酒井化学工業株式会社	手で切れる気泡緩衝材「ノンカッターパック」	
31	酒井化学工業株式会社	輸送用緩衝材「ミナスペーサー　隙間梅太郎」	
32	酒井化学工業株式会社	建築・土木用　高遮熱材「ラミパックSD」	
33	サカセ化学工業株式会社	医療用キャビネット,カート	国内シェア1位
34	第一ビニール株式会社	プリントパイプ	国内シェア1位
35	ナック・ケイ・エス株式会社	道路反射鏡(カーブミラー)	国内シェア1位
36	ナック・ケイ・エス株式会社	FRPプール	国内シェア3位
37	日本真空化学株式会社	大型トップライト(採光用 天窓)	
38	日本真空化学株式会社	ガラス繊維強化アクリル樹脂製(FRA)大型浴槽	国内シェア1位
39	日本真空化学株式会社	大口径アクリルパイプ	国内シェア1位
40	日本真空化学株式会社	機械部品用ナイロン特殊成形品(モノマーキャスティングナイロン)	
41	フクビ化学工業株式会社	アルパレージ	国内シェア1位
42	株式会社八木熊	樹脂製の防護柵,区分帯(商品名:KYプラガード,KYブロック)	世界シェア1位

資料:表4-2に同じ.

び産業資材の製造を主とする「フクビ化学工業株式会社」,医療用キャビネットとカート,医療器具の企画・開発・設計・製造と販売を主とする「サカセ化学工業株式会社」,医薬品製造を主とする外資系メーカー「アボットジャパン株式会社」,リチウム2次電池正極材料など機能性化学材料の製造を主力とする「株式会社田中化学研究所」,包装資材,建築資材など合成樹脂（プラスチック）製品メーカー「酒井化学工業株式会社」,金属・プラスチック・木材等のコーティング技術で全国有数の施工実績を持つ「みのる産業株式会社」,合成樹脂発砲製品の「ハッポー化学工業株式会社」,強化プラスチック製品製造を主力とする「第一ビニール株式会社」,「射出成形」「延伸ブロー成形」の設計・製造・販売などを主力とする「西端ブロー工業株式会社」など枚挙に暇がない．以上のように化学・プラスチック産業は一業一社体制を確立し,これまで福井県製造業の中でも数少ない市場に直結したモノづくりに徹することで,順調な発展を続ける企業群を形成しているのである（表4-5）．

4　福井のモノづくりを支える機械・金属産業

福井県機械・金属産業の歴史

　一般に機械・金属産業といえば,鉄鋼,非鉄金属,金属,一般機械,電気機械,輸送機械,精密機械の7業種をさすが,福井県の場合は精密機械の大半がめがね枠製造業で占められているため,ここでは精密機械を除いた6業種を採りあげたい．

　まず,福井県機械・金属産業の歴史をたどると,古くは奈良時代まで遡り,この時代に発祥した越前鋳物が起源といわれる．しかし,それも明治初期には既に忘れられた存在となっており,本格的な発展をみるのは明治末期,力織機の鋳物として復活をみてからである．従って,福井県の機械金属産業は「繊維王国・福井」の名が示すように織機,つまり繊維工業をベースに発展を遂げた．戦間期には,これらの多くの工場が他産業と同様,強制的に軍需品生産工場に

第4章 地域の製造業 *97*

表4-6 福井県機械・金属関連企業の製品・技術

No.	会社名	製品・技術名	備考
1	アイシン・エィ・ダブリュ工業株式会社	トルクコンバータ(T/C)	
2	井上商事株式会社	免震エキスパンションジョイントカバー	世界シェア1位
3	岩崎工業株式会社	除雪トラック用除雪装置	世界シェア1位
4	株式会社エイチアンドエフ	自動車ボディを成形・加工するプレス機械および周辺自動化装置	
5	株式会社エコ・プランナー	可動堰スクリーン取水装置	
6	株式会社エムエーツール	最小刃厚20μの高速微細加工専用超硬ソリッドメタルソー	
7	株式会社大阪合金工業所	りん銅合金(JIS H 2501-1982)	世界シェア30％
8	大阪特殊合金株式会社 勝山工場	金属材料の特性を向上させる添加剤(黒鉛球状化剤など)	
9	小野谷機工株式会社	全自動大型タイヤ交換機	国内シェア1位
10	カワイローラ株式会社	ベルトコンベヤ部品　キャリヤローラ	国内シェア1位
11	株式会社川鋳	空調用の大型冷凍機の鋳物製圧力容器	国内シェア1位
12	株式会社ギケン	バリの発生しないハイブリッドドリル「ゼロバリ」	
13	木下鉄工株式会社	飲料・食品の搬送用コンベヤーシステム	
14	光生アルミニューム工業株式会社 福井製作所	自動車用アルミホイール	
15	株式会社コバード	手包みを超えた究極の包成機	世界シェア1位
16	株式会社桜川ポンプ製作所 福井事業所	静電容量式自動運転水中ポンプ	
17	株式会社ジャロック	CNCスウェージングマシンによる金属成形	
18	株式会社秀峰	携帯電話ボディの装飾技術	
19	スワン商事株式会社	「e-Box」(簡易喫煙ボックス)などのアルミ製建材製品	
20	高嶋技研株式会社	「立体展開検査方式」を搭載したラベル検査装置	
21	株式会社武田機械	両頭フライス盤	国内シェア1位
22	武生特殊鋼材株式会社	刃物,包丁用の異種金属複合材料(クラッド材料)	
23	デンヨー株式会社 福井工場	エンジン発電機	国内シェア1位
24	東工シャッター株式会社	アルミ折戸「イースターカーテン」	国内シェア1位
25	常盤商事株式会社	起毛長画像処理測定装置	世界シェア1位
26	株式会社ナ・デックスプロダクツ ナ・デックスレーザR＆Dセンター	大出力レーザ加工システム	
27	日東産業株式会社	ウレタンスポンジの複雑形状切断装置	国内シェア1位
28	株式会社日本エー・エム・シー	高圧配管用継ぎ手	国内シェア1位
29	春江電子株式会社	多軸ロボットを活用した自動組付装置	
30	日立造船株式会社 精密機械本部 システム機械ビジネスユニット 若狭事務所	ラッピングプレート(鋳物研磨定盤) その他特殊鋳鉄,複合素材	世界シェア1位
31	株式会社ファインディバイス	レーザ樹脂溶着機	
32	福井鋲螺株式会社	ワイパー用　中空リベット	
33	福井鋲螺株式会社	蛍光灯ピン	国内シェア1位
34	福伸工業株式会社	超高温環境や急速冷却状態を生み出す「多相交流アークプラズマ装置」	
35	福伸工業株式会社	多段式パレット水平移送3Dコンベア	
36	株式会社松浦機械製作所	5軸制御立形マシニングセンタ(MAM 72シリーズ)	
37	株式会社松浦機械製作所	ハイブリッド金属3Dプリンタ(金属光造形複合加工機)	
38	株式会社ルネッサ	レトルト食品や医療用点滴バッグ製造用　滅菌・搬送装置	

資料：表4-2に同じ.

転換させられ，通信機，航空機，工作機関連などの生産に携わったが，1945年7月の福井大空襲，その後の福井大地震（1948年6月）は域内の機械・金属産業に壊滅的なダメージを与えた.

　戦後，これらの軍需品工場は，大部分が従前の生産工場へ再転換し，中には，

98 第Ⅱ部 文明から文化へ 地域産業の挑戦

軍需品生産で得た高度な技術をもとに木工機械や工作機械などの生産を始めたところも現れた．しかし，同時期，その多くは日常生活品（鍋・釜など）や食料増産のための農器具（くわ・鎌など）といった生活必需品需要に対応する業者がほとんどであった．

このように，福井県の機械・金属産業は，戦後，いわばゼロからのスタートとなったが，繊維産業の成長をベースに，その後に訪れた好景気（1950年代の神武景気以降）から急速な発展を生み，特に一般機械の分野では，岩戸景気後の5年間に製造品出荷額等が12億円から63億円へと伸びるなど，目覚ましい発展を遂げた．

1960年代半ばに入ると，日本国内では本格的なモータリゼーションの時代を迎え，いざなぎ景気のもと，さらに発展の速度を速めていった．しかし，1971年のドルショック，1973年，1978年のオイルショックなどから不況にみまわれ，それまでの発展ムードは一気に解消され，その結果，業界そのものの体質の改善や，これまでの下請け受注体質から脱皮，新たなオリジナリティー溢れる工業技術開発の必要性が指摘されるようになった．福井県の機械工業も，こうした流れの中，エレクトロニクス技術を応用して工作機械のNC化を進める一方，マシニングセンタ，めがね関連の精密機械などの分野を中心に発展を続けた．

一方，電気機械産業分野では，各種家電品のほか，産業用としてコンピュータ，通信機，OA機器と次々に新製品が投入され，産業規模の拡大をもたらしたが，高度成長期以来，大都市圏における工場用地の取得難（工場三法による立地規制）や労働力の確保難から，工場の地方分散化が活発化し，福井県でも1960年代から電子部品，小型モーター，ビデオ機器などを中心に大手電機メーカーの進出がはじまった．

このように，今日，機械・金属産業は福井県を代表する重要産業として位置付けられており，これら産業に位置する企業の中には，国内或いは世界シェアNo.1に位置する企業も少なくない（表4-6）．例えば，全自動大型タイヤ交換機では国内シェアトップの「小野谷機工株式会社」，パン生地に具材を包む包あ

第4章 地域の製造業 99

表4-7 福井県の機械・金属産業(全数)

(単位：万円, %)

項 目		事業所数		従業者数		製造品出荷額等	
		実数	構成比	実数	構成比	実数	構成比
機械・金属産業	鉄鋼	57	1.2	513	0.7	2,773,145	1.4
	非鉄金属	28	0.6	1,331	1.8	14,912,802	7.7
	金属製品	363	7.5	4,555	6.1	10,460,665	5.4
	一般機械	334	6.9	6,399	8.6	13,162,271	6.8
	はん用機械器具	56	1.2	762	1.0	2,133,187	1.1
	生産用機械器具	251	5.2	3,510	4.7	9,481,040	4.9
	業務用機械器具	27	0.6	670	0.9	1,548,044	0.8
	電気機械	179	3.7	14,065	18.9	51,227,079	26.4
	電子部品・デバイス・電子回路	63	1.3	10,378	13.9	33,754,996	17.4
	電気機械器具	111	2.3	3,455	4.6	17,472,083	9.0
	情報通信機械器具	5	0.1	232	0.3	X	―
	輸送機械	47	1.0	4,275	5.7	15,624,391	8.1
合 計		1,008	20.7	31,138	41.8	90,854,541	55.8
福井県製造業全体		4,865	100.0	74,456	100.0	193,929,355	100.0

資料：「平成28年経済センサス‐活動調査 製造業に関する結果」より作成.
　　　電気機械の製造品出荷額の合計及び構成比は，情報通信機械器具のXの値を除く.

ん成型機では世界シェア95%を占める「株式会社コバード」，両頭フライス盤では国内シェアトップの「株式会社武田機械」，アルミ折り戸(イースターカーテン)で国内No.1の「東工シャッター株式会社」，織物業から転身しコンベアローラ生産で快進撃を続ける「カワイローラ株式会社」など枚挙に暇がない.

機械・金属産業の現状

　戦後，再スタートを切った機械・金属産業ではあるが，ここでは，前述した鉄鋼・非鉄金属，金属製品，一般機械，電気機械，輸送機械の6業種について，「平成28年経済センサス‐活動調査 製造業に関する結果（全数調査）」を参考としながら考察したい（表4-7）.

　まず，鉄鋼業は，その企業の多くが鋳造中心であるほか，1事業所あたりの生産額は少なく，事業所数57件，従業者数513人，製造品出荷額等277億3100万円となっている．ただ，同業界の企業をみると，クラッドメタル（異種金属接合材）の製造では世界ナンバーワンの「武生特殊鋼材株式会社」や，超ハイテクシス

テムと職人の感性により，業界No.1の高級鋳造技術を確立し，大手メーカーの試験研究機関としての地位を確立した「株式会社川鋳」など，オンリーワンの技術をうりとした企業も少なくない．

　非鉄金属業は，県外大手のアルミ精錬企業の存在から業種全体の生産規模（平成28年の製造品出荷額等1491億1200万円）は大きいが，その企業を除いた非鉄金属製品の出荷額等は全体の約3割程度と考えられる．

　金属は，その生産品目をみると，製缶板金や電気メッキ等の表面処理，ボルト・ナットなど様々な分野の製品生産が行われているが，全体の5割は建設用金属製品（橋梁，建築鉄鋼）と建築用金属製品（アルミサッシ，シャッター，間仕切りなど）が占めるなど，地域内のマーケットと深いつながりを持っている．また，主力が建設・建築向け製品だけに，近年の公共工事の減少や民間建築物の需要低迷の中で，厳しい事業環境にさらされている企業も少なくない．ただ，事業所数は363件と機械金属産業の中では一般機械を抜いて最も多いものの，従業者数は4555人と少なく，小規模事業所数の多さがうかがえる．ただ，その中にはアルミ折れ戸（イースターカーテン）で国内トップシェアを誇る「東工シャッター株式会社」の存在など，歴史的な地元の技術基盤と関連する企業もみられ，重要な産業であることは間違いない．

　一般機械は，建設機械や荷役運搬設備，プラスチック加工機械，金型など多様な機械の製造やこれに関連する部品・付属品生産がみられるものの，現在，同産業の分類は，物流運搬設備，ポンプ・同設備などの汎用機械器具分野，金属工作機械，機械工具，金属加工機などの生産用機械器具分野，複写機，分析機，自動販売機などの業務用機械器具分野に分けられる．福井県の場合，一般機械といえば，かつては工作機械，機械プレス，繊維機械およびこれらに関連する部品・付属品製造を主体する企業で占められていた．例えば，マシニングセンターの開発設計・製造においては世界でもトップクラスの「株式会社松浦機械製作所」，総合プレスメーカー「株式会社エイチアンドエフ」，シームレス編みラッセル機では世界ナンバーワンの「日本マイヤー株式会社」などである．

これにフライス盤，旋盤，立削盤，同部品製造業などの企業群がつらなり，一業一社体制が確立されていた．ただ，同業界の特徴として，いずれも生産財であることから景気変動の影響を受けやすく，主要ユーザーの業況により事業環境が大きく変化するなどの特徴がある．そのため，バブル崩壊以降のこの25年あまりで，その製造品出荷額等はピーク時の6割程度までに落ち込んだ時期もあった．ただ，現在はその8割程度まで戻している．

一方，電気機械は，福井県の場合，小型モーターや変圧器等の産業用電気機械器具製造業と抵抗器，コンデンサ等の電子部品・デバイス製造業を中心に形成されているが，その始まりは1943（昭和18）年に小浜市へ進出した芝浦製作所小浜工場からといわれる．その後1951（昭和26）年には村田製作所福井工場が武生市で操業しコンデンサの製造を開始．1958（昭和33）年にはオリオン電機が武生市（現：越前市）に設立され，ポケット型トランジスタラジオの製造を始めた．しかし，福井県で事業所数や出荷額等が本格的に増加し出したのは1960年以降であり，無論，この要因は前述した県外大手家電メーカーの県内への参入によるところが大きい．ちなみに，製造品出荷額等の推移をみると，1977（昭和52）年に化学工業を抜いた後，1987（昭和62）年には県内製造業の中でトップに躍り出るなど，福井県製造業に多大な影響を与えるまでに成長を果たした．そして，こうした大手家電メーカーの県内参入にともない，協力企業の進出や下請企業の形成もみられるようになり，今日まで福井県製造業の中で最大の出荷額（製造品出荷額等5122億7000億円　構成比26.4％）を維持している．近年も，自動車関連やスマートフォン需要の増大，円安傾向も奏功し，好調な生産出荷動向にある．

最後に，輸送機械は，越前市にある自動変速機（トルクコンバータ）で世界トップシェアの県外大手メーカーの存在から製造品出荷額等（1562億4300万円）は比較的多い．ちなみに，事業所数や従業者数の福井県製造業全体に占めるウエイトはそれぞれ1.0％，5.7％となっている．

以上，福井県機械金属産業の概要を業種別に述べたが，これらを福井県製造

業全体と比較すると，そのウエイトは事業所数20.7％，従業者数41.8％，製造品出荷額等55.8％を占めており，福井県の製造業を構成する各業種の中でも繊維，化学等と並んで極めて重要な位置にあることがわかる．1つ懸念材料を挙げるとすれば，現在，福井県機械・金属産業を支える電気機械や輸送機械などは県外大手資本であり，近年の構造変革，すなわちグローバル化が進む中で，これら落下傘型の立地企業が将来的に地域から抜け落ちるリスクをはらんでいることを考慮しなければならない．従って，これら企業に代替する産業・企業の誘発，新産業・企業の創造，もっと言えば内発型の産業・企業育成が，地域にとって最も重要な課題であることも付け加えておきたい．

5 未来産業として進化する伝統的工芸品産業

7つの伝統的工芸品産業

　福井県は，越国からの古い歴史を持つ地域だけに，長い歴史の中で産み出された伝統的工芸品産業の数も多い．ちなみに，2018（平成30）年11月，全国には232の伝統的工芸品があり，そのほか郷土の工芸品（一般に呼ばれている伝統工芸品）を含めれば，その品目数は1200品目を超えるらしい．このうち，福井県には伝統的工芸品が7品目，一般に呼ばれている伝統工芸品は28品目を数える（表4-8）．

　では，伝統的工芸品とは何か．それは，伝統的工芸品産業の振興に関する法律（伝産法）に基づき経済産業大臣から指定を受けた工芸品をいう．伝統的工芸品に指定されるには，日常品であること，手づくりであること，伝統的技術・技法の存在，天然の原材料の使用，産地の形成などの条件が必要だが，ひとたび指定を受けると，国や自治体などから産地振興のための様々な支援を受けることができる．ここでは，福井に7つある伝統的工芸品の概要を紹介するとともに，それら産地の今後の動き，可能性についても述べることにしよう．

第4章 地域の製造業 *103*

表4-8 ふくいの伝統工芸品(35品目)

伝統的工芸品(7件)

品 目	指定年月日	主な生産地
越前漆器	昭和50年 5 月10日	鯖江市
越前和紙	昭和51年 6 月 2 日	越前市
若狭めのう細工	昭和51年 6 月 2 日	小浜市
若狭塗	昭和53年 2 月 6 日	小浜市
越前打刃物	昭和54年 1 月12日	越前市
越前焼	昭和61年 3 月12日	越前町
越前箪笥	平成25年12月26日	越前市

郷土工芸品(28品目)

品 目	指定年月日	主な生産地	主な製品
よもぎ草染		大野市	盆, 皿, 盛器, 茶托, 花瓶, コースター
越前和蝋燭		福井市	生蝋燭, 朱蝋燭, 金蝋燭, 銀蝋燭, 絵蝋燭
銀杏材木工品		福井市	まな板, 和紙張板, 仕立板, へら
越前竹人形		福井市	人形, 壁掛, 置物
		坂井市(丸岡町)	
三国箪笥	平成 6 年10月14日	福井市	船箪笥, 枠箪笥, 張箪笥, 車箪笥
武生桐箪笥		越前市	桐箪笥
武生唐木工芸		越前市	座卓, 衝立, 花台, 花瓶, 壁掛, 棚, 葉盆
越前水引工芸		福井市	宝船, 御所車, 鳳凰, 門松, 結納飾, 熨斗
若狭パール		おおい町	ネックレス, 指輪, ブローチ, タイピン
若狭和紙		小浜市	染原紙, 書道半紙, 民芸紙, ノート, 便箋
うるしダルマ		小浜市	置物, キーホルダー
三国仏壇		坂井市(三国町)	塗仏壇
越前指物	平成 9 年 3 月31日	越前市	組子ランマ, ランマ, 建具
武生唐木指物		越前市	花台, 座敷机, 棚, 衝立, 硯箱, 器局, 掛額
越前鬼瓦		嶺北全域	鬼面瓦, 置物, 壁掛
鯖江木彫	平成11年 3 月31日	鯖江市	欄間, 衝立, 置物, 額
油団		鯖江市	油団
福井仏壇	平成15年10月16日	嶺北全域	漆仏壇
越前〆縄		越前町	〆縄
万司天神掛軸	平成21年 3 月31日	福井市	天神掛軸
組子指物	平成26年 7 月25日	高浜町	文箱, 茶箱, 衝立, 欄間, 障子, 花生, 盆
石田縞	平成27年 3 月25日	鯖江市	名刺入, 座布団
			越前石田縞着物, 帯
越前洋傘		福井市	雨傘, 日傘, 晴雨兼用傘
福井三味線		福井市	三味線
越前菅笠		福井市	菅笠
三国提灯	平成28年11月25日	坂井市	提灯
越前竹細工		鯖江市	衣装行李, 文子,
			花篭, 網代笠
今谷焼		おおい町	食器, 花器,
			アクセサリー, 置物

資料：福井県地域産業・技術振興課伝統工芸振興室（www.pref.fukui.lg.jp）より抜粋.

・越前漆器

　福井県鯖江市にある河和田地区を中心に生産される越前漆器は，優雅な古典美と堅牢さに特徴がある．そのルーツについては定かではないが，一説によれば，約1500年前，継体天皇が皇子のころ，御冠の塗りかえを当地に住む塗師に命じたところ，それを請けた塗師が黒漆で御冠を塗りかえ，併せて「三つ椀」と称する黒漆の食器を献上した．それに感動した皇子が河和田に漆器づくりを奨励したことが，越前漆器のはじまりとされる．

　江戸時代になると，京都から蒔絵の技術が，輪島から沈金の技術も伝わり，越前漆器の優雅さと美しさに，いっそうの磨きがかけられた．他地域への本格的な製品移出や漆かきが長野や関東方面にまで出かけるようになったのもこの頃かららしい．

　明治時代になると，これまで挽物（丸物）素地しかつくられなかった産地で初めて角物素地が製造されるようになり，製品群も膳，菓子器，重箱，角盆などが考案され，蒔絵や沈金の技術も大いに向上した．これを契機に，旅館や飲食店への販路も拡大し，全国で屈指の業務用漆器産地として発展することになる．昭和時代になると，プラスチック素地導入にともない，従来の手工業型の木製漆器から機械量産型の合成漆器へとシフトし，業務用漆器分野では全国8割以上のシェアを占めるなど，さらなる販路拡大がなされた．

　現在，越前漆器産地は，福井県内にある7つ伝統的工芸品産地の中でも最大規模にある．ただ，その伸びをみると，市場の多様化・高度化・複雑化などにより，他の産地と同じく厳しい環境にさらされていることは間違いない．こうした中，産地内では，日本一の技術力を保持する漆器産地とてその地位を確立するために，さらなる発展を目指して今までの伝統を踏まえつつも新しいデザインの提案や流通の見直し，不可能といわれていた本格的な木製漆塗椀で，食器洗浄器・食器乾燥機といった新しい機械にも対応可能な漆器の開発など，時流に合わせたモノづくりが進められている．さらに，生活用品として長持ちする堅牢な漆器をアピールすることでの省資源への取り組みや，プラスチックを

はじめとした素材等のリサイクルの提唱・仕組みの模索など，これからの時代に対応する環境配慮型の漆器・産地づくりにも注力している．こうした中，産地ではそのシンボルとして2012年9月，越前漆山車を完成，その後も中型，小型の山車を製造するなど，産地再生に向け新たな取り組みが進められている．また，2017年からは，越前漆器の販路拡大を目指し，越前漆器協同組合と鯖江市が連携し，東京芸術大学の三田村有純名誉教授を中心に海外で売れる商品づくりに取り組む「夜学塾」が始まったほか，2018年10月には，河和田の漆器産地を中心に，めがね，和紙，刃物，箪笥，繊維，越前焼の7大産地が集結し，ものづくりの現場を見学・体験できる，産業観光イベント，今年で4回目となる「RENEW2018」が開催され，参加企業110社，おおよそ4万人の来訪者でにぎわった．

・越前和紙

　日本最古といわれる福井県の越前和紙は，越前市（旧今立町岡本地区）にある五箇荘（大滝，岩本，不老，新在家，定友）に集中して産地が形成されており，古くからこの地域全体が"紙漉き村"として発展してきた．

　ところで，紙漉き技術の日本への伝来は，飛鳥時代の610年，高麗僧「曇徴」により紙漉き技法と墨の製法が伝えられたことが始まりといわれる．では，その紙漉き技法が何故，当地今立に根付いたのか．言い伝えでは川上御前伝説がよく知られているが，関係者の話を聞くと，「当地今立は，大陸と都・京都の通り道．大陸人の往来とともに多様な文化が行き交っていたのでしょう」．その1つが，紙漉きの技だったことがわかる．確かに，当地周辺は，和紙の里以外に，刃物や漆器，陶器などの伝統的工芸品産地が集積していることもその証に違いない．いずれにせよ，当地は，美濃（岐阜県），土佐（高知県）と並ぶ和紙の日本三大産地として進化を遂げていったのである．

　ちなみに，当産地の生産品目を見ると，書画用紙や美術小間紙類の手漉き和紙分野では全国1位，機械漉き分野でも壁紙・襖紙分野では全国1位という実

績を誇っている．近年は，壁紙やふすま紙のほかインテリア用品としても用途が広がっているらしい．

また，越前和紙の逸話としては，明治元年，この越前和紙が日本最初のお札用紙として使われたこと．美術界でも横山大観や平山郁夫などの芸術家に支持されたこと．そして最近は，17世紀のオランダの画家レンブラントの版画に越前和紙が使われた可能性があるのではといった話題が注目を集めていることなどが面白い．

産地内では，一昨年，「紙の文化博物館」がリニューアルオープンした．越前和紙の特徴は，ぬくもりと優雅な肌合い，そして風格．それを実現させるための技の伝承が，今もなお続いているのである．

・若狭瑪瑙

古くから，大陸との交易の場として栄えた小浜地方には，大陸文化の往来の中で育まれ，今に伝える伝統工芸も数多い．その1つが若狭瑪瑙細工である．水晶，オパールなどがいくつも重なり合い，幾層もの紋様を描く瑪瑙の原石を独特の技法で彫刻する若狭瑪瑙細工は，長い歴史を経てこの地だけに生きづいた技でもある．

ところで，こうした若狭瑪瑙細工は，いったい何時頃から当地に根付いたのであろう．一説には，奈良時代，大陸からの渡来人がこの地に住みつき，当地の原石を使って玉造りを始めたのが起源とされている．しかし，現在に伝わる技法が確立したのは江戸時代に入ってのことである．当時，この地には数十件の玉造業者がいたといわれているが，その1人，遠敷の高山喜平は，原石を加熱することでより優美な色が浮き出ることを発見，独創的な火窯を考案するなどして現在の基礎となる焼き入れ技法を開発することに成功した．こうして若狭瑪瑙細工は，徐々に職人も増加し当地に深く根を下ろしていった．明治期になると，中川清助の手により美術的な工芸品の彫刻法が完成され，以後，仏像，動物，鳥，魚などの置物類や，装身具などが製作されるようになった．やがて

昭和期に入り，若狭瑪瑙細工は最盛期を迎える．この頃には，置物としての若狭瑪瑙細工が米国，英国などにも輸出されたという．しかし，終戦後，これまで産地に持ち込まれていた原石が枯渇しはじめ，さらに近年は需要不足，後継者難などにより産地存亡の危機に直面しているが，こうした中で産地では比較的手ごろな価格で販売できるブローチ，指輪，イアリング，ネックレスなど装飾品づくりに注力するとともに，子供たちへの体験学習を通して技術・技法の伝承を行っている．

　いずれにせよ，若狭瑪瑙細工は，歴史のある職人技により天然石だけが持つ光沢を最大限に引き出した工芸品であり，決して絶やして欲しくない工芸品でもある．

・若狭塗

　福井県小浜市中心に根付いた若狭塗の技法は，「卵殻模様」，「貝殻模様」，「起こし模様」に特徴があり，昔から「お盆」や「重箱」，「硯箱」，「茶托」，「香合」といった器物に用いられていた．しかし，これら以外の品目として，当地は「箸」の生産が全国的にも名高い地域であることを挙げなければならない．例えば，若狭塗の技法が一人歩きした「若狭塗箸」(本来の伝統技法により生産された箸)，フェノール樹脂，カシュー漆，ミツイ漆など合成塗料を用いて機械化により大量に生産される「塗箸」，そして転写 (箸の木地に機械でフィルムを巻きつける) という方法で製造される「箸」など，当地域では多様な箸づくりが行われ，今では全国シェア8割を誇っているのである．

　では，若狭塗箸の原点である若狭塗の歴史は，いつごろから始まったのか．それは，時代を遡ること約400年前，慶長年間 (1596～1614年) だと聞く．当時の小浜の豪商，組屋六郎左衛門が，国外から入手した漆塗盆を藩主であった酒井忠勝公に献上したところ，同藩の漆塗御用職人，松浦三十郎が，この漆塗盆に施された漆芸を模倣して製作したことが始まりとされる．

　また，若狭塗は，輪島塗や河和田塗といった塗りや蒔絵の技法を使った漆器

とは大きく異なっている．具体的には，木地表面を整えて漆を塗り，貝殻や卵殻，松葉，菜種などで模様を描き，その上に色漆を数十回塗り重ね，さらに乾燥させた後，それを石や炭で丁寧に磨き上げることで現れる模様に特徴があり，研ぎ出し技法と呼ばれる磨きや艶出しの技術に秀でた漆器である．完成までに短いものでも数カ月，長いものでは１年程度を要し，江戸時代から，若狭塗の器物は宮家や公家，諸大名への贈答品となっていた．この若狭塗の技法によりつくられた箸が「若狭塗箸」である．

当地域における箸生産量は，研ぎ出し膳や転写膳などで合計7000万膳といわれるが，近年は量，金額ともに停滞傾向にあり，アンテナショップ「箸のふるさと館」や「若狭工房」などを機軸に，巻き返しをどう図るかが大きなテーマといえよう．

・越前打刃物

福井県のほぼ中央に位置する越前市は，大阪の堺市，岐阜の関市，新潟の三条市などと並び，古くから鎌，鉈などの農機具を主体とした打刃物の産地として知られている．

ところで，越前打刃物の起源は，おおよそ700年前の1333（延元２）年，京都粟田口の刀匠，千代鶴国安が府中（現在の越前市）に来往し，刀剣作りの傍ら農具用の鎌を製作，その技法を近郷の人々に伝授したのが始まりとされる．ただ，もともと越前の国では，弥生時代から古墳時代を通じて砂鉄を産出するなど，鍛冶に適した資源に恵まれていたこともあり，これが当地で打刃物業を生成させる要因となったともいわれる．

また，越前打刃物といえば，鎌，和包丁に代表されるが，これらの打刃物が本格的に全国へ広がっていったのは江戸時代に入ってのことである．関ヶ原の合戦の後，府中藩主となった本田富正は，武器製造の戦力となる鍛冶師を積極的に保護し，販路の開拓にも努めたという．また，この時代，販路拡大の一翼を担っていたのが河和田の漆かき職人であり，彼らは漆を求めて各地を歩く傍

ら鎌を販売し，その土地柄に合った鎌や刃物の注文を産地に持ち帰ることで，越前打刃物の製造技術そのものを高めていった．こうして越前打刃物は，江戸末期から明治の初めにかけ最盛期を迎える．

一方，越前打刃物を技術面からみると，"廻し鋼着け" および "二枚広げ" と呼ばれる火づくり鍛造技術に特徴がある．"廻し鋼着け" とは，刃物の刃となる鋼と地鉄を炉で熱し鍛接した後，鋼の片隅から全体を菱形につぶしていく技法である．主に，鎌や刈り込みはさみなどの製造に際して用いられるという．また，"二枚広げ" とは，包丁などの製造に用いられる技法で，刃を二枚重ねたまま表と裏からハンマーで打ち，二枚の包丁が同様に薄く延びるよう早く作業する方法である．これらの技法を使って製造した越前打刃物は耐久性，切れ味ともに高い評価を受けた．

現在，越前打刃物は，デザイン性に優れたカスタムナイフや洋食系シェフ専用の包丁として開発された新ブランド「BLAZEN（ブレイゼン）」が好調で，包丁についても国内外を問わず人気を呼んでおり，高い技術に裏打ちされた高品質の製品を供給し続けている．また，昨年8月には，越前打刃物の後継者育成や歴史文化の発信に取り組む振興施設「刃物の里」が越前市池ノ上町にオープン．今後は若手職人への技術伝承のほか，一般客向けに料理教室や鍛造実演会を行うなどして，産地活性化に一躍を担うこととなる．

・越前焼

越前焼は，平安時代末期から宮崎村小曽原地区を中心として，朝鮮半島から伝わった須恵器生産の経験を基に東海地方の瓷器（灰釉陶器）技法を導入して焼かれはじめた．「輪積み成形」と「輪積み轆轤成形」という特異な技法を用い，そのころから製品には他の地方と同じく，壺，瓶，すり鉢等の生活器が主流をなしていたが，他には瓶水，水柱，経筒，水瓶など宗教関係の製品も焼かれていたという．また，当時から「穴窯」と呼ばれる全長十数メートルの大規模な窯が使用され，今もなお200あまりの窯跡が当地に残存しており，これだけの

集積が見られる地域は他になく日本最大といっても過言ではない.

鎌倉・室町時代には越前焼の全盛期を迎えるが, 特に15世紀の朝倉時代には, それまで北陸から東北地方の日本海側一円に流通していた珠州焼に代わり, 北は北海道から西は山口県に至るまで販路を持ち, 信楽, 備前, 丹波, 越前, 瀬戸, 常滑と並んで日本六古窯の1つとして栄えた. では, この当時, 搬送はどうしたのか. 運搬ルートについて, 旧越前町織田文化歴史館学芸員の高木久史は,「越前窯跡群の分布範囲は天王川とその上流である織田川の支流域に含まれ, 日野川・九頭竜川に合流して三国湊へと至る天王川を利用すれば越前地域一円への流通が可能である」と述べており, 古代においても足羽川以南の集落跡地から出土する小曽原産須恵器は, 天王川・日野川を利用して運搬されたものと考えられている. つまり, 越前焼は内陸川を主体に域内は無論, 全国に向けては三国湊から運搬されたのではないか.

こうして, 一時期全国に流通した越前焼ではあったが, あくまで民衆の焼物中心に焼き続けられた越前焼は, 桃山時代に入り茶陶など付加価値の高い陶器や磁器が生産されるようになると, これらに押されて徐々に衰えていく. 越前焼が茶陶を積極的に生産しなかった理由は, 信楽焼や備前焼に比べ鉄分が多く派手さに劣るなど陶土自体が茶陶に合わなかったためであろう. こうして江戸時代には現在の織田 (現在の福井県丹生郡越前町) の一部で越前焼が生産されていたものの, かつての勢いはなく, 次第に忘れ去られていった.

この越前焼が再び息を吹き返したのは, 戦後の混乱期の中からである. 1945 (昭和20) 年, 福井県窯業試験場が設立され技術基盤の強化, 後継者の養成などが図られるとともに関係団体が次々と誕生し, 陶器業界の飛躍的な充実がみられるようになった. さらに1960年代半ばの全国的な陶器ブームの中で,「越前陶芸村」構想がわきあがり, その建設が進むにつれて徐々に窯元数や生産額も増加した.

越前焼は, 800年以上の古い歴史を持つ焼き物である. それだけに我々の生活に潤いと豊かさを与える産業として, 今後も大いに発展して欲しいものであ

る．こうした中，嬉しいニュースが1つ舞い込んだ．それは，2017年4月，文化庁から越前焼が北前船と同時に日本遺産の認定を受けたことである．この事実は，越前焼が日本古来の焼き物を継承している日本六古窯の1つとして認められた証でもある．

また，2017年10月には，越前焼きのブランド力を高めるため中世の越前焼研究の第一人者，故水野九右衛門の復元家屋と約3万7000点のコレクションを展示する施設，「越前古窯博物館」が越前陶芸村内に整備され，これを記念して同年12月には「六古窯サミット」が開催された．越前焼が生んだ薄づくり茶器「hirara（ひらら）」とともに注目を集めてほしいものだ．

・越前箪笥

越前市内を散策すると箪笥町という一角に出くわす．明治期，多くの箪笥職人がこの地で開業し，この街並みを形成したと聞く．当時の箪笥町では，秋の収穫後に一番の賑わいをみせ，嫁入り前の娘を連れた親が，その道具の箪笥や長持，鏡台などを品定めに来たらしい．

ところで，この越前箪笥の起源については，法隆寺にある国宝，橘夫人厨子（7〜8世紀）の台座に「越前」と筆で墨書されていたことが手がかりとなっており，これを基に想定すれば，既に奈良時代にはその原型が存在したのではとされる．この地は，古代から渡来人などとともに様々な技術・文化がこの地を往来し，箪笥の起源も古代近くまで遡って考えられても仕方ない．ただ，越前箪笥としてその文化が始まったのは江戸時代後期といわれる．越前府中の指物師が能面などを造る傍ら，お膳風呂や板戸を創り始め，この時期，本格的に箪笥造りも始まったらしい．

越前箪笥の特徴は，無垢材を使用し，釘を使わないほぞ接ぎ技法が使われること．また，表面は漆塗りで飾り金具は越前打刃物技術が使われている．その技法は江戸後期から一切変わらず，高級品はすべてケヤキ材を用い，塗装法も春慶塗や呂色塗など．「越前箪笥は2割高い」．材料の厳選，仕口の吟味，従来

技法の伝承など，職人のこだわりが今もなお守り受け継がれているのである．

未来産業として

これまで，福井県の伝統的工芸品産業７つを紹介したが，これら産業を取り巻く環境をみると，後継者難，需要の低迷，ブランド力の欠如，新製品の開発難，資源の確保難，閉鎖的な流通問題など様々な課題を内在していることも事実である（図4-1）．ただ，ここにきて福井県内での動きをみると，多様な課題に直面している産地ではあるが，これら伝統的工芸品に新たなビジネスモデルを投入して産地を活性化させようとする新たな取り組みもみられるようになった．それは，熊本雄馬（合同会社TAKUMIICHI：CEO）を発起人とする「７人の侍」の活動である．彼らの目的は，第１に，伝統技術を使い現代市場にあったモダンなモノづくりを展開し，そのモノを流通させること．第２に，イベントを通して1500年前から続く歴史，伝統，文化，モノづくりの精神，福井の誇りを発信すること．第３に，福井の７つの伝統的工芸品をまとめて福井のブランドにすること…等である．ちなみに，彼らの活動状況をみると，既に７つの伝統的

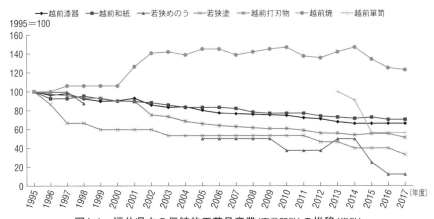

図4-1　福井県内の伝統的工芸品産業（事業所数）の推移（指数）

注１：若狭めのう細工は，2000年に組合解散．その後のデータは独自推計による．
注２：越前箪笥は，2000年に組合解散．その後のデータは独自推計による．
注３：その他は独自推計による．

工芸品をベースとしたアクセサリー，バック，インテリア用品など新商品の開発，それを基に県内外でファッションショーを開催するなど，市場に向けた多彩な試みが実践されている．こうした動きから捉えられることは，福井の伝統的工芸品産業が，"伝統的"という長いトンネルから抜け出し，今まさに未来産業として動き始めたという事実ではなかろうか．

【コラム－4】
「福井人絹取引所」と「福井人絹会館」

　福井県の繊維産業を語るうえで忘れてはならない歴史の1つに「福井人絹取引所」（1932～1975年）がある．そもそも，人絹とは天然の絹糸をまねて造った化学繊維（人造絹糸）で，特にフィラメント（長繊維）で織られたものはレーヨンとも呼ばれる．第1次世界大戦が終わった後の1920年恐慌を契機に，それまで一世を風靡した絹織物輸出が陰りをみせはじめ，これに代わってのデビューとなった．

　日本で人絹糸メーカーが勃興するのは大戦期になってからだが，その後20年たらずで日本は世界最大の人絹工業国となったのである．当初，人絹はフィラメントを主体に製造されたため，製織はおもに従来の輸出羽二重産地で行われた．福井県では，綿糸を経糸に用いる交織織物の製織をへて，昭和初年には緯糸・経糸ともに人絹を用いる双人絹織物の生産が本格化，昭和3年末には県内の人絹糸の消費量が生糸のそれを凌ぐまでになったという．こうして，福井産地は，旧大野郡，旧今立郡などで織機1000台を超える大工場が現れるなど日本の中でも人絹織物の主要産地として急成長を遂げていったのである．特に，嶺北の農村部では，子女の織物工場への通勤や寄宿舎への入寮が増加し，さらに自家経営に乗り出す農家も増え，農村恐慌の打撃が機業からの現金収入により緩和されていったという．

　一方，人絹織物業の隆盛は人絹糸取引の活発化を招き，福井市場は全国の人絹糸の標準相場を形成する市場として活況を呈するようになった．しかし，「オッパ取引」（取引所の代わりにブローカーが間に入って取引を成立させる商人間の取引で，証拠金を払わずに随時大量の売買を扱う取引が行われていた）と呼ばれた投機的な取引が行われるようになり，産元商社に加え県外から多数の商社が福井市場に進出し「オッパ取引」が拡大することとなった．ところで，この「オッパ」とい

う意味は，福井県編『福井県史通史編6　近現代二』[1996] によれば，約定限月中いついかなるときに受け渡してもよい，すなわち売手側の「オツ放し」であることからきているという（福井県織物同業組合『五十年史』）．また相場用語で「オッパル」すなわち「賭け事で，何両オッパッタとか何円オッパッタとかいう様に通俗語を相場用語にした」（日本人絹連合通信社『日本人絹発達史』上 1964年），あるいは，福井方言に「やりっぱなし」という意味で「オッパッパ」という語があり，これを語源としたという説もある（横浜正金銀行頭取席調査課『輸出貿易を中心として見たるレーヨン問題概観』1931年）．いずれにせよ「オッパ取引」という語は，1930（昭和5）年4月，大阪で行われた全国人絹糸特約店研究会の席上で話題になったことから全国に知られたといわれる（山崎広明『日本化繊産業発達史論』1975年）．

　しかし，昭和恐慌が進展する中で，次第に思惑外れによる紛糾や相場の乱高下による機業への影響が問題視されるようになり，人絹の正常な取引方法として，取引所内で銘柄別に清算取引をする人絹取引所の設置が望まれるようになった．こうして，「福井人絹取引所」が，大阪・東京と3者競願のなかで地元政界・実業界をあげての激しい陳情運動の結果，ようやく1932（昭和7）年4月に正式認可を得て5月に設立されたのである．この設立で特に尽力したのが初代理事長に就任した西野藤助である．同氏は，取引所創設後の第2の事業として，人絹業界の将来における飛躍的な発展に備えるため，福井を象徴し得るような社交機関の設置が必要とし，同氏の私財と人絹糸メーカーの寄付金により1937（昭和12）年，「福井人絹会館」が設立され，その後，福井人絹取引所はその新しい福井人絹会館内に移転することになる．この年には，福井人絹倶楽部も設立された．

　こうして「福井人絹取引所」と「福井人絹会館」は，車の両輪のごとく相まって，福井の繊維産業の発展に極めて大きな功績を遺した．特に，「福井人絹会館」は，福井市内のメーンストリートであり，当時で50万円という巨額な資金を投じて建設された建物だけに，外観もさることながら，内部の装飾，施設も豪華を極め，北陸一の社交の場として県内外に知られるところとなった．

　その後，「福井人絹取引所」と「福井人絹会館」は，織物の主流が人絹織物から合繊織物へ移る中で徐々に衰退し，1975（昭和50）年に実質34年の歴史に幕を閉じた．「福井人絹会館」も人絹取引所の衰退とともに施設の老朽化などから，1983（昭和58）年9月，会館業務を終了．その中で，福井人絹倶楽部だけは存続し，福井の人絹織物の歴史，プライドを今もなお我々に伝え続けている．

注

1）鯖江市の独自集計による．推計では，福井県における鯖江市内でのめがね枠関連製品
出荷額は，福井県全体の 7 〜 8 割程度と考えられる．

第5章
地域の非製造業

1　地域間競争の中での商業・サービス業

商業　「福井方式」による共同店舗運営の特徴と問題点

　あれはもう半世紀も前の事であろうか．著者が子供のころ福井県内の各市町村の街中を歩くと，砂利道，べと道（「べと」とは，福井の方言で土のことを指す）の道路脇いたるところに様々な店屋が立ち並んでいたことを思い出す．著者の実家があった町も平成の市町村合併にて今は無くなってしまったが，当時は家を出て通りを100mばかり歩く間に，おそらく10軒あまりの個人商店があったことを覚えている．八百屋，魚屋，駄菓子屋，釣具屋，雑貨屋，文房具屋，薬屋，酒屋，米屋，豆腐屋……，挙げればきりがない．

　それが，モータリゼーションの進展にともない，1980年あたりから街の中から個人商店が消え始め，その代わりに郊外で新たな商業集積が出来上がっていった．そして現在では，福井県は全国的にみても，小売商業集積地区の中で郊外型店の割合が最も高い地域として知られている．例えば，ちょっと古い話だが，今から10年ほど前，県都福井市にある一大商業ゾーン，大和田地区（大和田町ロードサイド商業集積地区）では，店舗数159件（福井市全体の4.9%），各店舗の売場面積は8万5519㎡（同17.7%），同地区の従業者数で2151人（同10.7%）を数え，各店舗の年間販売額は総計565億円（同14.6%）の規模を占めたという．これは，同市中心市街地にある駅前商店街の2.6倍の販売額を擁している．

　このように，福井県は郊外型の商業集積が顕著となっているが，ここではそ

118　第Ⅱ部　文明から文化へ　地域産業の挑戦

の中核的存在である大型店（スーパーマーケットなど）の歴史を少しばかり振り返ってみることにしよう．まず，福井県で最も古い大型店，いわゆる大型店の走りは1956年，福井市駅前に誕生した「ハギレヤ」が始まりと言われている．その後，福井駅周辺では，1966（昭和41）年に繊協ビル内にできた共同店舗「ニューまるせん」が，翌年には初の県外資本によるスーパー「ほていや」（現ユニー）が，1971（昭和46）年には「ファッションランド・パル」（ジャスコ）がオープンし，唯一の百貨店「だるま屋」が西武百貨店と業務提携するなどして，福井市の中心部では小売業の熾烈な競争時代を迎えた．

　その後，小売業間の戦場は徐々に郊外へとシフトしていく．その始まりが，1977（昭和52）年11月に地元専門店主導で誕生した大型小売店「フクイショッピングプラザ・ピア」（ジャスコとの共同店舗・売場面積1万4000㎡），1980（昭和55）年4月には「ゴールドショッピングセンター・ベル」（平和堂との共同店舗・売場面積1万2000㎡）がそれぞれオープン，同年5月には百貨店「だるまや西武」（売場面積1万3800㎡）もリニューアルオープンして年間売上100億円を超える大型店3店舗が勢ぞろいするなど，福井市中心部と郊外型店という大型店どうしの対極構造により商業地図が大きくぬりかえられることとなった．

　福井市内ではこうした動きがその後も続き，80年代から90年代にかけ「パリオ」，「アピタ」，「ワッセ」，「エルパ」等の共同店舗のほか，ホームセンター，家電量販店，ドラッグストアなどの郊外型大型専門店舗が続々と登場し，郊外での商業集積が進んでいった．

　ところで，福井県の場合，こうした大型店の出店に際し，地元の小売業者が中心的存在となって共同店舗を構成し出店するケースが多くみられた．いわゆる「福井方式」と呼ばれる出店の仕方である．全国的にみて，ショッピングセンターを建設する場合，大手流通業者が開発者となり，地元の小売業者はテナントとして入居するケースが多い．しかし，福井県の場合，その先行事例が「ピア」や「ベル」であるように，まず地元小売業者が協同組合を組織し地元主導で自らが開発者となり大手流通業者を呼び込むといった出店形式を採った．こ

のやり方は，当時，全国的にみても大変珍しい方式であり，後に「福井方式」と呼ばれ，県内はもとより全国のモデルケースとなった．この「福井方式」は，福井市駅前再開発構想の中で当時小売業界トップのダイエーを誘致する計画を地元小売業者が阻止する手段として大いに役に立った戦略であったらしい．

いずれにせよ，"地元の商業は，地元の小売業者が中心となり守る"といった福井県独特の考え方，そこから生まれた「福井方式」による共同店舗運営は，まさに福井モンロー主義（業界間での棲み分けの徹底，不干渉主義）とでもいうべき考え方として，地元商業者が福井の商圏を守り抜くことに成功したことは間違いない．しかし見方を変えると，「福井方式」は，地元商業者の利益を守るといった点では大いに評価できるが，半面，意にそぐわない流通業者を排除できる仕組みでもあるだけに，時代変化，市場ニーズの変化に機敏に対応し得るやり方か否か，すなわち長期的スパンで考えれば，地元商業者の競争力を長く維持，強化する手段として機能するものかどうかという点では若干の疑問も残るやり方と言わざるを得ない．つまり，集積内に適度な競合状態があってこそ，互いが競い合い進化することが可能なのではないか．

こうした状況下，福井県商業全体ではいったいどのような状況となっているのか．「平成28年経済センサス活動調査　卸売業・小売業に関する結果報告書」の中から，小売業の事業所数をみると，総計7957件で2年前の平成26年調査と比べて4.0％の減少となっている．従業者数も4万9974人の同3.2％減．ただ，年間商品販売額は8837億円で同21.1％増加している（**図5-1**）．特に，福井県の場合，**表5-1**からわかるように，業態別では食料品スーパーとドラッグストアの伸びが安定していることがわかる．これは，業界内の競争が緩やかであることと，業態間の棲み分けがきっちりなされている，いわゆる福井モンロー主義の表れなのかも知れない．

話は変わるが，2017年3月，石川県小松市に北陸最大級と言われる商業施設「イオンモール新小松」がオープンした．イオンモールの店舗としては北陸5店舗目，国内150店舗目で，同施設のテナントは168店舗，このうち北陸3県か

120　第Ⅱ部　文明から文化へ　地域産業の挑戦

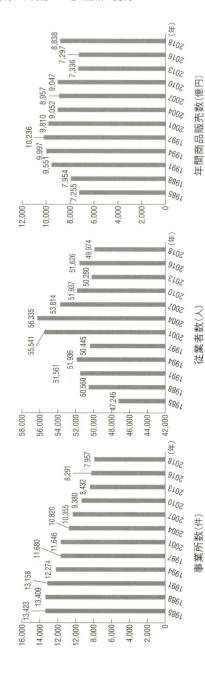

図5-1　福井県商業の事業所数，従業者数，年間販売額

資料：福井県政策統計情報課「福井県商業統計調査」「平成24年経済センサス－活動調査」平成26年，28年は、「経済センサス－活動調査　卸売業・小売業に関する名調査」より）

表5-1　食料品スーパーとドラッグストアの業態別推移（全国、北陸3県）

（従業者数：全国は千人、その他は人、販売額：全国は10億円、その他は億円）

		全国			北陸			富山		石川		福井	
		H14	H24	増減率	H14	H24	増減率	H24	増減率	H24	増減率	H24	増減率
食料品スーパー	事業所数	17,691	16,290	▲7.9%	533	453	▲15.0%	146	▲28.1%	168	▲13.8%	139	3.0%
	従業者数	783	871	11.2%	18,897	18,519	▲2.0%	6,512	▲12.7%	6,329	▲5.7%	5,678	20.1%
	年間商品販売額	15,904	16,829	5.8%	4,197	4,078	▲2.8%	1,479	▲8.7%	1,389	▲3.8%	1,210	6.8%
	売り場面積（千㎡）	16,386	20,716	26.4%	422	549	30.1%	177	4.2%	205	46.0%	168	49.4%
	売上高/㎡（万円）	97	81	▲16.5%	99	74	▲25.3%	84	▲11.9%	68	▲34.1%	72	▲28.7%
ドラッグストア	事業所数	14,664	14,872	1.4%	384	504	31.3%	182	61.1%	201	14.2%	121	27.4%
	従業者数	114	171	50.4%	2,899	7,033	142.9%	2,387	167.6%	2,986	96.8%	1,660	238.8%
	年間商品販売額	2,495	3,804	52.5%	580	1,331	129.2%	390	107.6%	530	87.9%	411	271.1%
	売り場面積（千㎡）	3,227	6,458	100.1%	103	329	220.0%	112	200.3%	119	150.5%	97	447.7%
	売上高/㎡（万円）	77	59	▲23.5%	57	40	▲28.4%	35	▲30.3%	44	▲24.8%	42	▲31.9%

資料：経済産業省「平成24年経済センサス‐活動調査　卸売業、小売業態別統計編（小売業）」
ここで言う「食料品スーパー」とは、経済センサス産業分類上の「各種食料品小売業」を指す。

122　第Ⅱ部　文明から文化へ　地域産業の挑戦

らは48店舗が出店しているらしい．さらに他の地域にも出店を計画しているという．

　現在，北陸地域での大型商業施設は，このような県外資本を中心とした総合スーパー，百貨店，アウトレットモールをはじめ家電，ドラッグストアなど数多くの店舗が立地し，その競合状態，いわゆる各店の商圏は県境を越え，まさに地域間競争の時代に突入しているといっても過言ではない．そして，こうした動きは，今後ますます厳しさを強めていくことは誰もが認める事実であろう．では，こうした情勢下，地域にある地元スーパーは，いったいどのような戦略で立ち向かうべきなのか．

　この課題対応策のヒントを，昨年暮れに訪問した東北の地方都市にあるスーパーから学び取ることができた．その事例が岩手県北上市にある「協同組合江釣子ショッピングセンター」である．同ショッピングセンターは，1981年に，当時，人口8000人の岩手県江釣子村にオープンし，2016年で35年目を迎えた店である．ジャスコ（現イオン）と組んだ併設型共同店舗であり，売り場面積は約２万2000㎡の核コミュニティー型SCである．確かに，ピーク時（1993年）の売上額に比べれば現在はその７割程度と聞いているが，大企業と共存している協同店舗の売上の傾向としては大善戦しているといえる．それが証拠に，オープン当時50店舗しかなかった店舗数は現在80店舗まで増加し，数あるショッピングセンターの中でも大いに成功している一例といえよう．では何故同ショッピングセンターが成功したか．これには今も人口増加を続け，他の地域より年少人口の割合が高いといった北上市独特の地域特性や東北自動車道IC脇という好立地もさることながら，同ショッピングセンター独自の顧客に優しい店舗運営が奏功しているためである．営業時間，朝７時〜22時まで，お母さん，子供たちにも感動を与えるラウンジ的なトイレ，ローカルかつグローバルでバラエティーあふれる品揃えは，東北の片田舎にあるショッピングセンターとは思えない斬新さを保持し，一方で昭和のノスタルジックな雰囲気をも醸し出す店内は，団塊世代から子供まで，そこには限られた商圏人口の中で幅広い客層を

とらえた店舗運営が図られている．今，"地域の商業界が求める姿はこれだ"，そう思った．あくまで地域を一番に考えた地域密着型の店舗運営，これからの地域商業界は，そのための努力が求められているのではないか．

ちなみに，同ショッピングセンターの店舗コンセプトを見ると，地域優先の経営理念に基づいた活動方針として，①売り手よし，買い手よし，世間よしの「三方善」，②１本では消えるが何本も束になればなかなか消えない「炭火のごとく」，③地域に根差した店舗の成長・発展は，決してナショナルブランドを目指すのではなく「偉大なるローカルブランドを目指して」となっている．地域社会を最優先し，決して焦ることなく身の丈に合った店舗づくり，店舗展開が同ショッピングセンターの最大の強みとなっているのであろう．

いずれにせよ，今，福井県の商業界に求められていることは，福井地域の顧客特性，マーケット事情に相応しい店づくりの在り方を今一度模索することなのかも知れない．

サービス業（特に，観光業に絞って）

ここでは，数あるサービス業の中から観光業に絞って述べることにしたい．なぜなら，観光業は地域経済への波及効果も高く多様な業種に影響を及ぼすため，観光業を主要産業として位置づけている国や地域も多いこと，特に日本では，現在，外国人の誘客に力を入れるなど同業種に注力しているからである．ただ，観光業といっても，旅行業（旅行代理店など），宿泊業（観光ホテルなど），飲食業，運輸業（航空会社，バス会社など），製造業（名産品，お土産製造など）など極めて多岐にわたるため，日本標準産業分類では業種として存在していない．そこで，ここでは福井県の観光関連施設や観光入込客数の状況を分析することで，福井県での観光業の実態をながめてみよう．

まず，福井県が毎年実施している『福井県観光客入込数（推計）』から2017年（平成29年）の結果をみると，総観光客（述べ人数）は，2017年で3096万人，前年比2.2%の減少（実人数では1304万3000人 **図5-2** 前年比3.2%減）となっている．前年

124　第Ⅱ部　文明から文化へ　地域産業の挑戦

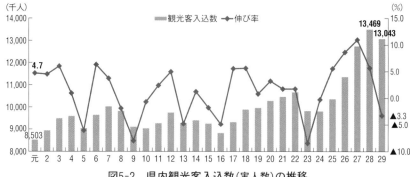

図5-2　県内観光客入込数(実人数)の推移

資料：福井県観光営業部観光振興課「平成29年福井県観光客入込数（推計）」2018年．
平成16年観光客動態調査に基づく数値を用いた推計による．

比でマイナスとなった要因は，北陸新幹線金沢開業効果の落ち着きや秋の長雨の影響などが考えられるが，それでも述べ入込客数は3000万人を超えており，まずまずの入込となった．また，その観光消費額をみると977億円で前年比1.0％の増加である（図5-3）．ちなみに，観光客1人あたりの平均観光消費額をみると，県内客の場合，日帰り客が3256円，宿泊客が1万2737円．県外客の場合，日帰り客が6279円，宿泊客が2万3642円程度らしい（表5-2）．こうしたデータをみる限り，最も消費額が多い県外から来る宿泊客をどう伸ばすかが福井県観光業における今後の鍵と言えそうだ．ちなみに，発地別内訳をみると，延べ人数で全体の59.2％（1832万9000人），実人数では61.9％（807万4000人）が県外客であり，そのうち関西圏からの客が全体の4割，中京圏3割弱，北陸圏2割弱，残り1割弱が関東圏となっている（表5-3）．

　主な観光地別では，東尋坊の134万4000人をトップに，恐竜博物館・かつやま恐竜の森102万3000人，西山公園96万6000人，大野まちなか観光91万8000人，あわら温泉90万5000人と続く．

　現在のところ全国と比較すると，県内にはきらりと光る観光地が少ない様な気もする．しかし，よくよく見ると一乗谷朝倉氏遺跡や平泉寺白山神社など磨けば光る観光拠点も多いのではないか．要は，入込数の少ない関東圏からある

第5章　地域の非製造業　*125*

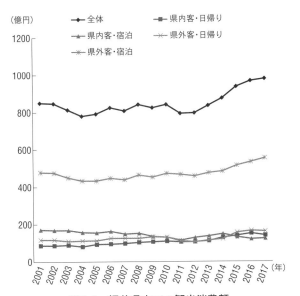

図5-3　福井県内での観光消費額

資料：図5-2に同じ．

表5-2　1人あたりの平均観光消費額（県内消費）

区分	日程別	全体額（円）	項　目		
			宿泊費（円）	土産品代（円）	その他入場料等（円）
県内客	日帰り	3,256		1,036	2,220
	宿　泊	12,737	7,313	1,505	3,919
県外客	日帰り	6,279		1,924	4,355
	宿　泊	23,642	12,936	3,448	7,258

資料：図5-2に同じ．

表5-3　発地別入込状況

区分	平成29年	平成28年	対前年比	平成29年構成比	観光客入込数（延べ人数）	
					平成29年	平成28年
	千人	千人	％	％	千人	千人
関西地区	3,356	3,374	99.5	41.6	7,148	7,206
中京地区	2,066	1,931	107.0	25.6	5,054	4,737
関東地区	729	726	100.4	9.0	1,768	1,766
北陸地区	1,239	1,344	92.2	15.3	2,657	2,891
その他	684	634	107.9	8.5	1,702	1,581
計	8,074	8,009	100.8	100.0	18,329	18,181

資料：図5-2に同じ．

126 第Ⅱ部 文明から文化へ 地域産業の挑戦

いは中国地方までを視野に入れた誘客をどう図るかが重要だ．では，今後の観光戦略はどうあるべきか．まず重要なこと，短期的には舞鶴若狭自動車道の全線開通の経済効果あるいは北陸新幹線金沢開業による経済効果をつかむための観光ビジネスや人的交流ネットワークを構築すること．もっと言えば，金沢，高山，郡上八幡，京都などの主要観光都市との観光ネットワークの構築が必要だ．ただ，全国でも名高いこれら観光地と同じ戦略で戦っても勝ち目はない．要は福井らしさ，福井のオリジナリティーをどう売っていくかが必要となるだろう．例えば，福井の食，福井の自然景観，福井のモノづくり，特に繊維，めがね枠といった地場産業や漆器，和紙，打ち刃物などの伝統的工芸品産業とのタイアップにより，まずは来てもらって，見てもらって，知ってもらって，買ってもらい，またリピーターとして来てもらう．こんな産業観光戦略を地元主導で考えなければならない．そして，福井地域が独自に考えたこれら「観光おもてなし戦略」を全国に発信すべきではないか．当然，旅行代理店との連携も必要だ．また，福井は交通の利便性が極めて悪い．特に二次交通網に問題がある．これを解消するには膨大なカネもかかる．そのため，これを補うための１つの手段として，まずは民間主導で観光客の利便性につながるカーシェアリングなどを考えてはどうか．いずれにせよ，今後は観光業の育成が地域発展の重要な要素となることは間違いない．福井県民が総力戦で取り組むべき課題の１つといえそうだ．

話は変わるが，2018年のＧＷ期間に日帰りで岐阜県高山市に行ってきた．当地には年間400万人を超える観光客が訪れ，宿泊する外国人観光客だけでも30万人を上回るらしい．当市の人口は僅か９万人程度に過ぎない．にもかかわらず，これほど多くの観光客が集まる理由はいったいどこにあるのか．確かに，高山の魅力には，飛騨の小京都，飛騨牛，迫力満点の高山祭，高山陣屋，朝市など数え上げればきりがない．しかし，この地の特徴・魅力は，こうした歴史・文化遺産，自然，食だけでなく，それを基盤とする高山人の誇り，プライドがパワーとなり，観光魅力度アップにつながっていることが最大の強みとなって

いることであろう．こうした点を考慮すると，今後の観光戦略に必要なことは，地域全体が観光産業の振興という共通目的をもち，総合戦，地域全体で取り組む気概の醸成といったところにあるのかも知れない．

2 域内需要に恵まれた建設業

"建設大国" 福井

福井県は，かつて建設王国と呼ばれたように，土木・建設分野では全国的に名高い企業が数多く誕生した地域として知られている．参考までにこれまでの福井県における建設業界の歩みをみると，1883（明治16）年には鹿島建設が，1919（大正8）年には前田建設が，1924（大正13）年には熊谷組が創業し，明治から大正，昭和にかけてダムや鉄道などの本格的な土木工事を手掛けながら大いに発展を遂げてきた．

この要因の1つとしてよく言われることは，福井の場合，1945（昭和20）年の戦災をはじめ，地勢や気象条件などからみて台風などの集中豪雨，降雪などに見舞われやすい地域であったこと．こうした災害復旧事業はもとより，河川，道路，砂防，港湾等の公共土木施設の拡充整備も急がれたことから，これらに関連する工事の増加が業者の増加に結びついたものと考えられている．

ちなみに，近年の域内での投資額の推移をみると，2017（平成29）年現在，6004億円で全国の約1％程度を占めている．内訳は，民間投資が2758億円（うち建築が1579億円，土木1179億円），公共投資が3245億円（うち建築が224億円，土木3021億円）となっているほか，前述（第2章）のように域内GDPに占める割合も6.9％を占め，全国（2014年度，5.2%）と比較した福井県の建設投資の割合は比較的高い水準にあることがわかる．

また，これまでの建設投資額の推移をみると，ここ30年来，ほぼどの年も全国の水準を上回る投資額に恵まれるなど，極めて良好な投資環境にあった．特に，2017年の建設投資額は全国も回復傾向にあるとはいえその水準は1990年

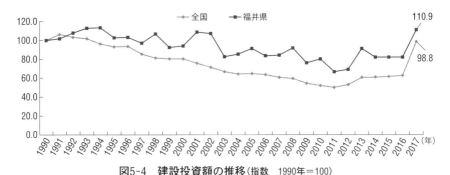

図5-4 建設投資額の推移(指数 1990年=100)

資料：国土交通省「建設総合統計－出来高ベース」より．

=100に対し98.8の水準にあるなか，福井県は110.9と全国水準を上回っており（図5-4），福井県の投資環境が，全国平均を大きく上回っていることがわかる．特に，2012年以降は，東日本震災関連の復旧工事（全国の場合），度重なる地震，風水害の発生による公共投資の増加や国土強靭化政策など政府の国土政策，さらに景気の回復基調などから，福井のような地方圏においても公共工事は無論のこと民間工事についても需要の増加がみられ，この傾向は今しばらく続くことが予想されている．

夢のある建設業界への転身を目指して

以上のように，福井県の場合は全国に比べ需要に恵まれた建設業ではあるが，同業界をよくよくみると，多様な悩みを抱えている事実も見逃せない．例えば，小規模事業所が多いこと．地域の建設業の企業規模をみると，零細規模の業者が多数乱立し，過当競争を繰り返しているのが実情である．

ちなみに，経済産業省の「平成28年経済センサス - 活動調査 建設業」から，建設業の企業数をみると，全国の34万6187件に対し，福井県は4758件で全国の1.4％を占め，福井県の水準である0.6％を大きく上回っていることがわかる．さらに，これを従業者規模別企業数でみると，「1～4人」規模の企業数は，全国が19万3553件，全体の55.9％であるのに対し，福井県は2815件の同

59.2%と，全国水準を上回っていることがわかる（表5-4）．つまり，福井県の建設業は企業数では福井県の経済規模を大きく上回る数が存在するものの，それらの多くが小規模企業で，言葉を換えれば，福井県の建設業は事業所数の割に従業者数の少ない企業が多いこと，すなわち多数の小規模零細企業で占められていることが確認できるのである．さらに，ややデータは古いが，経済産業省の「事業所・企業統計調査（2006年）」から，従業員規模別でみた事業所割合をみると，「4人以下」の事業所割合は，福井県全体では64.2%であるのに対し，建設業は70.6%と福井県の平均を6.4ポイントも上回っている．さらに言うと，建設業で「200人以上」の事業所は福井県に見当たらない（表5-4）．つまり，福井県の建設業は，全国的にみても小規模事業所が比較的多い地域内にあって，さらに小規模事業所のウエイトが高いこと，すなわち零細性の極めて高い企業が集まった業界なのである（図5-5）．そして，建設業界のこうした現状は，今後予想されるであろう下請企業に対する条件の厳格化などから，ゼネコンの下請から漏れる企業や入札が取れず受注環境がさらに厳しくなる企業が増加する可能性も発生するであろう．もっと言えば，公共工事などで基準となる設計単価と現実の単価の間にあるギャップから，採算が合わないなどの問題に遭遇す

表5-4　建設業の従業員規模別企業数

従業者規模	全国 実数(件)	全国 構成比(%)	福井県 実数(件)	福井県 構成比(%)
合計	346,184	100.0	4,758	100.0
1～4人	193,553	55.9	2,815	59.2
5～9人	85,458	24.7	1,057	22.2
10～19人	42,953	12.4	556	11.7
20～29人	11,520	3.3	177	3.7
30～49人	7,281	2.1	91	1.9
50～99人	3,427	1.0	40	0.8
100人以上	1,945	0.6	22	0.5

資料：経済産業省「平成28年経済センサス－活動調査　建設業」．

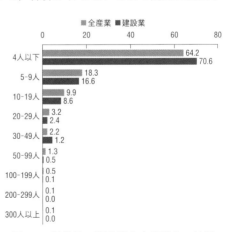

図5-5　福井県の建設業と全産業との比較

資料：経済産業省「事業所・企業統計調査」2006年．

130　第Ⅱ部　文明から文化へ　地域産業の挑戦

る企業も多く発生し業界を苦しめることになろう.

　それにも増して深刻な問題は, 人手不足からどう離脱するかである. 建設業界は, 他の業種と比べても人手が集まりにくい,「きつい」,「汚い」,「危険」といった3K労働には, 若者を中心に人が来ない. 労働力不足がピークに達していることは誰もが認める事実である. こうしたイメージを払しょくするため, 業界では地元高校生に現場見学などを実施して, 業界の素晴らしさを少しでも理解してもらうことに努めている.「衣・食・住」, これは人間が生きていくための必須条件である. その"住"に関連する建設業は私達にとってなくてはならない業界なのである. 多様化する現代社会では, 卸・小売業, 製造業など既存の産業は無論のこと, ITC関連の仕事, 企画・開発関連の仕事, 医療・福祉関連の仕事など一見華々しい仕事に魅力を感じるのは当然である. しかし, 建設業の魅力も素晴らしい. 3Kと言われる建設業ではあるが, その素晴らしさを, 今まさに再確認すべき時ではないか. 建設業に携わり仕上がったモノ, 例えば, 橋梁, トンネルなどは携わった人が現世からいなくなっても, 何世紀もちゃんと存在していることを忘れてはならない."モノを造る","無から有を生み出す"そして"私達の国土を守る"こんな夢のある産業は他に存在しない, そのことを多くの人に理解してもらいたいものだ.

3　転換期の原子力産業

何故, 福井県に原子力発電所が集中立地したのか

　日本に原子力発電所が立地し始めて半世紀あまりが過ぎた. 1955(昭和30)年, 発端となる財団法人日本原子力研究所が設置されてからのことである. ちょうどその頃, 日本は高度経済成長期にあり, 全国各地で企業誘致を軸とした地域開発が進められていた. 原子力発電所の立地もまた, 地域経済の活性化を図るため企業誘致と共通する期待感があったのであろう. 福井県では, 日本原子力発電所の研究用原子炉を関西に建設する計画が予定候補地の反対から難航した

のを契機に，福井県原子力懇談会が中心となって，その研究用原子炉を福井県に誘致しようという運動が惹起されたのである．そして，遠敷郡上中町（現在の三方上中郡若狭町）と坂井郡川西町（現在の福井市）が名乗りを上げた．1960（昭和35）年のことである．

　それまでの福井県では，「後進県からの脱却」を目指して，真名川総合開発と奥越電源開発，福井臨海工業地帯の整備を2本柱に地域開発が展開されていたが，当時の全国的な流れとして，福井県でも原子力発電所の立地が重化学工業の誘致と同様のものとして捉えられたのであろう．早くから原子力懇談会を設立していた福井県では急速に原子力発電所誘致の機運が高まっていった．ただ，最初に名乗りを上げた上中町は住民の合意が得られず，川西町も立地要件とされた地下50m以内に堅固な岩盤が発見されず候補地から脱落．しかし，日本原電の当初からの思いである"茨城県東海村に次ぐ商業用2号炉は関西方面の日本海側に設置する"とする方針は曲げられることはなく，次に浮上した有力候補地が福井県敦賀市であった．こうして福井県では，日本原電が敦賀側を，関西電力が美浜側を開発することが決定し，福井県に原子力発電所が集中立地することとなっていった．その結果，1967（昭和42）年から建設が始まった原子力発電所は，1960年代後半から70年代初頭にかけ嶺南地域に立地が進み，ピーク時には関西電力の商業用原子炉を中心に大飯・高浜を合わせ15基にまで達した．

原子力発電所立地地域からみたエネルギー政策とはどうあるべきか

　2011年3月11日，突如発生した東日本大震災とそれにともなう東京電力福島第1原子力発電所の事故は，これまでの原子力政策を大きく見直す契機となった．そして，当時の民主党政権下で「革新的エネルギー・環境戦略」が策定された．それは，エネルギーミックスの選択肢を中心に論議されたものであるが，大きな問題点の1つに地域の視点が欠けていることであった．エネルギー政策の再見直しには地域の視点を反映することが必要である．こうした観点から，

福井県立大学地域経済研究所では，2013年，『原子力発電所と地域経済の将来展望に関する研究』と題して，エネルギー政策の再見直しの方向性を地域の視点から提示した．ここでは，その主要な内容を紹介しよう．

①「あるべき姿」の目標時期を2060年頃に

「革新的エネルギー・環境戦略」では「あるべき姿」として2030年のエネルギーミックスを描いているが，原子力発電所の計画から運転までの時間（リードタイム）を考慮すると2030年は現実的ではない．エネルギーミックスの再見直しで「あるべき姿」を描くとすれば2060年頃を基準に方向性を示すべきではないか．

② 再生可能エネルギーの見通しに地域の視点を十分含めること

再生可能エネルギーは，地域による気象条件や自然条件などで生産性に格差が生まれる．そのため，地熱発電や風力発電の適地は北海道や東北，九州に集中し，水力発電は北陸，東京，中部および東北に集中している．太陽光発電は建造物に設置されることから人口密集地の都心部ほど高い．つまり，再生可能エネルギーは必ずしも地方分散型の電源とは言えない．さらに，原子力発電が大量消費する大都市圏の電源として利用されてきた実態と合わせ考えれば，再生可能エネルギーが普及しても原子力発電の代替エネルギーとなりうる余地は限られてくる．とりわけ関西地方周辺の再生可能エネルギーの適地は少ないことから，大都市圏の電力供給は原子力発電によることが現実的である．

③ 原子力発電の見通しに地域の視点を含めること

原子力発電所が稼働してから半世紀を迎える現在まで，国と立地地域の信頼関係が原子力政策の展開を可能にしてきた．特に，福井県は県民の安全確保を図る立場から事業者との安全協定の締結や独自の安全対策を他の地域に先駆けて実施，国の安全規制強化にも寄与してきた．どのような政策でも，当事者の理解と行動なしに実現することはありえない．エネルギー政策の推進に立地地域の理解が不可欠であることは原子力政策の展開から明らかである．エネル

ギーミックスの再見直しに際しては立地地域との信頼関係を軸に，地域の視点を十分に踏まえなければならない．

④ 立地地域の経済的影響を十分に考慮すること

原子力発電の在り方を考えるうえで，立地地域の経済的影響に配慮することは重要である．立地地域の多くは人口の少ない町村で，1つの地域に複数の原子力発電所が集積していることから，地域経済に占める原子力発電および関連産業の割合が極めて高い．従って，原子力政策の在り方が地域経済に大きな影響を与えることになり，国内ではほとんどの原子力発電所が停止している現在，既に立地地域の経済情勢が悪化している事実は言うに及ばない．今後の原子力政策については，原子力発電所が地域経済活性化に果たした役割を十分に検証し，立地地域に配慮した政策形成を行わなければならない．

⑤ 原子力発電の安全性向上を依存度だけの問題にしないこと

エネルギーミックス見直しの背景には福島原発の事故があり，原子力発電所の安全性への配慮から依存度の提言と2030年代の稼働ゼロが「革新的エネルギー・環境戦略」によって提起された．しかしながら，原子力発電所の安全性は依存度だけで測れるものではない．1975（昭和50）年から始まった原子力発電所の改良標準化計画は1985（昭和60）年までに第3次までを終え，現在は次世代軽水炉の開発が進められている．計画には電力会社，メーカーが参加しており，第2次，第3次改良標準化などプラント全体は技術的に安全性が数段向上していると考えられる．より安全な原子力発電所を運転することが重要ではなかろうか．

また，1基ごとの出力も向上しており，敦賀3・4号機では各150万kwを超え敦賀1号機の4倍以上となる．原子力発電への依存度が出力だけでなく基数でも考えられるとすれば，安全性の向上した新しい原子力発電所を運転しながら，長期的リプレースを視野に入れることが必要かも知れない．

⑥ 原子力政策に対する国際的な視点の導入

福島第1原子力発電所の事故は，世界第3位の原子力大国で有数の技術大国

でもある日本で発生したことから，世界的に大きな衝撃を与えた．それでも世界の大勢は原子力支持のままであり，この中で日本が原発ゼロを目指すのは，蓄積してきた技術基盤・人材基盤を失うだけでなく，国際社会において原子力の平和利用やエネルギー・環境問題，新興国の技術協力が不可能となる．福島原発の事故で得た新たな知見・知識を世界に積極的に発信するとともに，日本の持てる技術力を最大限に活用し，世界の原子力発電所の安全性向上に貢献していくことが責務ではなかろうか．また，廃炉技術で国際貢献をすべきという意見もあるが，原子力発電所の建設・保守やトラブル対応の技術と重なる分野が多くあるため，日本が廃炉技術で世界に貢献していくことも原子力発電を一定割合で継続し行くことが求められる．

　2018 (平成30) 年7月，第5次エネルギー基本計画が閣議決定された．しかし，その中に新しい革新的な視点は盛り込まれていない．こうした中で，これまで述べたエネルギー政策見直しの方向性について，さらに地域は地域の視点で今後の方向性を明確にする必要があるのかも知れない．確かに，原子力発電所が立地し始めた半世紀前は，日本は高度成長期にあり，全国各地で企業誘致を軸とした地域開発が進められてきた．原子力発電所の立地もまた，地域経済の活性化を図るための企業誘致と共通する期待が集まったのであろう．しかし，地域開発の在り方も成長から成熟へと転換した．また，産業構造も重厚長大型から軽薄短小型へと変化する中で，地域においても都市再生政策として大規模産業プロジェクトや容易に海外に移転する製造業ではなく，地域の特徴を活かした，高度な知的労働者による小規模な産業の創造が模索されるようになってきている．

　こうした中で，これまでのような原子力産業一辺倒に依存する地域産業政策の在り方も，原子力発電所自体の一定の必要性を認めながらも，新たな産業分野の創造，育成へと目を向けることが必要な時代なのかも知れない．

【コラム－5】
福井県年縞博物館

　先日，福井県嶺南地方にある人口1万5000人あまりの小さなまち，若狭町を訪れることができた．このまちは，2005（平成17）年3月に三方郡三方町と遠敷郡上中町が合併し，三方上中郡若狭町として誕生したまちである．

　ところで，当地は若狭湾国定公園の中心部にあって，国際的に重要な湿地を保全するラムサール条約に登録された「三方五湖」，「瓜割の滝」，近畿一美しい川とされる1級河川「北川」を保有するなど水資源が極めて豊富なまちでもある．とりわけ「瓜割の滝」は，環境省が選定した名水百選にも選ばれており，瓜も割れるほど冷たいことからこの名がついたと聞いている．この滝の近隣には泰澄大師によって開基された天徳寺もあり，その寺の奥に広がる山から湧き出た水はミネラル成分が溶け込んだ天然水として多くの人々に親しまれている．

　一方，この地の歴史は1万年以上昔の縄文時代にまで遡るといわれ，その証として地域内には「縄文遺跡」や「古墳」などが数多く点在している．また，国道303号線は，かつて日本海と畿内を結ぶ「若狭街道」として多くの物や文化が行き交い，街道に沿って栄えた宿場町「熊川宿」は2015（平成27）年に日本遺産にも選ばれている．もともと中世の熊川は40戸たらずの寒村であったと聞く．16世紀後半，当地の領主，浅野長政がこの地の諸役免除を行うと，その後は200戸を超える宿場町にふくらみ，江戸中期ごろには大いに栄えたという．今でも「厨子二階」や「袖壁卯達」造りなど，往年の繁栄を偲ぶ町並みが保存されているのも興味深い．

　いずれにせよ，当地には豊富な水資源と長い歴史に育まれた宝が残されており，それら地域の文化がこれまでの繁栄を支えてきたのであろう．文化とは他と異質なるモノ，地域固有のモノ．言語，地理的条件，気候風土，食，個性ある地域独自の暮らし方などがそれにあたる．これら多様な文化を保有する若狭町は大いに誇れる場所ではないか．今後は，それら地域の文化をどう活かし地方創生につなげていくのかが問われているような気がした．

　こうした中，昨年9月，この若狭町に年代測定の世界標準のものさし「年縞」を展示する「福井県年縞博物館」がオープンした．年縞とは，プランクトンや鉄分など，季節によって異なるものが湖の底に毎年積もることで，縞になった泥の地層をいうらしい．名勝「三方五湖」の1つ「水月湖」の湖底には，世界でも唯一7万年分もの縞模様の地層「年縞」が堆積していると聞く．「水

136 第Ⅱ部 文明から文化へ 地域産業の挑戦

月湖」は，地形・地理的条件から波がおだやかで地層が大きくかき乱されることなく，年を積み重ねた結果らしい．

　この博物館で来館者がまず案内されるのは，「年縞シアター」．ここでは年縞がどのようにできるのか，年縞からどのようなことがわかるのかなどを，映像を通して紹介している．次は，水月湖の45m，7万年分の泥の地層の実物展示．水月湖年縞が見つかるまでは，例えば，過去に起きた火山の噴火時期の特定が難しかった．しかし，この水月湖年縞を調べることで，それが可能となった．水月湖の湖底は，生物がいない，そのため湖底がかき乱されないなど，一定の条件が整っていたためであろう．また，「年縞と炭素年代測定コーナー」では，興味深いことを教えてくれる．それは，生物の化石などが発見されその生息した年代を調べたい場合に，放射性炭素年代測定によって可能ということ．放射性炭素年代測定とは，生物の化石に含まれる炭素14の残存量を測定することによって，おおよその年代を測定すること．炭素14は5730年ごとにその残存量が半減する．その特性を用いれば，発見した化石の生存していた正確な年代を知ることができる．ただ，生物が生きた年代によって炭素14の含まれる量が異なるため，測定しても生息していた時期に数百年から数千年の幅がうまれる．元の量が違えば正確な年代がわからない．それを正確に測定するために水月湖年縞が使われている．例えば，水月湖年縞に含まれる木葉の化石の炭素14の残存量と，調べたい化石の残存量の同じ年代を水月湖年縞から探し出し，その化石の生存時期を特定するというやり方だ．つまり，水月湖年縞を手掛かりに，より正確な年代がわかるようになった．そして，水月湖年縞の価値が認められ，そのデータが世界中で使われる年代測定の標準の物差し「IntCal」に採用されている．そのほか，子供向けではあるが体験コーナーを訪れたのち，同館に併設するカフェにてしばし休息しながら，湖を眺めてのゆったりとした時間を過ごすのもちょっとした贅沢かも知れない．

　いずれにせよ，福井県には，嶺北地方に「恐竜博物館」，嶺南地方に「年縞博物館」ができ，観光戦略上，それぞれの地域に目玉となる施設が存在しているわけだ．

注

1）ちなみに，国土交通省『平成30年　観光白書』によると，現在，全国のインバウンド需要2869万人に対し，福井県は5.4万人で，全国最下位となっている．

第6章
地域企業の特徴

1 意外と多い長寿企業

長寿企業排出率は3.21％で，全国6位

　厚生労働省が昨年7月に公表した日本人の「平成29年簡易生命表」をみると，日本人の平均寿命は過去最高を更新して，男性は81.09歳で世界第3位，女性は87.26歳で世界第2位を誇るらしい．1990年のそれをみると，男性が75.92歳，女性が81.90歳であったから，ここ二十数年で男女とも5歳程度寿命を伸ばしたことになる．

　その間，企業の寿命はどうであったのか．90年代初頭といえば，91年にちょうどバブルが弾け，それ以降，日本経済は長期の不況にあえいだ．当然，市場も多様化，高度化，複雑化，細分化され，そして現在まで企業にとっては長い試練の時が続いた．一時期いわれた企業の寿命30年説もなかなか達成し難い時代であったことは間違いない．

　ちなみに，東京商工リサーチが毎年調査している『倒産企業の平均寿命調査』によれば，2017年の倒産企業の平均寿命は23.5年で，3年ぶりに前年の実績を下回っている．この要因は，参入が容易な飲食業，高齢化を見越して設立した老人福祉・介護業など業歴の浅いサービス業の倒産増加が影響したのだと聞いている．思えば，2009年12月に中小企業金融円滑化法が施行されてからは倒産企業の平均寿命は3年連続で延び，政策効果が企業の延命となって表れた．しかし，2014年は円安による原材料・仕入価格の高騰で，業歴10年未満の企業で

138　第Ⅱ部　文明から文化へ　地域産業の挑戦

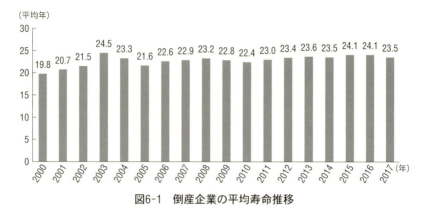

図6-1　倒産企業の平均寿命推移

資料：東京商工リサーチ［2017］．

事業を断念せざるを得なくなったケースも多く，平均寿命が低下した（図6-1）．

一方，2017（平成29）年の倒産企業のうち，業歴30年以上の老舗企業の割合は同1.0ポイント減の31.2％と，前年割れながら7年連続で30％以上となった．老舗企業は不動産や内部留保などの資産が厚く，長年の取引実績で金融機関や取引先の信用を得ている．ただ，東京商工リサーチは，金融機関が業績や個人保証，担保などに依存した「日本型金融」から，将来性などを判断して貸し出しを行う「事業性評価」に動き出し，環境が変化していると指摘．過去の成功体験から抜け出せず新たな取り組みに遅れたり，グローバル化や多様化するニーズの中で新たな生産性向上への投資もできず，倒産に至ったりするケースが多いと分析している[1]．

一方，帝国データバンクが，自社の企業概要ファイル「COSMOS2」（145万社収録）をもとに毎年実施する『長寿企業の実態調査』をみると，福井県には，2014年現在,創業100年以上の長寿企業が481社（全国2万7335社）あり,全国の1.7％を占めている．長寿企業排出率（長寿企業数÷全企業数）では3.21％で全国6位であったらしい．つまり,福井県は長寿企業が以外と多い地域なのである（表6-1）．

業種別では，小売業（33.5％），製造業（29.3％），卸売業（19.1％）の3業種で81.9％に達しているほか，全国と比較すると小売業（福井県33.5％，全国27.0％），

製造業（福井県29.3%，全国24.1%）のウエイトが全国を５ポイント以上も上回っている．その半面，サービス業のウエイトは全国の約５割（福井県4.4%，全国8.7%）と低い（表6-2）．

　これを業種再分類でみると，福井県に古くから定着している「清酒製造業」がトップで23社，構成比4.8%と比較的多い．以下，「呉服・服地小売」（21社，同4.4%），「酒小売」（17社，同3.5%），「菓子製造小売り」（13社，同2.7%），「婦人・

表6-1　都道府県別長寿企業排出率，長寿企業数

都道府県別	長寿企業数			長寿企業排出率	
	社	構成比（%）	順位	%	順位
京都府	1,163	4.3	5	4.00	1
山形県	610	2.2	16	3.91	2
島根県	353	1.3	29	3.72	3
新潟県	1,223	4.5	4	3.69	4
滋賀県	449	1.6	26	3.33	5
福井県	481	1.8	22	3.21	6
長野県	820	3.0	9	3.16	7
富山県	478	1.7	23	3.00	8
北海道	881	3.2	8	1.22	43
宮崎県	168	0.6	46	1.14	44
鹿児島県	185	0.7	44	1.09	45
神奈川県	760	2.8	10	1.07	46
沖縄県	19	0.1	47	0.12	47
総計	27,335			1.89	

資料：帝国データバンク［2014］．

表6-2　業種別長寿企業数，構成比

	福井県		全国	
	実数	構成比（%）	実数	構成比（%）
建設業	47	9.8	2720	10.0
製造業	141	29.3	6594	24.1
卸売業	92	19.1	6248	22.9
小売業	161	33.5	7367	27.0
運輸・通信業	1	0.2	369	1.3
サービス業	21	4.4	2385	8.7
不動産業	12	2.5	1116	4.1
その他	6	1.2	536	2.0
総計	481	100.0	27335	100.0

資料：表6-1に同じ．

140 第Ⅱ部 文明から文化へ 地域産業の挑戦

表6-3 主な長寿企業

企業名	業種	所在地	創業年
株式会社大津屋	コンビニエンスストア	福井市	1573
株式会社箕輪漆行	漆原液精製加工	越前市	1582
有限会社かど七	陶磁器小売業	敦賀市	1604
株式会社ふくい結納司鏡屋	結納品ほか小売業	福井市	1605
堀口酒造有限会社	清酒製造業	南条郡	1618

資料：表6-1に同じ.

子ども服小売り」(13社，同2.7％) が続く．そのほか，福井県の特徴として「漆器製造」,「宗教用具製造・小売」,「綿・スフ織物製造」などが比較的多い．ただ，企業規模をみると，全体の481社のうち，「年商１億円未満」が265社，55.1％を占めており，小規模企業が主流であることがわかる．

　また，第１次世界大戦が勃発した1914年以降に創業し，2014年に100年を迎えた福井県企業は21社を数えたほか，主な長寿企業では，造り酒屋を発祥とするが業態を変えながら現在に至った「大津屋」(創業1573年) を筆頭に，漆原液精製加工業の「箕輪漆行」(創業1582年)，陶磁器小売業の「かど七」(創業1604年) などが続いている (**表6-3**).

何故，福井県に長寿企業が多いのか

　では，何故，福井県には長寿企業が多いのであろう．その理由として，一般的には時代変化への適合力があったこと (外部環境への適合力) や，人材の育成・組織体制の充実など内部の革新的経営を恒常的に行ってきたこと (恒常的な内部改革)，さらに自社の企業風土を確立する企業が多かったこと (自社の企業理念の確立……) などを挙げるケースが多い．確かに，経営学的な見地ではこういう見方もされるであろうが，実はこれ以外に，福井県には歴史的に他がまねできない強みがあったように思える．例えば，奈良時代から続く繊維産業，明治に勃興しためがね枠産業など古くから地場産業が栄えた地域であったこと，さらに小浜，敦賀，三国など北前船の寄港地が点在し流通業が栄えた地域であった

こと，そして古代から大陸との交易が盛んであり，そこに7つの伝統的工芸品が栄えるなど，技術面でも他の地域より一歩前を歩ける地域性がそこに存在していたことなどが理由として挙げることはできないだろうか．

2　製造業を支える外発型企業群

県内の生産額のうち3割弱は県外企業から

　福井県の製造業は，元来，軽工業の繊維やめがね枠などの地場産業を中心とした半製品のモノづくりに特化した産地として知られていた．ただ，1990年代に入り，海外展開が加速する中で，こうした地場産業が空洞化し，これら産業の低迷をカバーしてきたのが，1960年代以降，県内に分工場を構えた県外企業であった．その代表選手といえば，電子部品製造の「株式会社福井村田製作所」やトルクコンバーターを主力とする「アイシン・エイ・ダブリュ工業株式会社」，金属工作機械の「株式会社エイチアンドエフ」などである．これら企業は，今では福井県内に本社機能を有する企業として定着し，福井県の製造業を担う重要な存在となっている．では，こうした県外企業は福井県製造業の中でいったいどの程度のウエイトを占めているのか．それを表したのが**表6-4**である．

　同表をみると，他県資本の外発型で福井に本社機能を置く企業の売上高合計は，直近の2018（平成30）年現在，5495億円，従業員数では1万3630人となっている．この数値は，あくまで福井県に本社機能を置く外発型企業の実績であり，例えば，信越化学やアポットジャパンなどがカウントされていない．さらに，県外資本の分工場のみがある場合（「福井県企業立地ガイド」によれば，福井県以外の地域に本社を置く企業を加えれば151社となる）もカウントされていない．これらを考慮すると，福井県の製造業の出荷額等が2兆円あったとしても，そのうちの5500億円以上，福井県全体の3～4割程度は，これら外発型企業が生み出す出荷額等とみるべきかも知れない．このように，福井県は外発型企業の活躍が目立つ地域なのである．

表6-4　福井県の主な外発型企業 (2018年現在)

企業名	所在地	資本金(千円)	従業員数	設立年	最新期業績 決算期年	最新期業績 売上高(百万円)	事情内容
アイシン・エイ・ダブリュ工業 株式会社	越前市	2,057,750	2,789	1983	2017	146,416	自動車操縦装置製造
株式会社 福井村田製作所	越前市	300,000	3,784	1955	2017	117,276	IC除電子部品製造
ファーストウッド 株式会社	福井市	498,000	370	2005	2017	33,301	合板製造
日本電産テクノモータ 株式会社	小浜市	2,500,000	700	2009	2017	27,662	発電機電動機等製造
株式会社 金津村田製作所	あわら	220,000	370	1976	2017	26,500	IC除電子部品製造
ニチコン大野 株式会社	大野市	80,000	750	2005	2017	24,600	IC除電子部品製造
株式会社 エイチアンドエフ	あわら市	1,055,000	386	1964	2017	22,707	金属工作機械製造
日信化学工業 株式会社	越前市	500,000	180	1955	2017	17,181	プラスチック製造
宇野酸素 株式会社	越前市	50,000	297	1981	2017	14,878	圧縮・液化ガス製造
株式会社 田中化学研究所	福井市	5,779,021	184	1957	2017	13,254	他無機化学製品製造
日東シンコー 株式会社	坂井市	482,500	356	1949	2017	12,246	工業用樹脂製品製造
株式会社 アイケープラスト	敦賀市	20,000	220	2005	2016	7,450	合成樹脂製品容器製造
株式会社 フクタカ	勝山市	60,000	271	1989	2016	6,650	自動車部分品製造
森永北陸乳業 株式会社	福井市	90,800	88	1954	2017	6,517	乳製品製造
敦賀セメント 株式会社	敦賀市	1,050,000	92	1948	2017	5,915	セメント製造
NTフィルム 株式会社	坂井市	80,000	100	1954	2017	5,514	樹脂フィルム製造
株式会社 タニコーテック	大野市	50,000	220	1976	2017	5,327	金属プレス製品製造
シプロ化成 株式会社	坂井市	96,600	109	1989	2017	5,099	他有機化学製品製造
盟友技研 株式会社	福井市	40,000	137	1981	2017	4,900	他特殊産業機械製造
株式会社 オーディオテクニカフクイ	越前市	50,000	168	1973	2017	3,896	電気音響機器製造
AGC若狭化学 株式会社	小浜市	90,000	83	1998	2016	3,677	農薬製造
福井大陽 株式会社	福井市	27,850	85	1969	2016	3,295	帆布製品製造
福井山田化学工業 株式会社	坂井市	355,650	56	1985	2017	2,529	環式中間物等製造
オフコム 株式会社	福井市	20,000	60	1983	2016	2,460	その他電子部品製造
株式会社 アスワ村田製作所	福井市	21,000	65	1969	2017	2,450	IC除電子部品製造
芝浦自販機 株式会社	小浜市	300,000	100	1993	2017	2,044	他事務民生機器製造
アシックスアパレル工業 株式会社	越前市	90,000	218	1976	2016	1,807	ニット製事務服製造
信和日動化学工業 株式会社	丹生郡	40,000	43	1973	2016	1,800	建築用金属製品製造
株式会社 ネオテックス	福井市	30,000	21	2002	2017	1,717	綿・スフ織物製造

会社名	市	資本金	従業員数	設立	決算年	売上高	業種
株式会社 エツミ光学	鯖江市	30,000	165	1973	2017	1,587	眼鏡製造（枠含む）
株式会社 ＣＦＣデザイン	鯖江市	100,000	52	2011	2017	1,400	他の炭素製品等製造
クシヤ工業 株式会社	坂井市	75,000	58	1971	2017	1,380	建具製造
フロンティアブラックス 株式会社	坂井市	195,000	80	1964	2017	1,350	絹・人絹織物製造
信越フィルム 株式会社	越前市	200,000	24	1973	2017	1,258	樹脂フィルム製造
ヒット工業 株式会社	越前市	50,000	196	1985	2017	1,250	ニット製事務服製造
株式会社 モーションラスト	あわら市	99,000	36	2002	2016	995	半導体製造装置製品製造
福島日東シンコー 株式会社	坂井市	50,000	38	1960	2017	988	工業用樹脂製品製造
信武磁工	越前市	13,000	85	1980	2017	980	他産業電気機器製造
株式会社 ＴＦＣ	敦賀市	490,000	23	2005	2017	927	樹脂フィルム製造
株式会社 クリエイトスリー	あわら市	100,000	26	2009	2017	750	眼鏡製造（枠含む）
高嶋技研 株式会社	あわら市	45,000	29	1964	2017	679	電気計測器製造
ワタキューシステムユニフォーム 株式会社	おおい町	10,000	38	1999	2017	630	事務・運動服等製造
株式会社 オーエスファクトリー	坂井市	10,000	100	1998	2017	620	他の繊維製品製造
福井帝通 株式会社	坂井市	30,000	24	1969	2017	608	ＩＣ除電子部品製造
スワン商事 株式会社	坂井市	30,000	35	1979	2017	595	建築用金属製品製造
北陸土井工業 株式会社	坂井市	30,000	44	1968	2017	560	合成樹脂製容器製造
旭日繊維 株式会社	越前市	99,000	55	1949	2017	531	綿・スフ織物製造
福井ヨシダ	坂井市	10,000	7	1996	2017	510	鉄鋼切断・溶断業
北陸ジャックマン 株式会社	越前市	10,000	11	1974	2017	480	ニット製事務服製造
福伸工業 株式会社	あわら市	30,000	26	1978	2017	458	他産業機械装置製造
株式会社 文京精練	福井市	45,000	40	1984	2017	430	絹人絹織物機械染色
大野パッキング 株式会社	大野市	25,000	38	1968	2017	396	他のパルプ等製造
株式会社 小牧	敦賀市	8,000	24	2016	2017	351	水産練製品製造
宮腰機工 株式会社	坂井市	20,000	9	1961	2017	320	印刷製本等機械製造
日宇産業 株式会社	吉田郡	14,000	13	2011	2017	180	その他の繊維工業
株式会社 ジェイパックス	鯖江市	10,000	20	1991	2017	150	その他の製造
福邦生コン 株式会社	おおい町	10,000	3	1998	2017	30	生コンクリート製造
源平酒造 株式会社	大野市	37,997	4	1949	2017	25	清酒製造
フクイセイシ 株式会社	大野市	10,000	25	1985	2017	16	かさ高加工糸製造
合　計			13,630			549,502	

資料：独自調査による。資本金、従業員数、売上高は、個社の別決算期直前のデータによる。

144　第Ⅱ部　文明から文化へ　地域産業の挑戦

表6-5　福井県内市町別に見た外発型企業の状況

	企業数	直近の従業員数	売上高(百万円) 直近の決算による	出荷額等(百万円)	構成比(%)
坂 井 市	13	1,016	32,319	316,348	10.2
越 前 市	12	7,807	305,953	568,303	53.8
福 井 市	9	1,050	68,324	411,888	16.6
大 野 市	5	1,037	30,364	51,875	58.5
あわら市	5	847	51,339	196,666	26.1
敦 賀 市	4	359	14,643	106,548	13.7
鯖 江 市	4	263	3,887	171,054	2.3
勝 山 市	1	271	6,650	66,304	10.0
小 浜 市	1	883	33,383	35,811	93.2
永 平 寺 町	1	13	180	17,738	1.0
越 前 町	1	43	1,800	51,446	3.5
合　　　計	56	13,589	548,842	1,993,982	27.5

資料：独自調査による．資本金，従業員数，売上高は，個社の別決算期直前のデータによる．
　　　出荷額等は，2018年の経済センサス活動調査製造業に関する結果報告（平成27年実績）による．

県内9市別では，企業数で坂井市，従業員数・出荷額等で越前市がトップ

　では，外発型企業の状況をもう少し掘り下げて，福井県内の現状をみてみよ
う．**表6-5**によると，独自に調査した56社のうち，企業数では「坂井市」が最
も多く，日東シンコー，福井山田化学工業，シプロ化成，ＮＴフィルムなど13
社．次いで，越前市が福井村田製作所，アイシン・エイ・ダブリュ工業，宇野
酸素など12社，そして福井市がファーストウッド，盟友技研，森永北陸乳業な
ど9社と続く．

　また，親企業の本社所在地別では，所在がわかる53社の中で，関西圏に本社
がある外発型企業が19社，関東圏のそれが22社を数えているほか，東海圏（愛
知県）に親企業の本社がある外発型企業は6社のみであることが分かった．福
井県の場合，意外と東海圏とのつながりは弱い地域なのである．

3　小規模企業が多いものの，技術水準はトップクラス

福井県のシェアトップ企業は35社45品目

　ところで，福井県は中小・小規模事業所が比較的多い地域であることは前述

した．しかし，小粒の企業が多い中，その技術水準は非常に高いという一面を持っていることも述べなければならない．図6-2，表6-6はそれを裏付ける資料である．これによると，北陸3県の中でシェアトップを誇る企業は石川県が38社，46品目，富山県が32社，40品目にとどまる中，福井県は35社，45品目を数えている．経済規模の面で，福井県は石川県，富山県のおおよそ7割程度であることを考慮すると，福井県企業の技術水準は比較的高く両県を上回るポジションにあるといっても過言ではない．ちなみに，福井にある日本国内シェアトップ企業は，これ以外に「株式会社ふじや食品」の玉子とうふ，「サカセ化学工業株式会社」の医療用キャビネット・カート，「富士経編株式会社」のメディカル白衣，「東工シャッター株式会社」のイースターカーテンなど枚挙に暇がない．

図6-2　福井県のシェアトップ企業

資料：北陸経済連合会，北陸電力株式会社［2015］より抜粋．

表6-6 福井県のシェア トップ企業の製品一覧

○機械・金属

企業	製品名	シェア
アイシン・エィ・ダブリュ工業株式会社	トルクコンバータ（T/C）	日本 非公開
株式会社エイチアンドエフ	自動車ボデー成型加工用大型プレス機械	日本 非公開
小野谷機工株式会社	全自動大型タイヤ交換機	日本 100%
株式会社コバード	手包みを超えた究極の包成機「マジックハンド」	世界 100%
株式会社コバード	氷肥用蒸煉機・かい式煉機	日本 80%以上
株式会社武田機械	両頭プライス盤	日本 65%
武生特殊鋼材株式会社	クラッドメタル（異種金属接合材）	日本 60%
デンヨー株式会社 福井工場	エンジン発電機	日本 65%
日東産業株式会社	ウレタンカッティングマシーン	日本 70%
株式会社日本エー・エム・シー	高圧配管用継ぎ手	日本 60%
福井鋲螺株式会社	蛍光灯ピン	日本 60%
株式会社松浦機械製作所	長時間無人運転システムを搭載した5軸制御立形マシニングセンタ	日本 60%

○電気・電子

企業	製品名	シェア
倉茂電工株式会社	水中ポンプ用フロートスイッチ	日本 70%
倉茂電工株式会社	ロボットケーブル	日本 50%
ケイ・エス・ティ・ワールド株式会社	厚膜熱酸化膜付ウェーハ	世界 70%

○繊維

企業	製品名	シェア
小浜製編株式会社	船舶用ローブ	日本 80%
サカセ・アドテック株式会社	三軸織物複合材料	世界 100%
セーレン株式会社	カーシート生地	世界 15～20%
セーレン株式会社	建築現場構造用合板養生シート	日本 38%
セーレン株式会社	人工血管基材	日本 トップ
株式会社タケダレース	インナーウェア用レース（商品名：フォルボレース、レーシィ・リバーレース）	日本 40%
東洋染工株式会社	超薄地ニットの染色仕上加工	日本 95%
前田工繊株式会社	耐候性大型土のうシートンバッグ	日本 トップ
株式会社丸仁	反射材「LFU-9000オーロラカラー反射」	日本 オンリーワン
株式会社丸仁	反射糸（燃光タイプ）「LFUY-1200-T0275」	日本 オンリーワン
株式会社ミツヤ	インクジェットクロス商品名：ITlfone®（ティフォネ）」	日本 約40%

○化学

アイテック株式会社	眼鏡枠の表面処理加工	日本	70%
アイテック株式会社	ゴルフ用カーボンシャフトの装飾	世界	90%
清川メッキ工業株式会社	ナノめっき技術		非公開
日華化学株式会社	環境対応型繊維加工用薬剤(防炎加工剤)	日本	70%
日華化学株式会社	環境対応型繊維加工用薬剤(人工皮革用水系ポリウレタン樹脂)	日本	約100%
日華化学株式会社	ドライクリーニング用洗剤	日本	トップ
日信化学工業株式会社	塩化ビニル・酢酸ビニル系変性樹脂「ソルバイン」	日本	80%
日信化学工業株式会社	塩化ビニル系樹脂エマルジョン「ビニブラン」	日本	90%(壁紙表面処理剤)
フクビ化学工業株式会社	加熱ユニット及び加熱容器(加熱加温容器ナルホット)	日本	80～90%(弁当用)
フクビ化学工業株式会社	バスパネル	日本	60%

○窯業・ガラス

株式会社廣部硬器	警察・消防署の紋章	日本	70%
株式会社オクロン	コンクリート造エレベーターシャフト	日本	90%以上
株式会社ミルコン	苔・藻類が早期に自生するコンクリート製品「JBロック」	日本	100%

○プラスチック

ナック・ケイ・エス株式会社	道路反射鏡(カーブミラー)	日本	40%
ナック・ケイ・エス株式会社	アクリルパイプ	日本	60%
ナック・ケイ・エス株式会社	樹脂製鏡面	日本	70%
ナック・ケイ・エス株式会社	ナックヘルパス(FRA)	日本	100%

○その他

青山ハーブ株式会社	ハーブ	国内製造	100%
株式会社インジ	若狭塗箸	日本	20%
株式会社エコ・プランナー	可動堰スクリーン取水装置「GSスクリーン」	日本	100%
ジャパンポリマーク株式会社	自動車に表示する各種ユニションラベル(注意書き)	日本	トップ
株式会社シャルマン	高価格メガネフレーム(4万円以上)	日本	49.7%
株式会社ホプニック研究所	視力補正用高屈折偏光レンズ	世界	60%
ヤマタカハシ株式会社	おぼろ昆布シート(機械加工)	日本	100%

資料：図6-2に同じ。

福井県企業は，何故，技術水準が高いか

　帝国データバンクの調査によると，福井県は人口10万人あたり社長の数が2016（平成28）年現在で1453人と1982（昭和57）年からこれで34年間全国トップを誇るが，その分，中小・小規模事業所の割合は高い．しかし，前述のように全国あるいは世界でトップシェアを誇る企業も多い．つまり，見方を変えれば，福井県は中小・小規模事業所が多いものの，その保有する技術水準は，全国的に見ても十分誇れる地域なのである．では，何故，福井県企業の技術水準は高いのか．その理由としては，おおむね以下の3つが挙げられよう．

　その第1の理由は，前述した福井県の主要産業，いわゆる繊維産業の中にその秘密が隠れていたような気がする．例えば，かつての「ガチャマン時代」，織布工場が嶺北地域に数多く存在していた時代である．あの頃，各織屋の従業員の中で技術を司る「運転手」と呼ばれる男性従業員がいた．当時の織機はフライ織機が主流であり，仕組みは縦糸の間を走る横糸をまいた筒状のもの，いわゆる杼（通称，さす），シャトルと呼ばれる装置が左右に往復しながら織り込んでいく．その際，特に強撚ものの織物を織る場合などは，シャトルの跳ね返りの強弱により織物の質が問われるといった課題があり，それを調整していたのが「運転手」であった．つまり，当時の繊維産業は装置産業と呼ばれたものの，「運転手」が保有する技術の差により織物の仕上がりが変わるといった，極めてデリケートな技術を要求されていたのである．そして，こうした技術を身に付けた「運転手」が「こうしゃな人（技術にたけた人）」として重視された．つまり，福井県はクオリティーの高い職人技ともいうべき暗黙知を備えた人材が早くから必要とされ，その流れが現在の福井県の製造業に根付いてきたのではないか．

　第2の理由は，中小・小規模事業所が多い地域であるが故の悩み．それは，ちょうど1985（昭和60）年のプラザ合意以降，日本企業が海外展開を始め，空洞化が進んだ時代に押し寄せた．この時，福井県の中小・小規模事業所は下請け比率が全国2位にあり，その中で福井県企業にとって進むべき道は3つしかなかったように思う．その1つは，親企業と一緒に海外に出向くこと．2つ目は，

これまでの下請けから脱して，技術，製品，流通，従業員の質，マネジメントなど様々なところで自社独自のオリジナリティーを保有すること．そして，3つ目は，研究開発型企業，いわゆるファブレス企業として，親企業の研究・開発部門の一翼を担うことである．おそらく，福井県の中小・小規模事業所は製品面でのオリジナリティー，あるいはファブレス企業（研究開発型企業）としてチャレンジしていったのであろう．それが高い技術力保有につながっていった．

　第3の理由は，早くから福井県企業の技術支援を果たしてきた福井工業技術センターの存在が大きい．同センターは全国的にみても，その設立時期が早く，1902（明治35）年に設置された．当時の日本における産業界の大勢は織物工業の発展が急務であったが，そのころ，同産業の製造方法は手工業的であり，これを機械的に前進させる必要があるなど研究余地が多く，改善を図ることが重要課題であった．こうして日本で最も古い歴史を有する工業系公設試験研究機関となる工業試験場が福井市に設置されたのであった．その後，窯業試験場の発足，工芸指導所の発足，工業試験場から繊維工業試験場への改称，工芸指導所を母体とする工業試験場の設立などの歴史をたどりながら，1985（昭和60）年，福井県工業技術センターが発足した．福井県の主な産業は同センターの多様な試験・研究・開発等の支援により大きな前進をみることとなる．2015（平成27）年にも同センターとミツヤ，SHINDOによる炭素繊維複合材の航空機分野進出が内閣府の産学官連携功労者表彰の科学技術政策担当大臣賞に選ばれていたことは言うに及ばない．

4　自立化・自活化が進む地域企業

　福井県立大学では，全国的な流れとして企業の取引関係の再編が進む中で，福井県企業の取引構造にもどのような変化が起きているのかを調査するために，2011（平成23）年と2017（平成29）年の2回，「福井県内企業の取引構造に関するアンケート調査[2]」を実施した．県内企業からは，2回の調査ともに320～

330社ほどの回答を得たが，その結果をみると，福井県企業の経営内容に次のような変化が起きていることがわかった．

低下する下請け比率

まず，2017（平成29）年の調査結果からは，回答企業の中で，創業時と全く別の事業を展開している企業が7.6％（回答を得た328社中25社）にとどまっているものの，既存技術を使って新分野（21.3％）へ，既存分野で新技術を導入（25.6％）している企業が約5割弱みられ，県内企業の事業内容も少しずつではあるが多様化していることがわかった．特に，この傾向は卸・小売業で強くあらわれている（図6-3）．

また，2017（平成29）年調査の回答企業の中で，完成品（自社製品）の製造販売を行っている企業は30.2％（回答を得た305社中92社）を占め，2011（平成23）年調査（22.6％）に比べて明らかに増加している．このことは，県内企業においても自立化・自活化が進んでいることをうかがわせるものである．ちなみに，製造業の場合，そのウエイトは2011（平成23）年調査の34.6％から今回調査では42.8％へ，卸・小売業でも同14.5％から27.9％へと増加している（図6-4）．

こうした中で県内企業の下請業務比率も「下請けはほとんどない」企業のウ

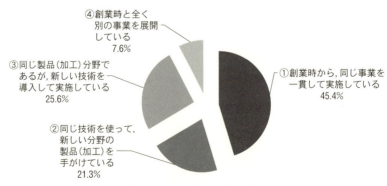

図6-3　創業時からの事業内容の変化(n=328)

資料：福井県立大学地域経済研究所『福井県企業の取引構造に関するアンケート調査』2017年．

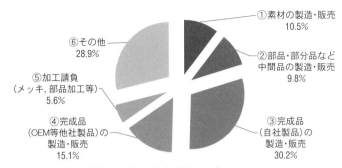

図6-4　主な生産・販売内容(n=305)

資料：図6-3に同じ.

エイトが2011（平成23）年調査の24.8％から2017（平成29）年調査では35.7％（回答を得た196社中70社）へと増加．製造業では，2011（平成23）年調査の39.6％から2017（平成29）年調査43.0％へ，建設業でも同7.3％から2017（平成29）年調査12.8％へと増加している（図6-5）．この要因として考えられることは，例えば製造業の場合，かつては垂直連携の工程間分業の中で一工程を担い半製品や中間品を造るケースが多かったが，今は自社主導で市場に直結したモノづくりをする企業が増えているためであろう．当然，こうした動きは中小企業の生き残りをかけた動きでもあるが，市場が多様化・高度化・細分化・複雑化したことで，小回りの利く中小企業が動きやすい構造になったことも要因ではないか．いずれにせよ，福井県の企業では，これまでの下請けに甘んじる仕事のやり方から

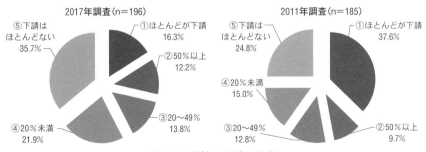

図6-5　自社の下請け比率

資料：図6-3に同じ.

離脱して自立化・自活化を考える企業が増えていることは間違いない．

広域化する県内企業の取引ネットワーク

一方，「ナンバーワンの得意先がある地域はどこですか」の質問については，

図6-6　一番の取引先がある地域

資料：図6-3に同じ．

表6-7　地域別の取引先数

地域別の得意先数

	10年前（n=328）			現在（n=328）		
	取引企業数（件）	構成比（％）	一社あたり平均（件）	取引企業数	構成比（％）	一社あたり平均（件）
福井県内	29,923	41.1	91.2	34,960	33.3	106.6
石川・富山	3,771	5.2	11.5	5,737	5.5	17.5
近畿エリア	6,320	8.7	19.3	9,310	8.9	28.4
東海エリア	3,678	5.0	11.2	5,733	5.5	17.5
その他の国内	28,421	39.0	86.6	48,448	46.2	147.7
海外	781	1.1	2.4	753	0.7	2.3
合計	72,894	100.0	222.2	104,941	100.0	319.9

地域別の外注先数（下請企業）

	10年前（n=328）			現在（n=328）		
	外注先企業数（件）	構成比（％）	一社あたり平均（件）	外注先企業数	構成比（％）	一社あたり平均（件）
福井県内	3,249	64.6	9.9	3,764	40.2	11.5
石川・富山	568	11.3	1.7	732	7.8	2.2
近畿エリア	424	8.4	1.3	1,029	11.0	3.1
東海エリア	210	4.2	0.6	512	5.5	1.6
その他の国内	511	10.2	1.6	3,232	34.6	9.9
海外	69	1.4	0.2	83	0.9	0.3
合計	5,031	100.0	15.3	9,352	100.0	28.5

資料：図6-3に同じ．

福井・北陸が2011（平成23）年調査では64.2%占めていたが，2017（平成29）年には52.3%に低下．これに対し，2015（平成27）年の北陸新幹線開業によって距離感がちぢまった関東は，2011（平成23）年の5.2%から2017（平成29）年には23.8%へと急激に伸びている（図6-6）．海外も1.5%から4.0%へと増えた．また，2017（平成29）年の調査では，地域別の取引先に数について10年前と現在の変化を調べた．結果は，得意先数，外注先数ともに福井県内の構成比が10年前より縮小し，近畿，東海，その他国内はいずれも拡大している．北陸新幹線や舞鶴若狭自動車道，中部縦貫自動車道など高速交通体系の整備が進み，受発注ネットワークが広域化していることを裏付けている．特に，この傾向は，卸・小売業やサービス業で強くあらわれている（表6-7）.

5 グローバル化が進む地域企業

　福井県の歴史を振り返ると，北前船が栄えた時代からグローバル思想が根強かったこと．また，グローバル化が始まった当初は，繊維産業やめがね枠産業などの労働集約型産業が多い地域で，国際競争力を高めるためにローコスト生産が求められたことなどもあり，日本企業の中でも比較的早い時期に海外展開が始まった地域といえる．

　例えば，日本企業でいえば，その海外展開は1980年代後半，あのプラザ合意による超円高局面によりローコスト生産を求めて東アジア諸国を中心に始まったことは誰もが知っている．福井県の企業もこれと前後して円高回避を狙っての海外移転という形で始まったが，ある化学メーカーなどでは1960年代に，繊維メーカーなどでも1970年代には海外展開がみられるなど，結構早い時期から始まったのである．もちろんその後の海外展開は，進出先での生産拠点の構築から販売拠点の構築，さらには進出先国でのマーケットを狙った進出，そして近年では流通業や外食産業，サービス産業など製造業だけではなく業種の垣根を超えた展開事例が増加するなど，その形態も多様化している．

154　第Ⅱ部　文明から文化へ　地域産業の挑戦

ちなみに，福井県が調べた結果[5]によると，現在，福井県企業の海外拠点数は383拠点（243社）を数え，その内訳をみると，製造拠点数が137拠点（93社），販売拠点数が246拠点（151社）となっている．ちなみに，日本全体では2万5000社[6]程度であるから，福井県の経済力0.6%から勘案すると150社あまりが水準となり，福井県企業の海外展開はかなり進んでいることがわかる．先の国別では，中国が196拠点（102社），率にして拠点数で51.1%，企業数で42.0%を占めトップ，次いで，タイ（41拠点，26社），ベトナム（23拠点，21社），米国（22拠点，15社）などとなっている．

ここでは，その先進事例として，「福井から世界へ」をテーマに高付加価値化を実現し，世界にその名を轟かせたセーレン株式会社代表取締役，川田達男会長の戦略を紹介[7]することにしよう．

セーレン株式会社のグローバル戦略

1987（昭和62）年8月，セーレン株式会社の新しい経営トップが誕生した．47歳の若さで代表取締役社長に就任した川田達男（現：会長）である．ちょうど，この頃の日本は，プラザ合意による超円高に見舞われ，日本の産業が国内から海外へと大きく舵を切りかえす時代の始まりでもあった．川田社長の誕生は，日本の産業界でグローバル化が本格化する大きな転換点の時期と一致している．そう考えると，川田社長の就任は，時代が求めた当然の出来事であったのかも知れない．

川田会長が社長に就任した頃，セーレンは本業の委託染色加工が赤字で，その一方で川田会長が率いる自動車内装部門は1984（昭和54）年度から営業利益が13億円を超え，セーレンの屋台骨を支える重要な部門となっていた．その意味で，同部門が構築した企画製造販売のビジネスモデルは，同社の経営を立て直すための不可欠な存在であったに違いない．こうした中，社長就任当初から川田会長が打ち出した戦略は，これまでセーレンが培ってきた色彩科学やコンピュータ制御，バイオテクノロジーといった基礎技術を，染色，ラミネート，

起毛，プリント，インク，電子回路設計といった加工技術に応用し，自動車内装材，医療，エレクトロニクス，メディカルといった分野に事業拡大を図るものであった．いわばセーレンのコア・コンピタンスでもある技術力を活かしつつ，その中心的な業態を賃加工から企画製造販売に転換する画期的な戦略といえる．しかし，川田会長の戦略はこれにとどまることはなかった．社長就任当初から掲げてきた経営戦略の1つ，グローバル戦略に着手する．そして，その牽引役を果たした事業が，川田会長が手塩にかけ育て上げた自動車内装材分野であった．川田会長は，この分野で1980年代から自動車メーカーの米国市場進出といった海外シフトにあわせて海外生産を積極的に進めた．1990年代にはタイ，ブラジルに進出，1990年代末には米国市場も含め多大な成果をあげるようになった．さらに，2000年代には中国にも進出．勿論，ここでも多大な成果をあげる．ちなみに，中国市場での成功要因は，トヨタ自動車などの日系自動車メーカーへの販売拡大を通じて，繊維素材の良さを中国の消費者にアピールするだけではなく，一方では天然および合成皮革などの開発も行うという，多様な需要層に適合する製品開発を決して怠らないという信念があったからであろう．川田会長の名言集の中にこんな言葉がある．「お客様に買っていだけるような商品を企画，開発，生産，販売してこそ企業」．まさに，この言葉通り実践し続けた結果がグローバル戦略を成功に導く原動力となったに違いない．川田会長は言う．そのためには「Do or Die.」，やるか死ぬかでとにかくやり遂げるしかない．ここで述べたグローバル戦略の成功例は，川田会長が成し遂げた多様な業績のほんの一部分に他ならない．しかし，この話を通じて，若くして社長に就任し深刻な業績不振を乗り越えながら企業革命，すなわち「斜陽産業からの脱却」をスローガンに社内改革を推し進めた川田会長の熱い想いが伝わってきた．

6 これからの企業経営

本章では，これまで福井県企業の特徴を述べてきたが，それを踏まえたうえで，今後，地域の企業はどのような経営スタイルが望まれるか．これに関し，若干のコメントを付け加えたい．

① オーガナイザー企業への転換（オーガナイザー企業を目指して）

オーガナイザー企業とは，内外の市場ニーズに機敏に反応し工程専業企業をオーガナイズして商品を生産し市場に回す企業をいう．

ところで，こうしたオーガナイザー企業の存在は，以前からイタリアのプラトー，コモ，ボローニャなどの中小企業を中心とする産業集積内で活躍する企業モデルとして語られてきた．これらの産業集積では，同業種の工程専業の小規模企業群が多く存在するとともに，これら企業群と内外の市場をつなぐオーガナイザー企業が存在し，そのオーガナイザー企業が，内外の市場ニーズに機敏に反応し工程専業企業をオーガナイズして商品を生産し市場に回す．例えば，プラトーの織物産地などで活躍するコーディネートを専門とする企業では，自らの企画機能を最大限に活かして，テキスタイルとアパレルの橋渡しを行い，糸から染め，織りまで工程ごとに最適なメーカーを選んでコーディネートする役割を担っている．それぞれの工程で高い技術やノウハウを選んで組み合わせることで，それまでは難しかった新しい素材や斬新な企画が実現できているわけである．かつての福井繊維産地でも，オーガナイザー的企業，コンバーター機能を持った産地問屋が存在した．しかし，それらの多くは，原糸メーカー，総合商社の圧力などにより消滅し，それが繊維産業の衰退にもつながったのである．

しかし，福井のように中小・小規模企業が集積する地域では，今こそ市場のニーズと生産者をうまくまとめコントロールするセクターが必要ではないか．

いや，日本全体，世界全体を見ても，市場の成熟化，多様化，高度化が進む中，得意の企画力，アイディア力，市場との取引能力，金融機能，ディテール機能を持ち合わせ，市場と生産者をうまく結びつけるセクターが多様な産業で求められているような気がする．そして，繊維産業でその技術・ノウハウを培った福井の企業だからこそ，これまでの経験を活かして様々な分野でオーガナイザー企業として活躍することが可能なのではなかろうか．

② 複合化（6次産業化，M＆A……）への挑戦

　地域産業の活性化を考える場合，どのような視点で取り組むべきなのか．第一に考えられることは，1つの手段として，地域内への企業誘致など外発型による活性化を目指す道である．それは確かに即効性があり評価できるものの，昨今の経済情勢から判断すると実現性に乏しい．それゆえ，地域の産業が地域に根ざしたものである以上，やはり地域にある固有の資源を活かした内発型の活性化を前提としていくべきであろう．地域ならではの資源を最大限活用した，ほかでは真似のできない活性化策を構築しなければならない．

　そして，このための方策を検討するうえで参考となる事例として，かつて動きをみせた大企業間における包括提携の動きを挙げることができる．例えば，家電メーカー間での技術開発分野での提携や，鉄鋼メーカー間における製品の相互供給体制整備のための提携など枚挙に暇がない．

　企業間関係には，競争がある一方で連携があり，連携の極端な形としてM＆Aや合併が存在する．こうした中，今，競争と連携の中間にあるグレーゾーンで企業同士が手を結びながら独自資源を融通し合い，最大限の競争力を引き出そうとする動きが活発化しているのである．その筆頭が，1次産業から2次産業，3次産業までを横につなぐ6次産業ではないか．地域産業活性化の道筋を，こうした流れを参考とすることで，見つけ出すことができないか．つまり，域内にある個々の企業がそれぞれ保有する独自資源を持ち寄り，相互に補完しながら，地域産業活性化に向けてスタートを切るといった方向である．それは，業種，業態の垣根を越えた川上から川下までの集団であり，もちろん支援機関

としての行政や研究機関である大学なども重要な役割を演じることになる。そして、これらが総合的に結びついた地域内ネットワークが動き出すことで、地域の固有資源が地域の共通資産へと発展し、さらには地域産業活性化のための大きな原動力となっていくものと思われる。

③ 企業内ベンチャー、第二創業を目指す

企業成長の方向性を考えると、それは有望と思われる製品・サービスで出発し、当初はその事業分野で事業が成り立つが、いつまでもそこにたじろいでいることはできない。なぜなら、どんな製品・サービスにも寿命はあり、それに依存していると事業がいつしか駄目になるからである。そこで、次の段階として、新たな市場や顧客を求め、新たな製品・サービスを出して、永続性を維持していくのである。この場合、企業が成長を目指す方向性として、一般的には4つの方向が指摘されている。まず1つ目は、経営基盤強化型。これはあくまで既存事業分野で変革を行って競争力を高める取り組みである。経営学でよく使われる言葉に、戦略の3Sという言葉がある。これは何かというと、選択と集中、差別化。人、モノ、金など、経営資源に限りある中小企業の場合、もてるもので最大限の効率を上げるために、まずどんな事業領域で戦うかを選択し、最大の効率を上げるためにそこに資源を集中する。しかし、それだけでは競合他社に勝てないのであって、そこで、何らかの差別化戦略をとる。経営基盤強化型の経営革新とは、この差別化戦略に徹することである。差別化には、技術力・ノウハウ、工期短縮、きめ細かいサービスなど、様々なやり方があるが、差別化して競争力をさらに高めるために、業者どうしが得意分野を持ち寄り、ネットワークを組んで補完機能を高めるというやり方も考えられる。事例としては、一社単独では困難なため、複数企業や大学などと連携してネットワークを組み、ＩＴを活用して業務効率化を図り、海外から資材を調達するなどにより、コストダウンや安定供給を実現している例もみられる。2つ目は、新技術開発型。これは、既存の市場・顧客を対象に、新たな技術・ノウハウを提供することにより、他社と差別化できる事業に取り組むこと。これには、発注者や顧客にこ

れまで提供してきた商品・サービス以外の，新たに提供できる技術・ノウハウの開発・獲得が必要になる．しかし，ゼロから開発しなければならないわけではない．まずは，顧客が困っていること，顧客のニーズ，ウオンツを発見して，自社の技術・製品を改善・改良することで，対応できることも沢山ある．つまり，既存技術・ノウハウに何か新たな機能を付加し，既存の技術を組み合わせることによって新しい技術や商品，サービスを開発するといった方法もある．また，これまで眠っていた技術・ノウハウを活用することも考えられる．3つ目は，新市場開拓型．これは，自社が保有している既存の技術・ノウハウをベースに，新しい市場や顧客を開拓していくこと．これまで業界内で長年培ってきた自社の技術・ノウハウを他の市場で活用できないかという視点でビジネスチャンスを得ようとするもの．例えば，受注先を民生用から産業用にかえる，公共から民間にかえるなどの方法が考えられる．4つ目は，新分野進出型．これは市場も技術・ノウハウもまったく新規の領域に取り組むものと，市場や技術・ノウハウ面で関連性がある分野へ進出する2つのケースに大別できる．関連性がある分野は既存事業と新規事業との間でスキルやノウハウなどのシナジー（相乗）効果を発揮しやすいというメリットがある一方，関連性が無い分野は新規事業と既存事業の関連性が低いので難易度は高いが，成功すれば複数の事業を持つことでリスク分散が図れるというメリットがある．ここで取り上げる企業内ベンチャー・第二創業とは，上記の4つ目の方向性を指している．いずれにせよ，この多角化に成功すれば，企業としての経営基盤がさらに強化されることは間違いない．

④ グローバル化への対応

　今後の地域経済を中長期的スパンで考えた場合は，近年世界的に加速するグローバル化の動きに着目しておく必要があろう．FTA，EPA，そして2018（平成30）年12月10日に発効したTPPなど，こうした経済統合の盛り上がりは，これまでの海外直接投資を中心とするグローバル化の時代から，国境を越えた市場の統合・開放などを通じて，さらなるグローバル化・ボーダレス化の時代へ

と進化していることを示唆するものである．そして，この件につき更に付け加えるとすれば，これまでのようにグローバル化を資本の海外移動，つまり海外生産によるローコスト追求といった側面だけでは語れない時代に入ったことを確認しなければならない．つまり，生産面でのグローバル化を考える場合，自社の生産拠点を東アジア諸国に移しローコストのみを追求する戦略だけが地域企業のグローバル化ではないという事実である．生産のフラグメンテーション化（生産のブロック化）が進む中，自社が守らなければならない生産ブロック，ポジションは何かを追求することや，生産拠点はあくまで地域に残し，新興国から素材，部品や技術ノウハウを輸入し利用することでローコストを図ること，さらに完成品自体を輸入し国内市場或いは海外市場に回すことも考慮しなければならない．また，内需型企業においても，TPPなど世界的経済統合が進む中で，自社の流通そのものを見直し，コスト面で競争力の高い海外品に目を向けることも必要となろう．また，海外と競合する製品を国内で生産する企業においては，今後はこれまで以上にコスト競争力を求められることを意識しなければならない．

⑤ 地理的優位性を活かす

　福井地域の強みを1つ挙げるとすれば，3大都市圏に近いという地理的優位性を指摘する人々も多いことであろう．特に，東海北陸自動車道の開通により中部圏との時間距離が短縮されたことに注目したい．また，2015（平成27）年の金沢までの北陸新幹線開業に加え，近い将来実現するであろう敦賀までの延伸や中部縦貫自動車道の開通にも期待したい．こうした高速体系の整備により，地域がターゲットとして期待できる市場が広範囲に広がったことは間違いない．

　また，東北地方を後背地にもつ首都圏や中国・四国地方との関係が深い近畿圏に比べて，中部圏は連携している自治体・企業がまだ少ない．従って，今後は地域企業が関係を深めて連携する余地やその可能性は大きい．中部圏の企業にとっても地域企業と連携することで中国やアジアが近くなるというメリット

第6章 地域企業の特徴　*161*

もある．既に，地域には，東海地域が得意とする自動車部品工場が稼動している例も散見されるが，地域のこうした地理的優位性を活かしながら，思い切った産業施策や企業戦略を企業を中心に地域ぐるみで進めていくことが求められているように思える．

⑥ 後継者の育成強化を

　かつての江戸時代，福井は徳川御三家に次ぐ家柄であり，それだけに現在でも，結構「縦社会」，「年功序列」を重んじる古い気質が残っている．それはそれとして大事だが，こと経営に関しては，いかにうまくスムーズに後継者にバトンを渡せるかが，企業長寿の鍵ともなる．帝国データバンクの調査によると（『後継者問題に関する企業の実態調査』［2014］），日本の場合，社長の年齢でみれば，60歳代で53.9%が，70歳代で42.6%が，80歳代でも32.4%が後継者不在であり，高齢社長といえども後継者問題がスムーズに進んでいるとは言い難い実態が浮かび上がっている．福井県の企業にとっても，今，次代に積極果敢に立ち向かう若手経営者の育成を早めに取り掛かることが必要な時期ではないか．スムーズな事業承継の達成，これこそが福井県企業の最重要課題といえる．

【コラム－6】
今，求められる元気企業の条件とは

　21世紀に入って経済・社会環境が激変する中で，地元企業の動向を眺めてみると，外部環境への対応戦略や日々の経営革新面で第2次産業，特に製造業を中心に全国的に評価が高い企業も少なくない．しかし，こうした元気企業には限りがあり，実態は業績の二極分化が進み企業間格差がますます開きつつあることも事実である．従って，地方圏における中小企業の今後のあるべき姿を考慮すると，それは地域経済の基盤を支える中小企業，とりわけ今ある元気企業の次を担う企業，次に続く企業の成長が，地域の将来的な発展を促す重要な要素となることは言うまでもない．特に，地域経済が縮小する中で，建設業，小売・サービス業，介護・福祉など内需型企業の活性化は，地域間競争を勝ち

162 第Ⅱ部 文明から文化へ 地域産業の挑戦

抜くための需要な課題といえよう.

　こうした点に着目しながら，今後，地域に求められる中小企業のあるべき姿とは何か，時代を生き抜く"強靭な企業"へと変身するための条件とは何かをテーマに，そのヒントを既存の元気企業から探ってみると，それら元気企業は幾つかの共通した特徴を保有している事実に気づく.

　参考までに，元気企業に共通する特徴を幾つか挙げると，第1に，元気企業は常に有効性と効率性を追求し続けている企業であること.有効性とは「今求められる社会的ニーズの高い財・サービスをつくり続ける」こと，効率性とは「財・サービスの供給に際し，高収益を確保できるシステムを構築すること」である.そして企業が，有効性を上げるには企業と社会との関わりを変える必要があり，効率性を上げるには企業の内部構造，仕事の進め方を変えることが求められる.いずれにせよ，有効性と効率性の見直しにより，自社にとっての競争優位の源泉を一日も早く確立すべき時であろう.第2の特徴は，「2つのC」を実践する企業であること.「2つのC」とは，すなわちトップ自らがチェンジ (change) し，チャレンジ (challenge) 精神を醸成し続ける企業であることを意味し，複雑化・多様化する時代だからこそ，経営トップに求められる必要不可欠な素養と言うことになる.第3の特徴は，「トップと社員が1つとなり総力経営」を実践する企業.世界的な企業間競争が激化する中，トップやほんの一握りの頑張りだけでは困難な時代，社員一人一人が目標に向かって燃え，トップと従業員の立場を乗り越えた関係構築の重要性，言い換えれば，それは家族主義という過去の日本型経営の一部を取り入れた経営スタイルを今一度考慮することなのかも知れない.

　そのほか，「さらなるオリジナリティー追求型企業」，「CS (顧客満足=Customer Satisfaction) とES (従業員満足=Employee Satisfaction) の両方を追求する企業)」，6次産業化のように「ネットワーク (多機能・複合型産業化) の構築を目指す企業」,「グローバル戦略追求型企業」など.この様に，元気企業からは多くの共通した特徴を見出せるが，よくよく考えるとこれらの手法は，これまでも経営基盤強化の基本的やり方として実践されてきた手法であることも否めない.しかし，低成長時代，閉塞感が漂う時代だからこそ，今一度，企業経営の原点に立ちかえり，自社が保有する経営資源の基礎的条件を再構築することが必要ではなかろうか.その結果，見直された自社の新たな経営スタイルが将来の可能性につながり，自社の発展を促す原動力として大いに機能していくものと思われる.

注

1) 株式会社日刊工業新聞『ニュースイッチ』より.

2) 『福井県内企業の取引構造に関するアンケート調査』は，福井県立大学地域経済研究所が2011（平成23）年と2017（平成29）年の2回，県内に事務所を置く企業を対象に実施したもので，初回調査は，1100社を対象に335社（有効回答数30.5%）から回答を得た．また，2回目の年の調査では，1100社を対象に328社（有効回答数29.8%）から回答を得ている.

3) 経済のグローバル化には，第1に商品貿易ならびに商品外貿易が挙げられ，第2に生産要素（資本，土地，労働）の国際的移動があげられる．生産要素のうち，土地は移動性を持たず，労働移動も日本の場合は資本の国際移動により発生するケースが多い．そのため経済面（企業の経済活動）でのグローバル化について考察する場合は資本の国際移動が特に重要と考える．よって，ここでは，企業の経済活動を通じて行われるものの中から，特に資本移動を伴う対外直接投資（海外展開）＝グローバル化として捉えることにする.

4) 福井県企業のグローバル化については，南保勝［2013］『地方圏の時代』から「第6章　グローバル化と地域経済」を参考とされたい.

5) 2018（平成30）年6月30日現在，福井県国際経済課調べ.

6) 経済産業省が2018年4月に公表した『第47回　海外事業活動基本調査概要（2016年度実績）』によると，2016年度末における日本企業の海外現地法人数は2万4956社で，このうち製造業が1万919社，非製造業が1万4040社となっている．また，製造業の海外生産比率をみると，海外進出企業ベースで38.0%（前年38.9%），国内法人ベースでは23.8%（前年25.3%）となっており，前年よりやや低下した.

7) ここで紹介したセーレン株式会社のグローバル戦略の内容は，セーレン株式会社百年史編集委員会編［1990］『セーレン百年史　新たな飛躍・新たな挑戦』及びセーレン株式会社編［2015］『希望の共有をめざして　セーレン経営史』を参考とした.

第Ⅲ部　公民連携に向けて——福井地域を中心に——

第7章
公民連携の動き
──福井地域を中心に──

1 ふくいオープンイノベーション推進機構 (FOIP)

　現在，日本の産業界では，国内外を問わず先端材料の開発や新技術開発など，いわゆるイノベーションの進展が目覚ましく，大企業は無論のこと中小企業・小規模事業所においても競争力確保のための技術開発が極めて重要な課題となっている．

　福井県においても，他の地域同様，イノベーション創出の重要性を認識し，地域の枠を超えた協力による技術的課題解決の必要性が生じている．こうした中，2015（平成27）年6月，「ふくいオープンイノベーション推進機構」（通称 FOIP：Fukui Industrial Support Center）が設立された．FOIPとは，幅広い人材・組織・ネットワークを活かして研究開発力の向上を図る体制を築き，新たな事業の創出を目指すために，県や県内の大学がこれまで個別に進めてきた産学官連携のノウハウを集結し，さらに金融機関を加え，県内企業と県内外の研究機関をつなぐことで，県内のものづくり企業をはじめ多様な業種の企業支援を実施することを目的に発足した機関である．その意味で，FOIPは，福井県初の産学官金が連携して立ち上げた組織であることが大きな特徴といえよう．

　FOIPの設立は，国レベルで2015（平成27）年2月にNEDO[1]がオープンイノベーション協議会を設立し幅広い人材・組織・ネットワークを活かして研究開発力を向上させるための推進体制を整備した時期から4カ月後のことであり，その意味で福井県は非常に早い段階でオープンイノベーションを推進する体制を構

築したことになる．こうした状況下，2016（平成28）年12月には，この活動が評価され近畿経済産業局の「ローカル・イノベーション・プロジェクト」にも登録されている．

ところで，FOIPの取り組み内容をみると，産学官金の叡智を結集して，県内企業のイノベーションを応援し，Hidden Champion（世界的グローバルニッチトップ企業）の創出を狙った仕組みが特徴となっている．運営内容をみると，**図7-1**のように，大学・公設試・銀行などの人材が，企業の開発ニーズに対応するため，チームで応援するオープンな仕組みとなっているが，具体的な内容としては，1つ目に，大学・高専・他機関間のネットワーク構築（人材データベースの構築），登録研究者・技術者の企業への派遣（企業現場・拠点における研究開発），研究会や異業種交流会の実施（研究会発のプロジェクト創出）などといったネットワークを構築すること．2つ目に，共同研究や受託研究の実施（運営，進捗管理），国の競争的資金の獲得，県の技術開発補助制度へのサポート，大型研究プロジェクトの実施といった共同研究や受託研究を実施すること．3つ目に，シーズ・ニーズ調査および情報提供・国内外の商談会など事業化に向けた支援，メーリング

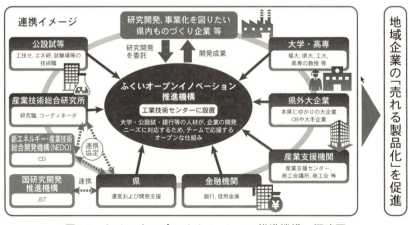

図7-1　ふくいオープンイノベーション推進機構　概略図

資料：ふくいオープンイノベーション推進機構HP（http://www.fklab.fukui.fukui.jp/kougi/foip/foip.html）（2018年9月30日閲覧）より抜粋．

リストや機関紙など情報発信・広報事業，研究開発資金計画や事業化に向けた融資などの相談といった技術営業などとなっている．

　現在，福井県では機能性材料，医療，アグリビジネスなどの成長分野への事業展開を推進している．FOIPでも，炭素繊維複合材料を用いた自動車，航空・宇宙関連部材の開発，チタン微細加工技術や繊維技術による医療器具などの開発，農商工連携によるアグリビジネスへの参入など多様な分野で活動している．その結果，設立後3年あまりが経過した現在では，企業ニーズの掘り起こしや研究機関シーズのマッチングを図るためのイノベーション・リサーチ (IR) 交流会，オープンイノベーションセミナーなどの活動を通じ，会員企業も350社を超えている．

　いずれにせよ，福井県ではFOIPの設立により，所属する企業や業種の垣根を超えてできた新鮮なアイデアや技術から，革新的な商品やビジネスモデルが生まれる可能性を秘めた「場」ができたことになり，今後，このFOIPを通じて県内産業の活力を向上させるとともに，FOIPが国内外に打って出る福井県企業の活躍の場創出につながることを期待したい．

2　公民連携に向けて，地域金融機関の挑戦

　ここでは，近年ニーズが高まる産学官金連携に的を絞り，著者がフィールドとする福井県の事例を紹介したい．

　まず，国内で誰もが認める産学官金連携の先進事例を挙げるなら，それは東京都八王子市に拠点を置くTAMA産業活性化協会 (以後，TAMA協会と記述) ということになろう．なぜなら，TAMA協会は，早くから産業・企業の支援組織として全国どこにでもある産学官連携のスタイルから抜け出し，産学官+金融・販路開拓機能を備えた総合的支援を行う機関として知られているためである．記憶が定かなら，TAMA協会では，中小企業が新規事業立ち上げの際必要となる資金面について手厚い支援を実施し，その1つが「TAMAファ

ンド」による支援であった．このファンドの特徴は，事業の目利きとともに
TAMA協会のリソースを有効に活用し事業の育成を行うもので，TAMA協会，
TAMA-TLO，地元信金の三者からなる投資委員会により投資を決定するな
ど，外部の力を借りることなくあくまで自力で投資先を発見し支援していると
ころであった．また，公的機関などの補助金といった交付決定を受けた企業に
対しては，企業が実際にそれを受け取るまでの間，連携する金融機関が原則無
担保でつなぎ資金の融資を行うなど，きめの細かい金融支援も行っている．そ
のほか，2000年代前半には，技術，マーケティング，ビジネスプラン策定の専
門家が，中小企業の技術力・ビジネスプランを評価する「事業評価システム」
をスタート．金融機関等から委託を受け担保や保証人に過度に依存しない，事
業可能性を優先した融資審査を行う，いわゆる「目利き機能」の支援を行うと
ころまで踏み出していたことを覚えている．

　以上のように，国内では支援機関どうし或いは異質な機関どうしの様々な連
携支援体制が整備される中，近年，福井県においても『産学官金連携』による
支援体制の強化が図られるようになった．その中でひときわ目立つ取り組みが，
地元を代表するするメインバンク，福井銀行地域創生チームによる地域貢献活
動である．この地域創生チームの活動は，地域の産業・企業への支援，いわば
販売・金融・事業化支援など企業のマネジメント支援にとどまらず，地域貢献
の幅を地域活性化，まちづくりなどを含めた総合的な支援まで広げて実施して
いることであろう．それは，同行の中期経営計画を見ても確認することができ
る．中期経営計画では，「地域創生とは人口減少対策そのもの」と位置付け，「ま
ちを創る」（PPP/PFI，中心市街地活性化，空き家・空き店舗，都市・生活・行政機能の
再生），地域産業・企業の育成発展のために「しごとを作る」（① 新分野展開・産
業化，② 農林水産業・6次化，③ 伝統産業の活性化，④ スタートアップ，IPO）ことを目
標とし，その結果として地域の人口増加・雇用拡大に結び付くという目標のも
と，その役割を地域創生チームが一手に担っているのである．

　具体的な取り組み内容をみると，北陸新幹線福井開業を前に福井駅前周辺再

開発の整備や敦賀駅前整備，永平寺門前まちづくり宿坊整備，グループ会社である福井キャピタル＆コンサルティングを通じた福井県勝山市内の花月楼（旧料亭）を活用した「まちづくり・観光活性化」の取り組み（まちづくり会社の設立・運営）支援など，枚挙に暇がない．

　ところで，福井銀行は1899（明治32）年，地元産業の発展を目的に，地域の有志によって設立された金融機関である．福井の発展のためという創業時の想いは今も変わらず，企業理念でもある「地域産業の育成・発展と地域に暮らす人々の豊かな生活の実現」に引き継がれ，現在進行中の地域創生活動は，林頭取，伊東会長をはじめ全ての役員の共通理念でもある．その役割を一身に担う地域創生チーム．「豊かな自然と高い技術，人々のあたたかさ，福井県は全国に誇れる魅力と幸に満ちています．」「そんな福井県をさらに盛り上げ活性化させていくことが，福井のリーディングバンクである私たちの使命です．」と語る地域創生チームの平塚チームリーダーには，熱い想いがみなぎっていた．

地方圏における『産学官金連携』の課題と展望

　これまで，福井県における事例をもとに産学官金連携を通じた公民連携の現状を見てきたが，その結果からは幾つかの課題も散見された．

　例えば，2012（平成24）年に「中小企業経営力強化支援法」が施行され，中小企業に対して専門性の高い支援事業を行う経営革新等支援機関の認定制度が創設され，地域の金融機関も同制度による支援機関としての認定を受ける例が増えた．しかし，運用面を見ると，現状では中小企業が補助金，助成金を受ける際の書類づくりに関与するだけにとどまるケースも多く，本来の目的である革新的企業の育成までには届いていない．その要因は，金融機関の間で，中小企業の育成支援に対する認識に温度差があるためであろう．金融機関は，産業・企業を創造し，強いては地元全体の地域経済活性化のための担い手であることを再認識する必要がある．

　そして，そのためには金融機関内部で地域支援を専門とする組織の充実，強

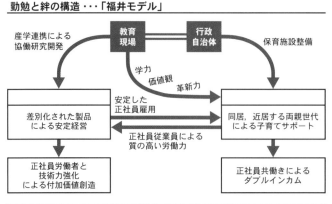

図7-2　新しい地域創成モデル

資料:「中小企業白書2012年版」をもとに独自作成.

いては地域支援専門の人材育成を図らなければならない．合繊業が集積する福井県であれば，かつての金融マンの中には，フライス織機の音を聞くだけで，どのような織物を製造しているか判断する能力を持った人材（人財）が数多く存在したという．要は，現場に強い人財の育成，技術力・市場の変化を読み取る能力を備えた人財，地域をデザインする人財の育成ということになろう．

そして今後，地域経済発展につながる公民連携を推進するために最も重要となることは，連携体内部での情報の公開・共有を図るということであろう．形だけの連携体であってはならない．その場合，地域の産業・企業・生活者と直結し生きた情報を保有する金融機関の役割は極めて大きい．連携する金融機関同士，或いは金融機関から産学官民への情報公開・共有を図り，連携体自体の血の巡りを良くしなければならない．

これまで福井地域を代表する言葉として，「勤勉と絆」という言葉がよく使

われた．これからは，この言葉に金融機関など"民"の活動を中心とするために「公民連携」という言葉を加えたい．すなわち，福井モデルがこれまでの「勤勉と絆」から「勤勉と絆プラス公民連携」へと進化することを期待したい．それが新しい福井モデルだと胸を張って言える時代が一日も早く来てほしいものである．

3　長野県小布施町における公民連携

　近年，全国的に地域の自立化・自活化が叫ばれる中で，地域資源の再発見或いは今ある産品のグレードアップによって，地域全体がブランド化し地域活性化に役立てようとする動きが活発化している．こうした動きの背景には，a. 多くの自治体で財政逼迫が恒常化する中，特に地方圏においては地域ブランド形成という名のもとに地域内部の資源を活用しながら自立化・自活化の道を探ろうとする取り組みが新たな政策手法として注目を集めていること，b. 戦後70余年を経て，これまでの特定資源や特定製品・サービスのみに特化した地域活性化策が限界に達し，地域に埋もれた他の製品・サービスの中から新たな価値を見つけ可能性を模索することが必要となったこと，c. 経済のグローバル化によって市場での競争がさらに厳しさを増す中，効率化・画一化した商品，或いはどこでも作れるもの，どこでもあるようなものに対するアンチテーゼとして，地域固有のもの，個性を持った商品・サービスに対して新たな価値が求められるようになったことなどが挙げられよう．

　ここでは，失われた30年と言われるように低成長時代が続くなか，将来に夢をいだくために，少し長期的視点に立って私たちが住む地域はいったいどうあるべきか，真の意味での地域活性化とは何か，それは私たち生活者に何をもたらすのか等を，地域ブランド化に成功した先進事例の1つ，長野県小布施町を取り上げ，その地域活性化への事例から学びたい．

長野県小布施町の地域活性化戦略

　長野県の県都・長野市から千曲川を渡り，志賀高原の山並みを正面に見ながら東進すること12km．そこに位置する小布施町は，人口おおよそ1万1000人，町役場を中心に半径2kmの域内に全ての集落が集中するという小さな町である．しかし，小布施は，地域とゆかりが深い葛飾北斎の「北斎館」，北斎筆の天井画を擁する「岩松院」，北斎を当地に招いた「高井鴻山記念館」など多くの文化・歴史遺産を有し，こうした遺産とともに600年の歴史を持つ小布施栗の産地として，その名を全国にとどろかせている．また，当地は，降水量の少ない内陸性の気候から，味の良い"りんご"，"ぶどう"，"桃"など果樹栽培も盛んで，いわば文化・歴史遺産と地域農業が微妙に融合し，地域および地域産品の総合的なブランド化に成功している町でもある．

　現在，小布施町には，年間100万人を超える観光客が訪れ，特産品である「栗菓子」「おぶせワイン」「花の実（ジャム）」などが地域の産物として観光客などに親しまれているが，1970年代当時は，観光客が皆無の地であり，また地域の産物も栗菓子などは関東圏を中心に全国の菓子専門店に納めているに過ぎない地域であったという．そのため，1960年代に入ると，地域の地盤沈下が進み，小布施の人口が1万人を割り込むなど地域の活力が低下していった．小布施では，こうした状況からの一刻も早い脱皮を目指して，本格的な地域活性化に取り組むことになる．

　まず，手始めに取り組んだ事業は，1976（昭和51）年，小布施とのゆかりが深い葛飾北斎の資料館（「北斎館」）建設であった．「北斎館」の目的は，葛飾北斎に関連する資料の保存と北斎研究の全国拠点として同館を位置づけることで，観光客を誘引することであった．その結果，「北斎館」の完成年には約3万数千人の観光客が訪れるなど，多大な成果を挙げることができた．

　これを機に，地域住民の中にも地域活性化に向け動き出す人々が現れ，いつしか小布施は住民，企業，行政が一体化した地域づくりへと踏み出すことになる．こうした動きが，小布施のブランド化への布石となった次なる施策「小布

施町並修景計画（1984年～1986年）」の策定へとつながっていく．同市策の目的は，栗菓子の老舗や大壁づくりの民家など歴史的な景観をとどめる町中心部の整備を進め，町の中心部が小布施の"顔"としての役割を担うことで，小布施を訪れる域外者（観光客）の誘引を図ることであった．現在，同地域には，「北斎館」を中心に個性的な「栗菓子専門店」や一般の土産品店，飲食店が立ち並び，周辺の「高井鴻山記念館」や「おぶせミュージアム」を含めて，小布施の一大観光ゾーンとして，毎日，数多くの観光客で賑わう域内最大の名所となっている．

　さらに，1986（昭和61）年には小布施のブランド化に貢献した第3の施策，「小布施町総合計画後期基本計画」が策定される．同施策は，その中に「うるおいある美しい町」の一章を設け，これからのまちづくりの指針として「環境デザイン協力基準」を決め，地域ごとに特色を活かしたまちづくりゾーンを設定しようとするものであり，この施策が現在の「花のまち」と呼ばれる小布施のベースとなっている．

　その後も，小布施では地域活性化に向けて次々と施策を打ち出し，30余年におよぶ数々の施策が現在の小布施町を作り上げた原動力となっている．

　一方，小布施のブランド化には，こうした行政の施策が大きな影響を与えたことは言うまでもないが，域内企業においても行政と一体化した地域づくり，ブランド化に向けての努力がなされている．その代表が地域内に7～8件ある栗菓子メーカーの地域貢献事業への積極的な参加である．例えば，株式会社小布施堂では，自社の製品やサービスの裏にある歴史・生活文化を表現することにこだわり，ビジネスの拡大路線を捨てて，本拠地である小布施に経営資源を集中的に投入．まちづくりにも積極的に関与することによって独特の個性を放つとともに，「小布施といえば栗菓子」というブランド形成に貢献している．また，同社は，地域中小企業と地域は一連托生とする考え方のもと，町並修景事業をはじめとする様々なまちづくり活動のリーダー的役割を担っている．その他，同じ菓子メーカーで栗の苗木プレゼント事業推進により町内からの原料調達を支援している竹風堂，造り酒屋からワインの生産に着手し，こうしたワ

イン造りを通して，小布施町のまちづくりを全国に紹介している小布施酒造，主力製品であるジャムのブランド力向上を目指し小布施町内に工場，直営店を設けた株式会社花の実など，小布施町には，地域と一体となったまちづくり・ブランド化を推進する企業が数多く集積しているのである．

　その他，小布施のブランド化には，1993年に町や町民によって設立された，まちづくり会社，株式会社ア・ラ・小布施の存在も大きい．同社は，小布施町における地域づくりの拠点としての役割を担っており，「1人でも多くの住民が "ここに住んでよかった" と幸福感を持ち暮らせるような，成熟した生活文化を持つ町にしたい」との願いから，様々な地域づくり・ブランド化のための事業を展開している．例えば，小冊子「古寺巡り」発刊やニュースレター「小布施風」の発行事業，情報の共有化を目指す「小布施クラブ」の運営，域内にあるオープンスペースの有効活用，各種イベント等の企画・運営など，その事業内容を挙げれば枚挙に暇がない．

小布施町におけるブランド化の成功要因とその意義

　これまで，小布施町における地域づくり・ブランド化の経緯を述べてきたが，ここで小布施町におけるブランド形成の成功要因を総括すると，以下の要因が考えられる．第1に，そこには長年にわたる地域行政のまちづくり・ブランド化に向けた積極的な施策展開があったこと．第2に，葛飾北斎に代表される歴史・文化資源の存在と，その有効活用が図られていること．第3に，観光拠点整備に際し，菓子メーカーの洗練されたデザインによる高水準の店舗立地が，観光地としての魅力度アップにつながったこと．第4に，地域住民主体の「花のまちづくり」推進（住民によるオープンガーデニング）が，観光客の注目を集めたこと．第5に，その結果，住民自らが地域づくりに対し「担い手である」という誇りを持ち，その相乗効果で文化活動，地域づくりへの取り組みがさらに活発化したこと．その他，地域企業の地域づくり・ブランド化に向けた積極的な取り組みや，まちづくり会社「株式会社ア・ラ・小布施」の地道なまちづく

り活動など，数え上げれば切りが無い．

これらの要因が微妙に絡み合いながら，今の小布施町が誕生したと考えられる．そして，小布施のブランド化は，結果として，栗菓子など地場産業の振興や観光産業といった新たな産業創出にもつながっていった．しかし，小布施の試みで最大の成果は，地域住民，企業，行政の地域への想い，誇りを醸成するとともに，同時に，地域づくり・ブランドづくりを通じた地域住民，企業，行政の一体感，連帯感をもたらしたことであろう．そこに，小布施の地域活性化策の大きな意義を見出すことができる．

今回の事例として取り上げた小布施町の地域活性化策・ブランド化から確認できたことは，域内産品を活かしながら時流に合った商品化を恒常的に試みる地域企業が存在していることや，これら企業への個別支援は無論，地域全体に向けた振興策を次々と打ち出す行政側の積極的姿勢，さらに地域づくり・ブランドづくりを目指した地域の盛り上がりなどが必要であることが確認できた．そして，公民（企業・住民）がそれぞれの役割を果たしながらインタラクティブな関係を保持できる体制確保が重要な要素となることも確認できた．

その結果，成功した地域のブランド化は，地域において新たなビジネスの育成，新産業の創出を促すほか，最も重要なことは，地域のブランド化という共通目標に行政，企業，住民が一体となって取り組むことにより，これら三者間での垣根がほぐれ，地域内での連帯感が醸成されたことに大きな意義を見出すことができよう．そして，これまで述べた小布施の事例は，公民連携の代表的な事例の1つともいえる．

  「新潟県農業総合研究所食品研究センター」にみる産業支援から

いつの時だったか新潟県域を訪ねることができた．当地は，地域の産品を生み出す恵まれた自然環境と伝統的な食文化を有し，それだけに新潟産コシヒカリや酒，水産加工品など地域を代表する産品も数多い．しかし，当地域を代表

178 第Ⅲ部 公民連携に向けて

するこれら産品は，決して自然発生的に生まれたものではなく，地域住民，企業，行政の長年にわたる努力の結晶であることを確認する必要がある．そして，ここで取り上げている公民連携のルーツがここにあることも確認しなければならない．

　その先駆けとなった施設が加茂市に立地する「新潟県農業総合研究所食品研究センター」であり，新潟産品のブランド化は同研究センターの研究・開発事業により生まれたものも少なくない．

　ところで，同センターの事業内容をみると，農業および食品産業の振興のための研究開発，技術相談・指導，講習・研修活動，業界団体との連携事業の推進等だが，同センターの最大の特徴を挙げるとすれば，それは指導員が地域企業と密着した研究体制を推進していることである．具体的には，同センターの指導員は企業からの依頼により試験・研究開発を進めるのではなく，あくまで指導員の目線で時代のニーズを先取りし，時代が必要とする製品・技術などの研究開発に自発的に取り組み，開発した製品・技術は，地元企業を集め，講習会などを通して惜しげもなく伝授しているのである．ちなみに，同センターでは，1960年代に米菓の量産技術や切り餅の長期保存技術を確立し，地域企業に技術指導を積極的に進め，企業の事業拡大に貢献したという経緯がある．現在も，「企業に役立つ研究」をモットーに，常に業界団体や企業と密接な交流を図りながら，研究成果を地域企業に伝えている．

　一方，当地域には，こうした公設研究機関の指導を受けながら，同時に自社の独自経営戦略により，製品化に成功している企業も数多い．例えば，亀田製菓は，前述した「新潟県農業総合研究所食品研究センター」が開発した量産技術を取り入れ，全国の市場シェア50％以上を確保するまでに成長している．また，栗山米菓も同センターの技術指導により，多大な業績を上げるまでに至っている．そのほか，名物笹団子で知られる「よし仙」も同様で，同センターが開発した笹団子の冷凍保存技術を取り込み，需要と供給のバランスをとるなどして，事業に成功している．

また，こうした公設試験場の技術指導を取り入れながら，独自の経営戦略を付加することで発展している企業もみられる．その代表例が水産加工品メーカーの加島屋で，同社では地域の農産物にこだわらず，各地から世界最高級の素材を調達する一方で，商品づくりは新潟地方の昔ながらの製法で加工する方式を志向．こうした同社の「新潟の味」が関東圏を中心に"いなかの高級品"として受け入れられている．そのほか，日本古来の酒づくりにこだわり銘酒づくりに注力する一方，地ビール生産量日本一を誇る上原酒造など，独自路線でその地位を確立している企業も数多い．

このように，新潟県域は，現在，食の宝庫として地位を確立しているが，それを成し得た最大の要因は，地域が産品を生み出す恵まれた自然環境と食文化を有していたこともさることながら，前述した「新潟県農業総合研究所食品研究センター」が，業界団体や企業と密接に連携し，企業ニーズに合致した技術研究を推し進め，その成果を民間に速やかに移転する仕組みが構築されていたこと．言い換えれば，公設支援機関の能動的取り組み，民の目線で市場を分析し，マーケットイン型の製品・技術開発を行ったことと，さらに重要なことは，それを受け入れ勝負に出る民間企業が存在したこと，もっと言えば，この地域には公民連携の姿が早くから根付いていた事実を挙げなければならない．

【コラム−7】
福井県大野市和泉自治会の試み[2)]

～「ここに生き続けられるために」の産業推進から公の関わりを考える～

2018（平成30）年4月，福井県大野市東部の和泉地区全戸でつくるまちづくり団体「和泉自治会」が，同会100％出資の株式会社「九頭竜の贈り物」を設立した．この年から山の幸など地元産食材を統一ブランドで商品化し，都市部の料理人や市場に売り出し始めたらしい．この試みは，2012（平成24）年7月に中部縦貫道の開通をにらみ，地区が素通りされて埋没してしまうことへ

の危機感から，住民より自発的に地域のこれからを考える研究会が立ち上がったのがきっかけとなったと聞いている．その想いの１つには，人口減少が著しく進む中，これまで埋もれていた自然素材を活かして自立した経済や雇用創出につなげたいという考え方がある．

ところで，福井県の東端に位置する大野市和泉地区は面積332㎡の約９割が山林で，四方を山に囲まれ，世帯数225戸，人口は481人（2018年３月１日現在）に過ぎない．約50年前は6000人近くいたが，1968（昭和43）年の九頭竜ダム完成や1987（昭和62）年の日本亜鉛鉱業中竜鉱山の採掘中止などが影響し，1990（平成２）年には846人にまで落ち込んだ．そして，今も人口減に悩まされている．こうした中，将来の地区の在り方を模索しようと，和泉自治会が2002（平成14）年に「ここに生き続けられるために」をテーマに，「人・伝統・文化」，「産業」，「生活」の３分野に分かれチームで会合を開くようになった．

新たに立ち上げた会社は，出資額10万円で「産業」チームが提案して設立．和泉自治会の辻善範会長が社長に就き，大野市から借り受けた地区内の空き工場を拠点とし出来上がったものだ．

従業員は住民らのアルバイト30人程度を想定．山菜やキノコ類をはじめ，特産の九頭竜まいたけ，穴馬かぶら，穴馬スイートコーンなど地元でとれた食材を生産者から買い取り，加工や県内外への配送を行う計画で，１年目の売上高は900万円，５年後には3000万円を見込んでいる．

これまで，大野市が定めた第５次大野市総合計画をもとに，地域資源を活かして結の精神によって自立した地域を目指しての法人設立であった．和泉地区は中京方面からの玄関口として，大野市さらには福井県にとっても最も重要な地域であり，近い将来，開通する中部縦貫道のインターチェンジ完成などにより交通の拠点となるはず．その際，和泉地区が単なる通過ポイントではなく，観光・交流拠点となることを目指している．

生き残りへ最後の挑戦

「生き残りを懸けた最後の挑戦」「行動を起こさないわけにはいかない」．過疎が進む大野市和泉地区で会社設立の準備を進めてきた住民たちの想いは熱い．

地元のキノコや山菜を活かそうと，住民が本格的に勉強会を始めたのは2015（平成27）年秋．山に入って採集した食材を使い，シェフや学識者とより価値の高い商品作りを探ってきた．毎回多くの住民が集い，地区全体の高い関心が表れた．「全国各地で地方創生が『よーいどん』で始まった．地区の情報をどれだけ発信するかで将来が変わってくる」．主力メンバーの１人，巣守

第7章　公民連携の動き　*181*

　和義さんは会社設立に至っても「全国を見れば，どこにでもある地方の1つ」と気を緩めることなく，稼ぐ仕組みを整える必要性を訴える．商品化となれば安定した供給や品質が求められる．売り出す側とともに，商品を生み出すベテランの人材が不可欠だ．生産者の高齢化といった課題もあり「地区全体で一丸となって挑む体制づくりが必要」と巣守さんが話す．

　「公の支援は？」という問いかけに対し，巣守さんはこう切り返した．「長浜市の黒壁スクエアや彦根のまちづくりなど地域振興の発展を促すきっかけは公的セクターが作り出す場合が多い．今後，公のセクターにお願いするとしたら，この和泉自治会の取り組みを大野市発の新たなビジネスモデルとして全国に発信してもらいたい」そう，ぽつりと呟いた．大野市は昔から地域ビジネスが盛んなところ．こうした歴史，地域風土，ポテンシャルが宿っている．

　この事例は，公民連携というよりは，民・民連携の典型事例ではある．しかし，高齢化，過疎化する地方圏において，人と人との連携が生きる上での重要性を増していることは間違いない．それを理解したうえで，これから公のセクターが率先してどう関わっていくのか．今，公民の垣根を超えて，生き残りをかけた「かかわりの連鎖」が求められている．

注

1）国立研究開発法人新エネルギー・産業技術総合開発機構．エネルギー・地球環境問題の解決や産業技術力の強化実現に向けた技術開発の推進を通じて，経済産業行政の一翼を担う．自ら研究者を雇うのではなく，技術開発マネジメント機関として，産学官が有する技術力，研究力を最適に組み合わせ，リスクが高い革新的な技術開発，実証を推進してイノベーションを社会実装することで，社会課題の解決や市場創出を目指している．

2）本コラム掲載にあたっては，福井新聞の掲載記事『大野市和泉地区が特産会社設立　食材を統一ブランド化　雇用創出目指す』2018（平成30）年4月1日を参考とした．

3）結（ゆい）は，大野市のブランドイメージ．

むすびにかえて

　そろそろ，まとめに入ろう．第Ⅰ部では，「地域経営」の第1の視点でもある地域の自立的発展を地域固有の資源から考えるために，福井地域をモデルに考察した．ちなみに，第1章では，地域の生成・発展に関して，地域をつくりあげた歴史的背景から辿った．福井県は，嶺北と嶺南の2つの地域から成り立っているが，この2つの地域を歴史的にみるとどのような特徴・違いがあり，それが現在の地域経済とどう結びついているかを考えた．例えば，嶺北は1500年以上前の継体天皇の時代から，どちらかというと大陸文化と関わり合いながら多様な発展を遂げてきた．特に，今の嶺北地域の強みでもある工業技術，とりわけ金属加工技術の発展はこの地域をつくり上げたルーツでもあり，一大消費市場である畿内と一定の距離を置く嶺北地方にとっては工業技術の発展なくしてこの地域の経済は成り立たなかったのではないか．一方，嶺南地域は，畿内という一大消費地をバックヤードに置き，どちらかというと漁業，農業など第1次産業のみで経済力を維持し，豊かな地域として充分な経済価値を保有することが出来たのであろう．しかし，江戸時代に入って，地域の重要な産業でもある製塩業が衰退した事実からも分かるように，豊かさが故の地域特性が現在のウイークポイントとなって出現してしまったのかも知れない．第2章では，地域経済の特徴を歴史観，宗教観，地域風土などの側面から考察した．ここでは，福井県の特徴でもあるクオリティの高い労働力，ひいては「日々の暮らしはつつましく一点豪華主義」の暮らしが，これまでの地域の歴史，文化，宗教，地域風土などによって育まれたことを示唆した．そして，こうした特徴は，今後，福井県の大きな強みとなって作用する可能性を秘めている気がする．第3章では，福井地域内のそれぞれの市まちがどのような歴史や文化，自然景観を保有し，それが現在のまちづくりに，いったいどのような関わりを持っている

かを考察した．それぞれのまちには，それぞれの固有の資源があり，今後，そうした資源をどう活かすかが，地域づくりの重要な鍵となることが考えられる．

　以上，福井地域の資源から地域固有の価値について考えた．福井にとってやるべきことは，福井人自らがもう一度じっくり腰を据えて地域を見つめなおし，その中で隠された福井の魅力，地域の強み・宝を見つけ出し，地域の誇り，プライドを醸成することではなかろうか．言い換えれば，これまでの福井が歩んだ歴史，そこでつくり上げられた伝統，文化，芸術，県民性（暮らし方），産業，モノづくりの知恵，独創性のある販売手法などを基に，今，福井が抱える課題に対し，その方向，方策を見つけ出し未来につなげていくことである．

　ずいぶん前の話だが，著者が読んだ本の中に司馬遼太郎の『越前の諸道』という本があった．福井の嶺北地方を歴史，伝統，文化といった側面から見つめたものである．その中で，司馬遼太郎は，私達たちの住む福井，越前について，こんな一説を残している．「本能寺の変ののちの政局にも，幕末にも越前の存在は大きく，たしかに重要な役割をはたした．しかしどこか，あくのつよさがなく，他人の機略にしてやられるところがしばしばで，その発想には素封家の旦那のようなところがあった……」[1]．と，うまく福井人を言い当てた言葉ではないか．そう思った．確かにある時代ではそんな福井人がいても良い．しかし，今，これからはそんな福井人では通用しない．時代を読みその先を走る，言葉は悪いがもっとしたたかな福井人がいてもいいはずだ．今，まさにそんな新しい福井人に転身する時が来たように思える．そのためには，福井人が自らの手で自己の風土改革を実践することが必要となろう．今は激変の時代，既存の思想，主義，主張も急速に変化する．そのため，自分自身を時代に合わせて変化させなければならない．それは，第三者に言われて変わることでもなく，無理やり変わらされることでもない．今の時代を乗り切るために，変化を見極め，福井人一人ひとりが変わることで将来に夢をつなげていくことができるのではないか．

　いずれにせよ，地域の自立的発展を地域固有の資源から考え地域の再生，発

展を図ること，それこそがこれからの「地域経営」の新たな視点であることは間違いない．

　第Ⅱ部では，「文明から文化へ」と題して，"文明"の"文化"化，つまり，多様な分野で転換期（＝「創造的破壊」が進展している時代）を迎えている今，「地域経営」という視点の１つ，地域内の産業・企業の中で"文明"の"文化"化が起きているか否かを考察した．具体的に地域の産業・企業の中で，実際にどのような転換が起きているか．もっと言えば，地域の産業・企業の中で固有のイノベーションが起きているか否かだが，第４章「地域の製造業」の中では，主要産業である繊維産業，めがね枠産業，化学産業，機械・金属産業ならびに福井に７つある伝統的工芸品産業の歴史的発展過程と現状および変身の未来像を考察した．その結果，技術の高度化を目指す企業群のすごさから，確かに"文明"の"文化"化が起きている事実を読み取ることが出来た．例えば，地域産業各々をみると，繊維産業では，近年，織物，ニット，染色業などで高機能テキスタイル，非衣料分野へ積極的に取り組む企業が増加していること．例えば，セーレンのエアバック，ウラセの電磁波シールド，前田工繊の土木資材，白崎コーポレーションの防草シート，はやぶさ搭載アンテナとして採用されたサカセアドテックの３軸織物複合材，ミツヤおよびSHINDOの炭素繊維複合材料基材（航空機エンジン部材），福井経編興業の人工血管の開発など，様々な分野で高い技術を使って自社独自の製品づくり，固有の技術革新が進んでいる．いわば多様な製品づくりに果敢に挑戦し，自社のオリジナリティーを創る企業が増えているわけだ．また，産元商社の中には，米国，韓国，台湾などのトップアパレルメーカーとの連携を模索し，福井産地が得意とする高機能織物の開発により輸出戦略を強化する動きも広がっている．つまり，経営革新というイノベーションが起きている事実も分かった．これを"文明"の"文化"化と呼べないか．

　めがね枠産業でもめがね枠への加飾技術を応用して携帯電話，自動車内装部品などへ加飾を行う企業や，産地内大手企業では医療分野への参入を打ち出す

など新分野進出を目指す企業もみられるほか，これまでの技術を活かしながらもめがねにとらわれない自由な発想でオリジナル商品の開発に取り組む動きもみられるようになった．こうした動きを確認するにつれ，化学・プラスチック産業，機械・金属産業，伝統的工芸品産業でも新しい分野への挑戦という形で，"文明"の"文化"化が進んでいるような気がした．特に，これらの傾向は，第6章「地域企業の特徴」の中で述べた，シェアトップ企業の多さや多様な技術の保有，グローバル企業の多さが，その事実（福井県産業界での"文明"の"文化"化）を裏付けているような気がした．そして，この結果は長寿企業の多さへとつながっている．

　文化とは「他とは異質なるモノ，地域固有のモノ，言語，地理的条件，気候風土，食……」，文明とは「広く共通しているもの，誰もが参加できる普遍的なもの・合理的なもの・機能的なもの」．Industrie4.0，AI，ビッグデータなどは文明であり，地域はそれらを使って地域固有の文化に置き換えることが出来るかどうか．

　ここでは，「地域経営」という視点で，公的セクターにおける"文明"の"文化"化の現実については考察することが出来なかった．その解明については次の課題としたい．ただ，地域の産業・企業の中では，確実に"文明"の"文化"化が進んでおり，今後，こうした動きが加速すれば，地域の持続的発展につながっていくことは間違いない．

　第Ⅲ部の「公民連携に向けて」では，4つの事例から公民連携の実際を紹介した．その態様には，FOIPのように福井県自体がイニシャチブを持って実行する公民連携もあれば，地元の金融セクターが自主的に地域創生に乗り出すパターン．あるいは，福井県内の動きではないが，小布施町のように自治体・企業・町民それぞれがまちづくりにおいてフラットな形で公民連携を推進する場合など，多様な公民連携の姿を垣間見ることが出来た．もちろんこれからは，今後，PPPやPFI[2]のような高度な公民連携の形が浸透していくであろう．

戦後七十有余年，３大都市圏を除く地方圏では，これまで中央政府から流される一元的な地域振興のための施策に頼り切っていたような気がする．しかし，これからはそうはいかない．今や地方圏の時代，地域は本書で示唆した新しい「地域経営」の視点により，地域自らの手で企画力，ビジョン力，構想力，アイディア力を培いながら，地域の持続的発展を目指して，地域をマネジメント・デザインしていかなければならない．

注

1）司馬遼太郎『街道をゆく18　越前の諸道』朝日新聞出版，2014年より
2）PPP（Public Private Partnership）とは，官と民がパートナーを組んで事業を行うという，新しい官民協力の形態であり，次第に地方自治体で採用が広がる動きを見せている．PPPは，例えば水道やガス，交通など，従来地方自治体が公営で行ってきた事業に，民間事業者が事業の計画段階から参加して，設備は官が保有したまま，設備投資や運営を民間事業者に任せる民間委託などを含む手法を指している．PFI（Private Finance Initiative，民間資金を活用した社会資本整備）との違いは，PFIは，国や地方自治体が基本的な事業計画をつくり，資金やノウハウを提供する民間事業者を入札などで募る方法を指してるのに対して，PPPは，例えば事業の企画段階から民間事業者が参加するなど，より幅広い範囲を民間に任せる手法．

資料編

全国47都道府県および福井県9市の「経済成長力」,「質的経済力」

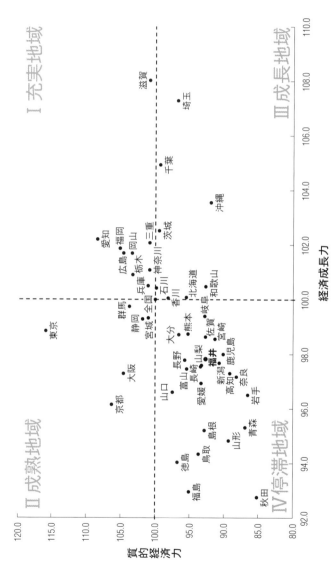

散布図-1　47都道府県の経済成長力と質的経済力 (全国=100.0)

資料：表15『出所一覧表』より，著者が独自作成．

資料編　191

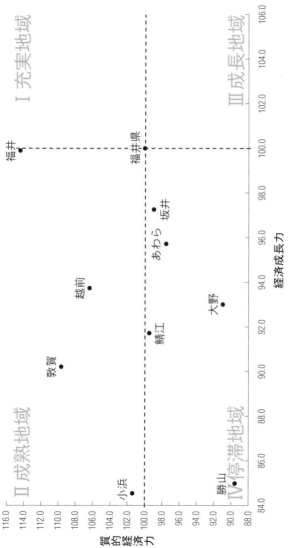

散布図-2　福井県9市の経済成長力と質的経済力（福井県=100.0）

注：経済成長力は、後述の8指標（47都道府県は表1～表3、福井県9市は表8～表10）をもとに算出した過去10年間の成長力を、質的経済力は、後述の9指標（47都道府県は表4～表6、福井県9市は表11～表13）をもとに算出した現在の豊かさを表している。
資料：散布図-1に同じ。

表1 47都道府県・経済成長力（人口増減，事業所増減率，製造事業所増減率）その1

	人口増減				事業所増減率				製造業事業所増減率			
	17年/07年	RANK	水準	CUT後	14年/04年	RANK	水準	CUT後	16年/06年	RANK	水準	CUT後
全国	▲ 1.2	－	100.0	100.0	▲ 0.7	－	100.0	100.0	▲ 15.8	－	100.0	100.0
北海道	▲ 4.6	31	96.5	96.5	1.6	9	102.3	102.3	▲ 14.9	33	101.2	101.2
青森県	▲ 8.7	46	92.3	92.3	▲ 6.4	43	94.2	94.2	▲ 11.2	14	105.5	105.5
岩手県	▲ 7.7	43	93.3	93.3	▲ 4.9	39	95.8	95.8	▲ 14.5	29	101.6	101.6
宮城県	▲ 1.7	11	99.4	99.4	▲ 1.0	20	99.7	99.7	▲ 14.7	31	101.3	101.3
秋田県	▲ 10.3	47	90.7	90.7	▲ 8.3	47	92.3	92.3	▲ 20.3	44	94.7	94.7
山形県	▲ 7.6	42	93.5	93.5	▲ 7.6	46	93.1	93.1	▲ 18.9	39	96.3	96.3
福島県	▲ 7.8	44	93.3	93.3	▲ 7.3	45	93.4	93.4	▲ 18.5	38	96.9	96.9
茨城県	▲ 2.8	18	98.4	98.4	▲ 0.3	14	100.4	100.4	▲ 11.1	12	105.6	105.6
栃木県	▲ 2.5	16	98.6	98.6	▲ 2.4	26	98.3	98.3	▲ 13.3	26	103.0	103.0
群馬県	▲ 3.3	20	97.8	97.8	▲ 4.2	34	96.4	96.4	▲ 12.5	21	104.0	104.0
埼玉県	2.2	5	103.4	103.4	6.5	3	107.2	107.2	▲ 15.4	35	100.5	100.5
千葉県	1.6	7	102.8	102.8	7.1	1	107.8	107.8	▲ 12.1	18	104.4	104.4
東京都	5.5	1	106.8	106.8	▲ 0.3	15	100.4	100.4	▲ 29.3	47	84.0	84.0
神奈川県	2.6	3	103.8	103.8	6.8	2	107.6	107.6	▲ 19.9	42	95.1	95.1
新潟県	▲ 5.7	34	95.4	95.4	▲ 5.9	42	94.7	94.7	▲ 14.0	28	102.2	102.2
富山県	▲ 4.6	30	96.5	96.5	▲ 5.8	41	94.8	94.8	▲ 9.6	8	107.4	107.4
石川県	▲ 2.4	14	98.8	98.8	▲ 4.0	33	96.7	96.7	▲ 13.0	25	103.4	103.4
福井県	▲ 4.4	28	96.7	96.7	▲ 4.8	38	95.8	95.8	▲ 11.3	15	105.4	105.4
山梨県	▲ 5.2	32	95.9	95.9	▲ 3.0	28	97.6	97.6	▲ 12.6	22	103.8	103.8
長野県	▲ 4.1	25	97.0	97.0	▲ 1.4	22	99.3	99.3	▲ 12.7	23	103.7	103.7
岐阜県	▲ 3.9	23	97.3	97.3	▲ 5.1	40	95.5	95.5	▲ 14.8	32	101.2	101.2
静岡県	▲ 2.5	17	98.6	98.6	▲ 3.3	30	97.4	97.4	▲ 16.2	36	99.5	99.5
愛知県	2.4	4	103.6	103.6	▲ 0.4	16	100.2	100.2	▲ 19.0	40	96.3	96.3
三重県	▲ 3.2	19	98.0	98.0	0	11	101.1	101.1	▲ 12.5	20	104.0	104.0
滋賀県	1.7	6	102.9	102.9	4.4	5	105.1	105.1	▲ 4.1	1	113.9	113.9
京都府	▲ 1.8	12	99.3	99.3	▲ 6.4	44	94.2	94.2	▲ 15.2	34	100.8	100.8
大阪府	▲ 0.2	9	101.0	101.0	▲ 2.3	25	98.4	98.4	▲ 20.4	45	94.6	94.6
兵庫県	▲ 1.3	10	99.8	99.8	▲ 0.6	17	100.1	100.1	▲ 16.3	37	99.4	99.4
奈良県	▲ 4.0	24	97.2	97.2	5.6	4	106.3	106.3	▲ 12.4	19	104.1	104.1
和歌山県	▲ 7.2	41	93.9	93.9	▲ 4.8	37	95.9	95.9	▲ 10.5	10	106.3	106.3
鳥取県	▲ 5.9	36	95.2	95.2	▲ 0.8	19	99.9	99.9	▲ 20.3	43	94.7	94.7
島根県	▲ 6.7	39	94.4	94.4	▲ 3.6	31	97.0	97.0	▲ 19.8	41	95.3	95.3
岡山県	▲ 2.4	15	98.7	98.7	3.5	6	104.2	104.2	▲ 12.0	16	104.6	104.6
広島県	▲ 1.9	13	99.2	99.2	2.5	8	103.2	103.2	▲ 6.6	3	111.0	111.0
山口県	▲ 6.4	37	94.7	94.7	▲ 4.6	36	96.0	96.0	▲ 12.7	24	103.7	103.7
徳島県	▲ 6.5	38	94.6	94.6	▲ 1.9	24	98.7	98.7	▲ 21.2	46	93.6	93.6
香川県	▲ 3.5	21	97.6	97.6	▲ 0.6	18	100.1	100.1	▲ 14.6	30	101.5	101.5
愛媛県	▲ 5.8	35	95.3	95.3	▲ 4.3	35	96.4	96.4	▲ 12.1	17	104.5	104.5
高知県	▲ 8.1	45	93.0	93.0	▲ 3.1	29	97.6	97.6	▲ 5.1	2	112.8	112.8
福岡県	0.6	8	101.8	101.8	▲ 0.2	12	100.5	100.5	▲ 6.8	5	110.8	110.8
佐賀県	▲ 4.1	26	97.0	97.0	▲ 1.3	21	99.4	99.4	▲ 9.2	7	107.9	107.9
長崎県	▲ 6.8	40	94.3	94.3	▲ 3.9	32	96.8	96.8	▲ 13.6	27	102.6	102.6
熊本県	▲ 3.5	22	97.6	97.6	0.8	10	101.5	101.5	▲ 11.2	13	105.5	105.5
大分県	▲ 4.3	27	96.8	96.8	▲ 3.0	27	97.7	97.7	▲ 10.8	11	106.0	106.0
宮崎県	▲ 4.5	29	96.6	96.6	▲ 1.6	23	99.1	99.1	▲ 9.7	9	107.3	107.3
鹿児島県	▲ 5.2	33	95.9	95.9	▲ 0.2	13	100.5	100.5	▲ 6.8	6	110.8	110.8
沖縄県	4.7	2	106.0	106.0	2.7	7	103.4	103.4	▲ 6.6	4	110.9	110.9

資料：表15『出所一覧表』より，著者が独自作成．

表2　47都道府県・経済成長力(製造業従業者増減率, 小売業事業所増減率, 小売業従業者増減率)その2

	製造業従業者増減率				小売業事業所増減率				小売業従業者増減率			
	16年/06年	RANK	水準	CUT後	14年/04年	RANK	水準	CUT後	14年/04年	RANK	水準	CUT後
全国	▲ 8.8	―	100.0	100.0	▲ 17.2	―	100.0	100.0	▲ 1.0	―	100.0	100.0
北海道	▲ 6.9	21	102.2	102.2	▲ 13.7	6	104.2	104.2	▲ 6.8	28	94.1	94.1
青森県	▲ 9.3	26	99.5	99.5	▲ 23.0	40	93.0	93.0	▲ 9.8	39	91.1	91.1
岩手県	▲ 16.6	42	91.5	91.5	▲ 23.0	39	93.0	93.0	▲ 5.2	22	95.8	95.8
宮城県	▲ 11.6	35	97.0	97.0	▲ 20.8	32	95.7	95.7	▲ 4.2	16	96.7	96.7
秋田県	▲ 22.1	45	85.5	85.5	▲ 26.2	47	89.2	89.2	▲ 11.7	43	89.2	89.2
山形県	▲ 16.1	41	92.1	92.1	▲ 22.2	37	94.0	94.0	▲ 10.9	40	90.0	90.0
福島県	▲ 19.0	44	88.9	88.9	▲ 24.5	45	91.2	91.2	▲ 14.6	47	86.2	86.2
茨城県	▲ 4.5	15	104.8	104.8	▲ 15.7	8	101.9	101.9	▲ 5.8	24	95.2	95.2
栃木県	▲ 5.8	18	103.4	103.4	▲ 16.3	11	101.1	101.1	▲ 4.6	21	96.3	96.3
群馬県	▲ 3.5	9	105.9	105.9	▲ 19.8	24	96.8	96.8	▲ 7.7	30	93.3	93.3
埼玉県	▲ 9.4	27	99.3	99.3	▲ 4.6	1	115.2	115.2	8.9	2	109.9	109.9
千葉県	▲ 6.6	19	102.5	102.5	▲ 13.4	5	104.7	104.7	0.2	8	101.2	101.2
東京都	▲ 26.7	47	80.4	80.4	▲ 11.4	2	107.0	107.0	15.2	1	116.3	116.3
神奈川県	▲ 15.5	40	92.7	92.7	▲ 12.1	3	106.2	106.2	5.3	3	106.4	106.4
新潟県	▲ 11.0	32	97.6	97.6	▲ 21.0	33	95.5	95.5	▲ 5.7	23	95.2	95.2
富山県	▲ 4.0	11	105.4	105.4	▲ 24.4	44	91.3	91.3	▲ 11.8	45	89.0	89.0
石川県	▲ 4.4	14	104.8	104.8	▲ 17.1	12	100.2	100.2	▲ 6.7	27	94.3	94.3
福井県	▲ 5.4	17	103.8	103.8	▲ 19.9	27	96.7	96.7	▲ 4.1	15	96.9	96.9
山梨県	▲ 11.1	33	97.5	97.5	▲ 20.6	30	95.9	95.9	▲ 4.6	20	96.3	96.3
長野県	▲ 12.6	37	95.9	95.9	▲ 17.8	16	99.3	99.3	▲ 7.9	33	93.0	93.0
岐阜県	▲ 4.6	16	104.7	104.7	▲ 17.6	14	99.5	99.5	▲ 4.5	19	96.4	96.4
静岡県	▲ 11.3	34	97.3	97.3	▲ 16.1	10	101.4	101.4	▲ 4.2	17	96.7	96.7
愛知県	▲ 2.0	8	107.5	107.5	▲ 12.5	4	105.7	105.7	4.0	5	105.1	105.1
三重県	▲ 4.2	13	105.1	105.1	▲ 16.0	9	101.5	101.5	▲ 3.4	14	97.5	97.5
滋賀県	3.7	2	113.7	113.7	▲ 14.5	7	103.3	103.3	1.1	7	102.1	102.1
京都府	▲ 11.9	36	96.6	96.6	▲ 21.1	34	95.3	95.3	▲ 5.9	25	95.1	95.1
大阪府	▲ 14.8	39	93.5	93.5	▲ 18.8	20	98.1	98.1	3.3	6	104.3	104.3
兵庫県	▲ 4.2	12	105.1	105.1	▲ 18.7	19	98.2	98.2	▲ 2.4	11	98.6	98.6
奈良県	▲ 17.7	43	90.3	90.3	▲ 18.9	21	98.0	98.0	▲ 11.0	41	89.9	89.9
和歌山県	4.0	1	114.1	114.1	▲ 24.4	43	91.4	91.4	▲ 6.4	26	94.5	94.5
鳥取県	▲ 22.9	46	84.5	84.5	▲ 19.9	26	96.8	96.8	▲ 7.0	29	93.9	93.9
島根県	▲ 14.5	38	93.8	93.8	▲ 21.7	35	94.5	94.5	▲ 9.7	38	91.2	91.2
岡山県	▲ 6.6	20	102.4	102.4	▲ 18.6	17	98.3	98.3	▲ 1.1	9	99.9	99.9
広島県	▲ 1.1	3	108.5	108.5	▲ 17.6	15	99.5	99.5	▲ 3.1	13	97.8	97.8
山口県	▲ 1.2	4	108.4	108.4	▲ 24.8	46	90.9	90.9	▲ 12.8	46	88.1	88.1
徳島県	▲ 10.2	28	98.5	98.5	▲ 24.1	41	91.7	91.7	▲ 8.9	35	92.0	92.0
香川県	▲ 1.7	6	107.8	107.8	▲ 19.2	22	97.6	97.6	▲ 3.1	12	97.9	97.9
愛媛県	▲ 8.3	25	100.6	100.6	▲ 24.3	42	91.4	91.4	▲ 9.0	37	91.9	91.9
高知県	▲ 8.2	24	100.7	100.7	▲ 20.2	28	96.4	96.4	▲ 7.8	32	93.1	93.1
福岡県	▲ 1.9	7	107.6	107.6	▲ 17.5	13	99.7	99.7	▲ 1.6	10	99.4	99.4
佐賀県	▲ 7.7	22	101.2	101.2	▲ 20.0	29	96.1	96.1	▲ 8.8	34	92.1	92.1
長崎県	▲ 1.3	5	108.3	108.3	▲ 22.8	38	93.3	93.3	▲ 11.8	44	89.1	89.1
熊本県	▲ 10.7	30	98.0	98.0	▲ 19.9	25	96.8	96.8	▲ 11.4	42	89.4	89.4
大分県	▲ 11.0	31	97.7	97.7	▲ 22.0	36	94.3	94.3	▲ 7.7	31	93.2	93.2
宮崎県	▲ 10.3	29	98.4	98.4	▲ 19.4	23	97.4	97.4	▲ 9.0	36	91.9	91.9
鹿児島県	▲ 7.9	23	101.1	101.1	▲ 20.7	31	95.8	95.8	▲ 4.4	18	96.6	96.6
沖縄県	▲ 3.7	10	105.6	105.6	▲ 18.7	18	98.2	98.2	4.3	4	105.4	105.4

資料：表1に同じ.

表3　47都道府県・経済成長力（年間商品販売額増減率, 売り場面積増減率, 経済成長率）その3

	年間商品販売額増減率				売場面積増減率			
	14年/04年	RANK	水準	CUT後	14年/04年	RANK	水準	CUT後
全国	▲ 8.3	－	100.0	100.0	▲ 6.4	－	100.0	100.0
北海道	▲ 10.4	27	97.7	97.7	▲ 4.2	16	102.4	102.4
青森県	▲ 16.9	45	90.7	90.7	▲ 10.0	38	96.2	96.2
岩手県	▲ 8.8	21	99.4	99.4	▲ 5.1	17	101.5	101.5
宮城県	▲ 5.1	9	103.5	103.5	▲ 5.3	20	101.2	101.2
秋田県	▲ 10.4	28	97.7	97.7	▲ 3.8	13	102.8	102.8
山形県	▲ 7.5	16	101.0	101.0	▲ 7.6	28	98.7	98.7
福島県	▲ 6.6	13	101.9	101.9	▲ 14.1	44	91.8	91.8
茨城県	▲ 4.0	5	104.7	104.7	2.2	4	109.2	109.2
栃木県	▲ 4.9	6	103.8	103.8	▲ 3.9	14	102.7	102.7
群馬県	▲ 4.9	7	103.7	103.7	▲ 6.4	24	100.1	100.1
埼玉県	▲ 0.1	2	109.0	109.0	6.3	2	113.6	113.6
千葉県	▲ 3.0	3	105.8	105.8	3.2	3	110.3	110.3
東京都	▲ 5.6	10	103.0	103.0	▲ 13.2	43	92.8	92.8
神奈川県	▲ 9.8	25	98.4	98.4	▲ 7.9	29	98.4	98.4
新潟県	▲ 8.1	18	100.3	100.3	▲ 6.0	22	100.5	100.5
富山県	▲ 11.1	33	97.0	97.0	▲ 8.1	31	98.2	98.2
石川県	▲ 10.1	26	98.1	98.1	0.2	6	107.1	107.1
福井県	▲ 18.5	47	88.9	88.9	▲ 8.0	30	98.4	98.4
山梨県	▲ 13.5	37	94.4	94.4	▲ 7.2	26	99.2	99.2
長野県	▲ 10.5	29	97.7	97.7	▲ 9.8	36	96.4	96.4
岐阜県	▲ 9.1	23	99.1	99.1	▲ 5.2	19	101.3	101.3
静岡県	▲ 6.2	11	102.4	102.4	▲ 5.6	21	100.9	100.9
愛知県	▲ 8.0	17	100.4	100.4	▲ 7.5	27	98.9	98.9
三重県	▲ 5.0	8	103.7	103.7	▲ 1.0	8	105.8	105.8
滋賀県	▲ 3.4	4	105.4	105.4	10.2	1	117.7	117.7
京都府	▲ 16.0	42	91.6	91.6	▲ 10.0	37	96.2	96.2
大阪府	▲ 12.3	35	95.7	95.7	▲ 13.1	42	92.8	92.8
兵庫県	▲ 7.1	14	101.4	101.4	▲ 5.1	18	101.4	101.4
奈良県	▲ 14.2	38	93.6	93.6	▲ 8.4	33	97.9	97.9
和歌山県	▲ 8.4	19	100.0	100.0	0.8	5	107.7	107.7
鳥取県	▲ 16.1	43	91.6	91.6	▲ 8.3	32	98.0	98.0
島根県	▲ 15.2	39	92.5	92.5	▲ 3.7	11	102.9	102.9
岡山県	▲ 6.4	12	102.1	102.1	▲ 3.3	9	103.3	103.3
広島県	▲ 8.9	22	99.4	99.4	▲ 11.2	40	94.9	94.9
山口県	▲ 16.4	44	91.2	91.2	▲ 6.5	25	99.9	99.9
徳島県	▲ 17.4	46	90.1	90.1	▲ 13.0	41	93.0	93.0
香川県	▲ 10.5	30	97.6	97.6	▲ 6.1	23	100.3	100.3
愛媛県	▲ 15.5	41	92.1	92.1	▲ 3.4	10	103.2	103.2
高知県	▲ 12.7	36	95.2	95.2	▲ 16.2	45	89.6	89.6
福岡県	▲ 10.7	31	97.5	97.5	▲ 8.6	34	97.7	97.7
佐賀県	▲ 15.2	40	92.5	92.5	▲ 3.8	12	102.9	102.9
長崎県	▲ 8.4	20	99.9	99.9	▲ 10.2	39	96.0	96.0
熊本県	▲ 9.6	24	98.6	98.6	▲ 4.2	15	102.4	102.4
大分県	▲ 10.7	32	97.4	97.4	▲ 0.2	7	106.6	106.6
宮崎県	▲ 7.1	15	101.3	101.3	▲ 9.7	35	96.5	96.5
鹿児島県	▲ 11.5	34	96.6	96.6	▲ 18.8	47	86.8	86.8
沖縄県	2.6	1	111.9	111.9	▲ 18.6	46	87.0	87.0

資料：表1に同じ.

資料編　*195*

表4　47都道府県・質的経済力（若者(20〜34歳)人口比率, 昼間人口比率, 医師割合）その1

	若者(20〜34歳)人口比率				昼間人口比率				医師割合(対人口)			
	2017年	RANK	水準	CUT後	2015年	RANK	水準	CUT後	2014年	RANK	水準	CUT後
全国	16.0	－	100.0	100.0	100.0	－	100.0	100.0	0.25	－	100.0	100.0
北海道	14.4	29	90.5	90.5	99.9	17	99.9	99.9	0.24	26	98.1	98.1
青森県	13.3	45	83.2	83.2	99.8	24	99.8	99.8	0.20	41	82.0	82.0
岩手県	13.5	43	84.3	84.3	99.8	28	99.8	99.8	0.21	40	83.2	83.2
宮城県	16.4	9	102.5	102.5	100.3	5	100.3	100.3	0.24	27	94.8	94.8
秋田県	12.1	47	75.7	75.7	99.8	31	99.8	99.8	0.23	32	92.7	92.7
山形県	13.6	41	85.2	85.2	99.7	32	99.7	99.7	0.23	28	94.6	94.6
福島県	14.7	25	92.3	92.3	100.2	10	100.2	100.2	0.20	44	79.8	79.8
茨城県	15.6	13	98.0	98.0	97.5	40	97.5	97.5	0.18	46	72.1	72.1
栃木県	15.7	12	98.2	98.2	99.0	37	99.0	99.0	0.23	34	91.2	91.2
群馬県	15.2	19	95.0	95.0	99.8	25	99.8	99.8	0.23	31	93.3	93.3
埼玉県	16.5	7	103.2	103.2	88.9	47	88.9	88.9	0.16	47	64.5	70.0
千葉県	16.4	8	102.5	102.5	89.7	46	89.7	89.7	0.19	45	77.0	77.0
東京都	19.6	1	123.0	123.0	117.8	1	117.8	117.8	0.33	2	134.0	130.0
神奈川県	16.7	4	104.5	104.5	91.2	44	91.2	91.2	0.21	38	85.6	85.6
新潟県	14.2	32	88.9	88.9	99.9	21	99.9	99.9	0.20	42	82.0	82.0
富山県	14.1	33	88.3	88.3	99.8	30	99.8	99.8	0.25	22	101.1	101.1
石川県	15.3	17	95.6	95.6	100.2	8	100.2	100.2	0.29	9	116.8	116.8
福井県	15.0	21	93.9	93.9	100.0	15	100.0	100.0	0.25	21	102.2	102.2
山梨県	14.8	24	92.6	92.6	99.2	36	99.2	99.2	0.23	30	94.1	94.1
長野県	13.9	37	87.0	87.0	99.8	29	99.8	99.8	0.23	33	92.2	92.2
岐阜県	14.9	22	93.6	93.6	96.1	42	96.1	96.1	0.21	39	85.2	85.2
静岡県	15.0	20	94.0	94.0	99.8	26	99.8	99.8	0.20	43	81.9	81.9
愛知県	17.3	2	108.5	108.5	101.4	4	101.4	101.4	0.22	37	87.9	87.9
三重県	15.2	18	95.1	95.1	98.3	38	98.3	98.3	0.22	36	88.5	88.5
滋賀県	16.2	10	101.8	101.8	96.5	41	96.5	96.5	0.23	35	91.1	91.1
京都府	16.0	11	100.1	100.1	101.8	3	101.8	101.8	0.34	1	136.6	130.0
大阪府	16.5	6	103.5	103.5	104.4	2	104.4	104.4	0.28	13	113.2	113.2
兵庫県	15.4	16	96.5	96.5	95.7	43	95.7	95.7	0.24	24	98.6	98.6
奈良県	14.7	26	91.8	91.8	90.0	45	90.0	90.0	0.23	29	94.4	94.4
和歌山県	14.0	35	88.0	88.0	98.2	39	98.2	98.2	0.29	11	115.1	115.1
鳥取県	14.3	30	89.7	89.7	99.9	23	99.9	99.9	0.31	4	126.1	126.1
島根県	13.5	44	84.3	84.3	100.1	12	100.1	100.1	0.28	12	113.9	113.9
岡山県	15.5	15	97.4	97.4	100.0	13	100.0	100.0	0.30	7	122.1	122.1
広島県	15.6	14	97.8	97.8	100.2	9	100.2	100.2	0.27	17	107.0	107.0
山口県	13.5	42	84.8	84.8	99.6	34	99.6	99.6	0.26	19	104.8	104.8
徳島県	14.1	34	88.1	88.1	99.6	33	99.6	99.6	0.32	3	131.0	130.0
香川県	14.6	28	91.3	91.3	100.2	7	100.2	100.2	0.28	14	112.9	112.9
愛媛県	13.9	36	87.3	87.3	100.0	14	100.0	100.0	0.26	18	106.5	106.5
高知県	12.9	46	81.1	81.1	99.9	20	99.9	99.9	0.31	6	123.6	123.6
福岡県	16.6	5	103.9	103.9	100.1	11	100.1	100.1	0.31	5	124.8	124.8
佐賀県	14.9	23	93.3	93.3	100.2	6	100.2	100.2	0.28	15	112.4	112.4
長崎県	13.7	39	86.2	86.2	99.8	27	99.8	99.8	0.30	8	121.8	121.8
熊本県	14.6	27	91.4	91.4	99.5	35	99.5	99.5	0.29	10	116.5	116.5
大分県	14.3	31	89.6	89.6	99.9	18	99.9	99.9	0.27	16	110.0	110.0
宮崎県	13.7	40	85.6	85.6	99.9	19	99.9	99.9	0.24	23	98.8	98.8
鹿児島県	13.8	38	86.4	86.4	99.9	22	99.9	99.9	0.26	20	104.5	104.5
沖縄県	17.2	3	107.7	107.7	100.0	16	100.0	100.0	0.24	25	98.6	98.6

資料：表1に同じ.

表5　47都道府県・質的経済力（社会増減（転入出）比率，従業員あたり粗付加価値額，従業員あたり年間商品販売額）その2

	社会増減（転入出）比率				従業員あたり粗付加価値額				従業員あたり年間商品販売額			
	2017年	RANK	水準	CUT後	2016年	RANK	水準	CUT後	2014年	RANK	水準	CUT後
全国	99.7	−	100.0	100.0	1,418.1	−	100.0	100.0	1,589.6	−	100.0	100.0
北海道	96.8	15	97.1	97.1	1,130.0	35	79.7	79.7	1,753.5	2	110.3	110.3
青森県	84.2	46	84.5	84.5	1,252.0	24	88.3	88.3	1,493.6	35	94.0	94.0
岩手県	89.7	40	90.0	90.0	853.4	44	60.2	70.0	1,529.2	28	96.2	96.2
宮城県	98.9	8	99.3	99.3	1,204.3	29	84.9	84.9	1,638.8	10	103.1	103.1
秋田県	82.8	47	83.1	83.1	868.5	43	61.2	70.0	1,575.9	21	99.1	99.1
山形県	88.2	43	88.5	88.5	950.6	42	67.0	70.0	1,641.8	9	103.3	103.3
福島県	89.8	38	90.1	90.1	1,168.6	33	82.4	82.4	1,755.2	1	110.4	110.4
茨城県	96.1	17	96.5	96.5	1,555.4	11	109.7	109.7	1,656.4	8	104.2	104.2
栃木県	94.9	22	95.2	95.2	1,597.9	9	112.7	112.7	1,707.5	4	107.4	107.4
群馬県	95.1	21	95.4	95.4	1,746.9	4	123.2	123.2	1,696.9	5	106.7	106.7
埼玉県	105.9	3	106.2	106.2	1,255.8	22	88.6	88.6	1,597.7	16	100.5	100.5
千葉県	106.3	2	106.7	106.7	1,485.1	17	104.7	104.7	1,589.2	17	100.0	100.0
東京都	109.5	1	109.9	109.9	1,260.8	21	88.9	88.9	1,717.2	3	108.0	108.0
神奈川県	102.5	4	102.9	102.9	1,544.5	14	108.9	108.9	1,522.6	31	95.8	95.8
新潟県	90.3	36	90.6	90.6	1,063.0	38	75.0	75.0	1,577.6	20	99.2	99.2
富山県	95.4	19	95.7	95.7	1,235.4	25	87.1	87.1	1,637.5	11	103.0	103.0
石川県	96.9	14	97.2	97.2	1,200.4	30	84.6	84.6	1,629.5	12	102.5	102.5
福井県	90.1	37	90.4	90.4	1,204.7	28	85.0	85.0	1,413.5	43	88.9	88.9
山梨県	92.4	27	92.7	92.7	1,433.3	18	101.1	101.1	1,515.9	33	95.4	95.4
長野県	95.4	20	95.7	95.7	1,197.3	31	84.4	84.4	1,680.5	7	105.7	105.7
岐阜県	90.8	35	91.1	91.1	1,059.2	39	74.7	74.7	1,550.7	26	97.5	97.5
静岡県	94.6	23	95.0	95.0	1,550.6	12	109.3	109.3	1,688.1	6	106.2	106.2
愛知県	101.7	6	102.1	102.1	1,811.0	3	127.7	127.7	1,627.6	13	102.4	102.4
三重県	92.8	25	93.1	93.1	1,707.2	5	120.4	120.4	1,602.7	15	100.8	100.8
滋賀県	98.1	11	98.4	98.4	1,620.6	8	114.3	114.3	1,462.8	39	92.0	92.0
京都府	98.6	10	98.9	98.9	1,573.6	10	111.0	111.0	1,523.4	30	95.8	95.8
大阪府	100.4	7	100.8	100.8	1,273.1	20	89.8	89.8	1,549.5	27	97.5	97.5
兵庫県	96.2	16	96.5	96.5	1,520.2	15	107.2	107.2	1,521.7	32	95.7	95.7
奈良県	91.5	30	91.8	91.8	1,149.8	34	81.1	81.1	1,470.2	38	92.5	92.5
和歌山県	84.3	45	84.6	84.6	1,549.5	13	109.3	109.3	1,439.3	41	90.5	90.5
鳥取県	91.4	31	91.7	91.7	834.2	46	58.8	70.0	1,561.2	24	98.2	98.2
島根県	92.8	24	93.1	93.1	1,109.2	37	78.2	78.2	1,554.7	25	97.8	97.8
岡山県	97.0	13	97.3	97.3	1,506.8	16	106.3	106.3	1,584.2	18	99.7	99.7
広島県	97.4	12	97.8	97.8	1,625.6	6	114.6	114.6	1,569.8	22	98.8	98.8
山口県	91.6	29	91.9	91.9	1,944.6	2	137.1	130.0	1,486.5	36	93.5	93.5
徳島県	91.2	33	91.5	91.5	1,984.7	1	139.9	130.0	1,388.1	46	87.3	87.3
香川県	95.8	18	96.1	96.1	1,231.2	26	86.8	86.8	1,582.1	19	99.5	99.5
愛媛県	89.8	39	90.1	90.1	1,420.7	19	100.2	100.2	1,456.8	40	91.6	91.6
高知県	89.6	41	89.9	89.9	837.7	45	59.1	70.0	1,394.9	45	87.7	87.7
福岡県	101.8	5	102.1	102.1	1,252.8	23	88.3	88.3	1,481.5	37	93.2	93.2
佐賀県	91.3	32	91.6	91.6	1,206.5	27	85.1	85.1	1,412.6	44	88.9	88.9
長崎県	88.3	42	88.6	88.6	1,017.4	41	71.7	71.7	1,609.8	14	101.3	101.3
熊本県	90.9	34	91.2	91.2	1,184.8	32	83.5	83.5	1,523.6	29	95.8	95.8
大分県	92.1	28	92.4	92.4	1,624.7	7	114.6	114.6	1,496.7	34	94.2	94.2
宮崎県	88.2	44	88.5	88.5	1,112.5	36	78.5	78.5	1,569.8	23	98.8	98.8
鹿児島県	92.7	26	93.0	93.0	1,018.7	40	71.8	71.8	1,413.7	42	88.9	88.9
沖縄県	98.8	9	99.1	99.1	805.9	47	56.8	70.0	1,245.2	47	78.3	78.3

資料：表1に同じ.

資料編　*197*

表6　47都道府県・質的経済力（流出入係数, 財政力指数, 出生率）その3

	流出入係数				財政力指数				出生者割合（出生者／人口）			
	2014年	RANK	水準	CUT後	2016年	RANK	水準	CUT後	17年	RANK	水準	CUT後
全国	1.00	－	100.0	100.0	0.51	－	100.0	100.0	0.78	－	100.0	100.0
北海道	1.13	2	113.2	113.2	0.44	27	86.1	86.1	0.66	44	84.6	84.6
青森県	0.96	29	96.2	96.2	0.34	37	67.4	70.0	0.66	45	84.1	84.1
岩手県	1.01	18	101.1	101.1	0.35	34	69.6	70.0	0.66	46	84.0	84.0
宮城県	1.06	6	105.6	105.6	0.61	13	121.6	121.6	0.76	24	97.2	97.2
秋田県	1.05	8	105.3	105.3	0.31	44	61.1	70.0	0.55	47	70.9	70.9
山形県	1.06	5	105.6	105.6	0.35	35	69.5	70.0	0.68	42	86.9	86.9
福島県	1.04	13	103.6	103.6	0.53	19	105.6	105.6	0.71	32	91.5	91.5
茨城県	0.99	24	98.6	98.6	0.64	9	126.1	126.1	0.72	31	92.4	92.4
栃木県	1.04	12	103.6	103.6	0.64	8	126.6	126.6	0.75	26	95.7	95.7
群馬県	1.07	3	106.6	106.6	0.62	12	123.6	123.6	0.70	36	90.2	90.2
埼玉県	0.86	44	86.5	86.5	0.77	5	151.5	130.0	0.76	23	97.2	97.2
千葉県	0.88	41	88.4	88.4	0.78	4	154.0	130.0	0.74	28	94.9	94.9
東京都	1.25	1	124.9	124.9	1.10	1	217.9	130.0	0.86	5	110.2	110.2
神奈川県	0.87	43	87.2	87.2	0.91	3	179.7	130.0	0.79	13	101.5	101.5
新潟県	1.03	14	102.7	102.7	0.45	25	89.3	89.3	0.69	40	88.4	88.4
富山県	1.03	15	102.7	102.7	0.47	24	92.3	92.3	0.69	38	88.7	88.7
石川県	1.06	4	105.8	105.8	0.48	22	96.0	96.0	0.78	16	100.1	100.1
福井県	0.96	31	95.9	95.9	0.39	32	77.9	77.9	0.78	17	99.9	99.9
山梨県	0.96	30	95.9	95.9	0.40	31	78.4	78.4	0.70	37	89.8	89.8
長野県	1.05	7	105.5	105.5	0.50	21	98.2	98.2	0.73	30	93.0	93.0
岐阜県	0.97	27	96.8	96.8	0.53	18	105.7	105.7	0.74	29	94.4	94.4
静岡県	1.04	11	104.0	104.0	0.72	7	142.4	130.0	0.75	25	96.5	96.5
愛知県	1.03	17	102.6	102.6	0.92	2	182.2	130.0	0.88	2	112.8	112.8
三重県	1.00	20	100.0	100.0	0.59	15	115.8	115.8	0.75	27	95.5	95.5
滋賀県	0.93	35	93.4	93.4	0.55	17	108.8	108.8	0.87	4	111.3	111.3
京都府	1.04	10	104.4	104.4	0.58	16	115.6	115.6	0.77	20	99.0	99.0
大阪府	1.00	22	99.9	99.9	0.77	6	151.4	130.0	0.80	12	102.4	102.4
兵庫県	0.93	37	92.5	92.5	0.63	11	125.4	125.4	0.79	14	101.4	101.4
奈良県	0.80	46	80.1	80.1	0.42	29	83.2	83.2	0.69	39	88.6	88.6
和歌山県	0.91	38	90.9	90.9	0.33	42	64.7	70.0	0.68	41	87.5	87.5
鳥取県	0.98	26	97.9	97.9	0.27	45	52.5	70.0	0.78	18	99.8	99.8
島根県	1.00	23	99.7	99.7	0.25	47	49.9	70.0	0.77	21	98.3	98.3
岡山県	1.01	19	100.9	100.9	0.52	20	102.4	102.4	0.82	9	104.4	104.4
広島県	1.03	16	102.7	102.7	0.60	14	119.0	119.0	0.81	10	103.8	103.8
山口県	0.95	34	94.8	94.8	0.44	26	87.1	87.1	0.71	33	91.0	91.0
徳島県	0.84	45	84.0	84.0	0.33	41	65.2	70.0	0.71	35	90.4	90.4
香川県	1.04	9	104.4	104.4	0.48	23	94.1	94.1	0.76	22	97.9	97.9
愛媛県	0.89	40	89.1	89.1	0.43	28	84.1	84.1	0.71	34	90.9	90.9
高知県	0.95	33	95.1	95.1	0.26	46	51.1	70.0	0.66	43	84.8	84.8
福岡県	0.97	28	96.7	96.7	0.63	10	125.4	125.4	0.87	3	111.6	111.6
佐賀県	0.88	42	87.5	87.5	0.34	36	67.5	70.0	0.82	8	105.3	105.3
長崎県	1.00	21	99.9	99.9	0.33	43	64.5	70.0	0.79	15	101.3	101.3
熊本県	0.93	36	93.1	93.1	0.40	30	78.9	78.9	0.84	6	107.4	107.4
大分県	0.96	32	95.7	95.7	0.37	33	73.3	73.3	0.78	19	99.7	99.7
宮崎県	0.98	25	98.5	98.5	0.33	39	65.8	70.0	0.81	11	103.2	103.2
鹿児島県	0.90	39	90.4	90.4	0.33	38	65.9	70.0	0.83	7	105.8	105.8
沖縄県	0.74	47	73.7	73.7	0.33	40	65.8	70.0	1.15	1	147.0	130.0

資料：表1に同じ.

表7 47都道府県の経済成長力, 質的経済力 (総合)

	経済成長力 (総合)			質的経済力 (総合)		
	水準	CUT後	RANK	水準	CUT後	RANK
全国	100.0	100.0	—	100.0	100.0	—
北海道	100.1	100.1	16	95.5	95.5	25
青森県	95.3	95.3	41	86.6	86.9	45
岩手県	96.5	96.5	39	85.4	86.5	46
宮城県	99.3	99.3	20	101.0	101.0	12
秋田県	92.8	92.8	47	83.2	85.2	47
山形県	94.8	94.8	43	88.9	89.3	42
福島県	93.0	93.0	46	95.1	95.1	28
茨城県	102.5	102.5	5	99.5	99.5	17
栃木県	100.9	100.9	12	103.3	103.3	9
群馬県	99.7	99.7	18	103.8	103.8	7
埼玉県	107.3	107.3	2	98.6	96.8	21
千葉県	104.9	104.9	3	102.0	99.3	18
東京都	98.8	98.8	22	126.1	115.9	1
神奈川県	101.1	101.1	11	106.4	100.8	13
新潟県	97.7	97.7	30	90.7	90.7	40
富山県	97.5	97.5	33	95.4	95.4	26
石川県	100.4	100.4	15	99.9	99.9	16
福井県	97.8	97.8	28	92.7	92.7	37
山梨県	97.6	97.6	31	93.2	93.2	32
長野県	97.8	97.8	29	95.7	95.7	24
岐阜県	99.4	99.4	19	92.8	92.8	34
静岡県	99.3	99.3	21	103.2	101.9	10
愛知県	102.2	102.2	6	114.2	108.4	2
三重県	102.1	102.1	7	100.8	100.8	15
滋賀県	108.0	108.0	1	100.8	100.8	14
京都府	96.1	96.1	40	107.0	106.3	3
大阪府	97.3	97.3	35	107.0	104.6	6
兵庫県	100.5	100.5	13	101.1	101.1	11
奈良県	97.2	97.2	36	88.2	88.2	44
和歌山県	100.5	100.5	14	92.1	92.7	36
鳥取県	94.3	94.3	44	90.5	93.7	29
島根県	95.2	95.2	42	90.6	92.8	33
岡山県	101.7	101.7	10	103.4	103.4	8
広島県	101.7	101.7	9	104.6	104.6	5
山口県	96.6	96.6	38	98.3	97.5	20
徳島県	94.0	94.0	45	97.4	96.8	22
香川県	100.0	100.0	17	98.1	98.1	19
愛媛県	96.9	96.9	37	93.3	93.3	31
高知県	97.3	97.3	34	85.8	89.1	43
福岡県	101.9	101.9	8	105.1	105.1	4
佐賀県	98.6	98.6	25	92.4	92.7	35
長崎県	97.5	97.5	32	92.8	93.4	30
熊本県	98.7	98.7	23	95.2	95.2	27
大分県	98.7	98.7	24	96.6	96.6	23
宮崎県	98.5	98.5	26	90.8	91.3	39
鹿児島県	98.0	98.0	27	89.6	90.1	41
沖縄県	103.5	103.5	4	91.9	91.9	38

資料：表1に同じ.

資料編　*199*

表8　福井県9市・経済成長力（人口増減, 事業所増減率, 製造事業所増減率）その1

	人口増減				事業所増減率				製造業事業所増減率			
	17年/07年	RANK	水準	CUT後	14年/04年	RANK	水準	CUT後	16年/06年	RANK	水準	CUT後
福井県	▲ 4.4	—	100.0	100.0	▲ 4.8	—	100.0	100.0	▲ 11.3	—	100.0	100.0
福井市	▲ 1.8	2	102.7	102.7	0.8	1	105.9	105.9	0.0	2	112.7	112.7
敦賀市	▲ 2.9	4	101.6	101.6	▲ 0.8	2	104.2	104.2	▲ 23.6	9	86.1	86.1
小浜市	▲ 7.6	6	96.7	96.7	▲ 8.7	4	95.9	95.9	▲ 22.3	8	87.6	87.6
大野市	▲ 11.8	8	92.2	92.2	▲ 8.9	6	95.7	95.7	1.0	1	113.8	113.8
勝山市	▲ 12.0	9	92.1	92.1	▲ 13.5	9	90.9	90.9	▲ 15.7	5	95.0	95.0
鯖江市	1.6	1	106.4	106.4	▲ 10.5	7	94.1	94.1	▲ 11.9	4	99.3	99.3
あわら市	▲ 8.5	7	95.8	95.8	▲ 8.9	5	95.8	95.8	▲ 16.8	6	93.8	93.8
越前市	▲ 5.2	5	99.1	99.1	▲ 12.6	8	91.9	91.9	▲ 19.1	7	91.2	91.2
坂井市	▲ 2.5	3	102.1	102.1	▲ 1.3	3	103.7	103.7	▲ 10.6	3	100.8	100.8

資料：表1に同じ.

表9　福井県9市・経済成長力（製造業従業者増減率, 小売業事業所増減率, 小売業従業者増減率）その2

	製造業従業者増減率				小売業事業所増減率				小売業従業者増減率			
	16年/06年	RANK	水準	CUT後	14年/04年	RANK	水準	CUT後	14年/04年	RANK	水準	CUT後
福井県	▲ 5.4	—	100.0	100.0	▲ 19.9	—	100.0	100.0	▲ 4.1	—	100.0	100.0
福井市	▲ 0.9	4	104.7	104.7	▲ 33.2	1	83.4	83.4	▲ 19.5	1	83.9	83.9
敦賀市	▲ 26.2	8	78.0	78.0	▲ 35.8	3	80.2	80.2	▲ 23.8	3	79.5	79.5
小浜市	▲ 28.2	9	75.9	75.9	▲ 44.7	9	69.0	70.0	▲ 30.4	7	72.6	72.6
大野市	▲ 5.4	3	105.3	105.3	▲ 43.2	8	71.0	71.0	▲ 33.8	8	69.0	70.0
勝山市	▲ 12.9	7	92.0	92.0	▲ 42.5	7	71.8	71.8	▲ 35.8	9	66.9	70.0
鯖江市	▲ 12.8	6	92.1	92.1	▲ 33.7	2	82.8	82.8	▲ 28.7	6	74.4	74.4
あわら市	21.3	1	128.2	128.2	▲ 41.6	6	72.9	72.9	▲ 26.9	5	76.2	76.2
越前市	3.9	2	109.8	109.8	▲ 41.5	5	73.1	73.1	▲ 26.8	4	76.3	76.3
坂井市	▲ 10.4	5	94.7	94.7	▲ 36.1	4	79.8	79.8	▲ 23.0	2	80.3	80.3

資料：表1に同じ.

表10　福井県9市・経済成長力（年間商品販売額増減率, 売り場面積増減率, 経済成長力（総合））その3

	年間商品販売額増減率				売場面積増減率			
	14年/04年	RANK	水準	CUT後	14年/04年	RANK	水準	CUT後
福井県	▲ 18.5	—	100.0	100.0	▲ 8.0	—	100.0	100.0
福井市	▲ 16.8	3	102.1	102.1	▲ 4.7	3	103.6	103.6
敦賀市	▲ 19.3	6	99.1	99.1	▲ 14.5	6	92.9	92.9
小浜市	▲ 23.0	7	94.5	94.5	▲ 23.4	8	83.2	83.2
大野市	▲ 15.0	1	104.3	104.3	▲ 15.6	7	91.7	91.7
勝山市	▲ 28.4	9	87.9	87.9	▲ 26.1	9	80.3	80.3
鯖江市	▲ 25.4	8	91.5	91.5	▲ 14.1	5	93.3	93.3
あわら市	▲ 17.7	5	101.0	101.0	▲ 6.0	4	102.2	102.2
越前市	▲ 16.4	2	102.6	102.6	▲ 2.5	2	105.9	105.9
坂井市	▲ 17.6	4	101.1	101.1	6.4	1	115.6	115.6

資料：表1に同じ.

200

表11 福井県9市・質的経済力（若者(20〜34歳)人口比率, 昼間人口比率, 完全失業率）その1

	若者(20〜34歳)人口比率				昼間人口比率				医師割合（対人口）			
	2017年	RANK	水準	CUT後	2015年	RANK	水準	CUT後	2014年	RANK	水準	CUT後
福井県	15.0	－	100.0	100.0	100.0	－	100.0	100.0	0.25	－	100.0	100.0
福井市	15.3	3	102.2	102.2	110.1	1	110.1	110.1	0.35	1	141.6	130.0
敦賀市	14.8	5	98.9	98.9	101.0	4	101.0	101.0	0.20	3	81.8	81.8
小浜市	14.3	7	95.6	95.6	101.7	3	101.7	101.7	0.23	2	90.8	90.8
大野市	13.7	9	91.6	91.6	91.7	7	91.7	91.7	0.09	8	35.7	70.0
勝山市	13.9	8	92.7	92.7	90.6	8	90.6	90.6	0.17	4	67.5	70.0
鯖江市	15.2	4	101.7	101.7	92.5	6	92.5	92.5	0.16	5	63.2	70.0
あわら市	14.8	6	98.8	98.8	96.6	5	96.6	96.6	0.14	6	55.3	70.0
越前市	15.6	1	104.2	104.2	103.1	2	103.1	103.1	0.13	7	54.1	70.0
坂井市	15.4	2	102.5	102.5	88.3	9	88.3	88.3	0.08	9	33.5	70.0

資料：表1に同じ.

表12 福井県9市・質的経済力（社会増減(転入出)比率, 従業員あたり粗付加価値額, 従業員あたり年間商品販売額）その2

	社会増減(転入出)比率				従業員あたり粗付加価値額				従業員あたり年間商品販売額			
	2017年	RANK	水準	CUT後	2016年	RANK	水準	CUT後	2014年	RANK	水準	CUT後
福井県	90.1	－	100.0	100.0	1,204.7	－	100.0	100.0	1,413.5	－	100.0	100.0
福井市	96.8	3	107.4	107.4	994.3	6	82.5	82.5	1,912.5	3	135.3	130.0
敦賀市	89.7	5	99.5	99.5	1,368.8	3	113.6	113.6	1,955.8	2	138.4	130.0
小浜市	97.8	2	108.5	108.5	810.7	8	67.3	70.0	1,690.1	6	119.6	119.6
大野市	72.8	8	80.7	80.7	838.4	7	69.6	70.0	2,014.4	1	142.5	130.0
勝山市	72.4	9	80.3	80.3	1,135.6	5	94.3	94.3	1,518.6	8	107.4	107.4
鯖江市	108.8	1	120.7	120.7	771.4	9	64.0	70.0	1,717.8	5	121.5	121.5
あわら市	80.7	7	89.6	89.6	2,014.2	1	167.2	130.0	1,505.7	9	106.5	106.5
越前市	82.1	6	91.1	91.1	1,592.7	2	132.2	130.0	1,806.9	4	127.8	127.8
坂井市	94.2	4	104.6	104.6	1,167.3	4	96.9	96.9	1,644.6	7	116.3	116.3

資料：表1に同じ.

表13 福井県9市・質的経済力（流出入係数, 財政力指数, 出生率）その3

	流出入係数				財政力指数				出生者割合（出生者／人口）			
	2014年	RANK	水準	CUT後	2016年	RANK	水準	CUT後	17年	RANK	水準	CUT後
福井県	0.96	－	100.0	100.0	0.39	－	100.0	100.0	0.78	－	100.0	100.0
福井市	1.30	1	135.6	130.0	0.84	2	213.5	130.0	0.84	2	107.6	107.6
敦賀市	1.20	2	124.7	124.7	0.97	1	246.5	130.0	0.84	3	107.4	107.4
小浜市	1.05	3	109.2	109.2	0.43	8	109.3	109.3	0.84	1	108.1	108.1
大野市	0.99	4	103.7	103.7	0.41	9	104.2	104.2	0.60	9	76.7	76.7
勝山市	0.69	8	71.5	71.5	0.45	7	114.3	114.3	0.66	8	84.7	84.7
鯖江市	0.80	6	83.3	83.3	0.66	5	167.7	130.0	0.82	4	105.7	105.7
あわら市	0.65	9	67.7	70.0	0.65	6	165.2	130.0	0.67	7	86.4	86.4
越前市	0.99	5	102.9	102.9	0.72	3	183.0	130.0	0.77	6	98.3	98.3
坂井市	0.78	7	81.0	81.0	0.67	4	170.3	130.0	0.79	5	101.0	101.0

資料：表1に同じ.

資　料　編　201

表14　福井県9市の経済成長力, 質的経済力(総合)

	経済成長力(総合)			質的経済力(総合)		
	水準	CUT後	RANK	水準	CUT後	RANK
福井県	100.0	100.0	—	100.0	100.0	—
福井市	99.9	99.9	1	126.2	114.4	1
敦賀市	90.2	90.2	7	123.5	109.7	2
小浜市	84.4	84.5	9	101.1	101.4	4
大野市	92.9	93.0	5	88.5	91.0	8
勝山市	84.6	85.0	8	89.3	89.6	9
鯖江市	91.7	91.7	6	102.3	99.5	5
あわら市	95.7	95.7	3	103.7	97.5	7
越前市	93.7	93.7	4	110.7	106.4	3
坂井市	97.3	97.3	2	99.4	99.0	6

資料：表1に同じ.

表15 経済成長力・質的経済力 『出所一覧表』

	項目	出所	発行元	調査年
経済成長力	人口増減率	住民基本台帳人口移動報告	総務省統計局	2007年3月末
				2017年1月1日
	事業所増減率	事業所・企業統計調査 経済センサス	総務省統計局 総務省統計局	2004年 2014年
	製造業事業所増減率	工業統計調査 経済センサス	経済産業省 総務省統計局	2006年 2016年
	製造業従業者増減率	工業統計 経済センサス	経済産業省 総務省統計局	2006年 2016年
	小売業事業所増減率	商業統計 経済センサス	経済産業省 総務省統計局	2004年 2014年
	小売業従業者増減率	商業統計 経済センサス	経済産業省 総務省統計局	2004年 2014年
	年間商品販売額増減率	商業統計 経済センサス	経済産業省 総務省統計局	2004年 2014年
	売場面積増減率	商業統計 経済センサス	経済産業省 総務省統計局	2004年 2014年
質的経済力	若者(20〜34歳)人口比率	国勢調査	総務省統計局	2017年
	昼間人口比率	国勢調査	総務省統計局	2015年
	医師割合(対人口)	国勢調査	総務省統計局	2014年
	社会増減(転入出)比率	住民基本台帳人口移動報告	総務省統計局	2017年1月1日
	従業員あたり粗付加価値額	経済センサス	総務省統計局	2016年
	従業員あたり年間商品販売額	経済センサス	総務省統計局	2014年
	流出入係数	経済センサス 住民基本台帳人口移動報告	総務省統計局 総務省統計局	2014年 2014年3月末
	財政力指数	都道府県別決算状況調 市町村別決算状況調べ	総務省 総務省	2016年 2017年
	出生者割合	人口動態統計月報年計	厚生労働省	2017年

資料：表1に同じ.

参 考 文 献

朝倉喜祐［1989］『蓮如吉崎御坊と門徒』八千代印刷.

一見輝彦［1999］『わかりやすいアパレル素材の知識』星雲社.

井上武史［2014］『原子力発電と地域政策』晃洋書房.

──────［2009］『地方港湾からの都市再生』晃洋書房.

和泉自治会編［2014］『和泉地区地域づくり計画』.

伊用徳之助［1995］『日本眼鏡史』商工教育発行所.

越前市編『越前市の歴史』.

越前市教育委員会［2016］『文化財からみる越前市の歴史文化図鑑』.

越前市産業環境部 産業政策課［2014］『越前市工芸の里構想』.

越前町教育委員会［2006］『越前町織田史（古代・中世編）』エクシート.

大野市歴史博物館編［2011］『土井利忠　生誕200年記念特別展　山と海の殖産興業』新進
　　印刷.

岡崎陽一［1986］「明治大正期における日本人口とその動態」『人口問題研究』178.

小川正人［2013］『持続性あるまちづくり』創風社.

小浜市編［2011］『第5次小浜市総合計画』.

勝山市編［2015］『勝山市のすがた　勝山市統計書　平成27年度版』.

清川メッキ工業編『創業45年記念誌』清川メッキ工業.

経済産業省［2002］『工業統計調査』.

──────［2018a］『工業統計調査』.

──────「2018b］『商業統計』.

厚生労働省［2008〜2017］『人口動態統計年報』.

──────［2014］『平成25年人口動態統計月報年計（概数）の概況』.

──────［2017］『平成29年（2017）人口動態統計月報年計（概数）の概況』.

厚生労働省政策統計課［2017］『平成29年賃金構造基本調査』.

国立社会保障・人口問題研究所編［2013］『日本の地域別将来推計人口』

──────［2018］『日本の地域別将来推計人口』.

坂井市観光連盟［2015］『坂井市地勢要覧』.

榊原清則［2002］『経営学入門』日本経済新聞社（日経文庫）.

坂本光司・南保勝編［2005］『地域産業発達史』同友館.

鯖江市［1975］『広報さばえ』.

鯖江市編［2005］『市制施行50周年記念誌』藤田印刷所.

芝田寿朗［1984］『若狭塗の技法と歴史』福井県文化振興事業団.

司馬遼太郎［2014］『街道をゆく18　越前の諸道』朝日新聞社（朝日文庫）.

下谷政弘［1993］『日本の系列と企業グループ』有斐閣.

白石晴義［2000］『俵田光蔵――漆へのこだわり――』若狭を記録する会（www.geocities.
　　jp/kataribe28　2018年9月10日閲覧）.

セーレン株式会社編［2015］『希望の共有をめざして　セーレン経営史』大日本印刷.

セーレン株式会社百年史編集委員会編［1990］『セーレン百年史　新たな飛躍・新たな挑戦』.

杉本伊佐美［1970］『越前漆器』越前漆器協同組合内「越前漆器」刊行会.

須藤一紀［2005］『よくわかる日本の人口』第一生命研究レポート.

総務省［2013a］『都道府県別決算状況調』.

――――［2013b］『市町村県別決算状況調』.

総務省統計局［2001］『事業所・企業統計調査』.

――――［2015a］『全国消費実態調査』.

――――［2015b］『平成27年国勢調査』.

――――［2017a］『平成28年経済センサス-基礎調査（速報）』.

――――［2017b］『家計調査年報』.

――――［2017c］『平成29年就業構造基本調査』.

――――［2017d］『住民基本台帳人口移動報告』.

――――［2017e］『統計でみる都道府県のすがた2017』.

俵田光蔵［1995］『若狭塗箸に生きて』若狭塗箸協同組合.

千葉亮［2018］『九代目右近権左衛門一代記　萬両往来』越前町.

敦賀市立博物館編［2012］『近代敦賀の幕開け～大谷吉継の治めた湊町』.

――――［2016］『敦賀長浜鉄道物語』若越印刷.

帝国データバンク［2014］『長寿企業の実態調査』.

伝統的工芸品産業振興会編［2004］『全国伝統的工芸品産業』ぎょうせい.

――――［2006］『全国伝統的工芸品産業』ぎょうせい.

――――［2007］『全国伝統的工芸品産業』ぎょうせい.

――――［2009］『全国伝統的工芸品産業』ぎょうせい.

――――［2011］『全国伝統的工芸品産業』ぎょうせい.

東京商工リサーチ［2017］『倒産企業の平均寿命調査』.

内閣府経済社会総合研究所［2017］『国民経済計算年次推計』.

永江寿夫［2015a］「地の記憶をたどりながら，ここに生きていくこと　若狭鯖街道熊川宿
　　の逸見勘兵衛家の試みから」，日本建築士会連合会編『建築士』日本建築士連合會.

――――［2015b］『若狭向山1号墳』花園大学考古学研究室　福井県若狭町.

永江寿夫編［2006］『若桜街道熊川宿』若狭町教育委員会.

中島辰夫［2014］『福井県の誕生』文芸社.

中沢孝夫［2012］『グローバル化と中小企業』筑摩書房（筑摩選書）.

参考文献　　*205*

中西聡［2013］『北前船の近代史――海の豪商たちが遺したもの――』成山堂書房.
南保勝［2002］『鯖江めがね産地における複合化への可能性研究』福井県立大学.
─────［2008］『地場産業と地域経済』晃洋書房.
─────［2010］「地域資源と福井の未来」『Consultant 2010 April 247』建設コンサルタンツ協会.
─────［2013］『地方圏の時代』晃洋書房.
─────［2014］「『産学官金連携』の現状と課題――地方圏における地域金融の方向性――」『月刊金融ジャーナル』54（11）.
─────［2016］『福井地域学』晃洋書房.
日本眼鏡卸組合連合会編［1955］『眼鏡の歴史』.
日本福祉大学知多半島総合研究所編［1997］『北前船と日本海の時代』校倉書房.
隼田嘉彦・白崎昭一郎・松浦義則・木村亮［1997］『福井県の歴史』山川出版.
福井経済同友会編［2014］『大転換期における地域企業経営〜たゆまぬイノベーションへの挑戦〜』福井経済同友会（http://www.f-doyukai.jp/070_teigen/pdf_26.pdf, 2018年11月26日閲覧）.
福井県［1998］『図説福井県史』（http://www.archives.pref.fukui.jp/fukui/07/zusetsu/indexzu.htm, 2018年11月26日閲覧）.
福井県編［1993］『福井県史通史編 1　原始・古代』福井県印刷出版協同組合.
─────［1994a］『福井県史通史編 3　近世一』福井県印刷出版協同組合.
─────［1994b］『福井県史通史編 5　近現代一』福井県印刷出版協同組合.
─────［1996a］『福井県史通史編 4　近世二』福井県印刷出版協同組合.
─────［1996b］『福井県史通史編 6　近現代二』福井県印刷出版協同組合.
─────［2007］『平成19年 福井県商業統計調査』.
─────［2018a］『平成28年経済センサス‐活動調査（速報）福井県分集計結果の概要』.
─────［2018b］『企業立地ガイド』.
福井県観光営業部観光振興課［2018］『福井県観光客入込数（推計）平成29年』.
福井県経済調査協会［1986］『福井経済40年のあ・ゆ・み』.
福井県原子力安全対策課, 財団法人福井県原子力センター編［2014］『福井県の原子力＜別冊＞』福井県原子力安全対策課.
福井県工業技術センター編［2002］『福井県工業技術センター100年史』.
福井県繊維協会編［2000a］『五十年史』福井繊維情報社.
─────［2000b］『福井繊協ニュース』福井繊維情報社.
福井県眼鏡卸商組合編［1991］『卸組合30年史』.
福井県立大学地域経済研究所地域経済部門編［2013］『原子力発電と地域経済の将来展望に関する研究――原子力発電所立地地域からみた新しいエネルギーミックスと地域経済――』.
福井県立若狭歴史博物館［2015a］『福井県立若狭歴史博物館常設展示図録』.

─────［2015b］『御食国若狭とサバ街道』.

福井坂井地区広域市町村圏事務組合編［2015］『旅するフクイ』.

福井人絹倶楽部編［1987］『福井人絹会館五十年史』ヤサカ高速印刷.

─────［1991］『福井人絹取引所通史』吉田錦文堂.

福井新聞［1984］「めがねと福井」『福井新聞』4-9月連載.

古島敏雄［1985］『体系日本史叢書12　産業史Ⅲ』小川出版社.

宝慶寺編［1986］『修行寺宝慶寺』創文堂印刷.

北陸経済研究所編［1994］『北陸の眼鏡産業』北陸経済研究所.

─────［1995］『北陸の主要工業の過去・現在・未来』北陸経済研究所.

北陸経済連合会, 北陸電力株式会社［2015］『北陸のシェアトップ100』.

真柄甚松［2004］「越前市の歴史」『武生市史編さんだより』第30号改訂版, 武生市史編さ
　　ん委員会.

松原淳一［2012］『福井の経済』晃洋書房.

松原信之編[2012]『福井県謎解き散歩』KADOKAWA（新人物文庫）.

松本懿［1999］『地域づくりの要諦』横山出版.

みくに龍翔館編［2002］『みくに龍翔館』.

美浜町教育委員会編［2013］『若狭国と三方郡のはじまり──若狭の古代社会の在り方を
　　考える──』美浜町教育委員会.

若狭町歴史文化課［2014］『重要伝統的建造物群保存地区熊川宿』.

＜ウェブ＞

あわら市HP（http://www.city.awara.lg.jp/）

越前市HP（http://www.city.echizen.lg.jp/office/090/030/echizennsinobunnkazai/rekisi.
　　html）

大野市HP（http://www.city.ono.fukui.jp/）

小浜市HP（http://www1.city.obama.fukui.jp/）

勝山市HP（http://www.city.katsuyama.fukui.jp/docs/）

坂井市HP（http://www.city.fukui-sakai.lg.jp/shimin/01/index.html）

鯖江市HP（http://www.city.sabae.fukui.jp/）

敦賀市HP（http://www.city.tsuruga.lg.jp/）

福井市HP（http://keitai.city.fukui.lg.jp/）

福井人絹倶楽部HP（http://fukui-rc.jp/）

「鯖江歴史街道」（http://www1.ttn.ne.jp/~shima/sabae/）

索　　引

〈ア　行〉

IR　169
IOT　ⅲ
ITC　130
アウトレットモール　122
アグリビジネス　169
揚浜式　12
阿須波氏　52
「穴窯」　109
ES　162
生江氏　52
石黒務　17
和泉自治会　179, 180
一業一社体制　94, 101
「一乗谷朝倉氏遺跡」　51
一点豪華主義　40, 41, 183
「命のビザ」　68
EPA　159
医療　169
医療・福祉関連　33
Industrie4.0　ⅲ, 186
ウールライク　82
WJ織機　81
右近権左衛門　11
梅田雲浜　14
エアバック　84
AI　ⅲ, 186
エクセレントチタン　92
越前打刃物　108, 109
「越前古窯博物館」　111
越前漆器　104, 105
越前箪笥　111
「越前国」　5, 6
越前焼　109-111
越前和紙　105, 106

「越山若水」　3
エネルギーミックス　131, 133
FOIP　167, 168
FTA　159
M&A　157
近江商人　10
オーガナイザー企業　156, 157
「オッパ取引」　113
小布施町　173-177
「おぶせミュージアム」　175
オリジナリティー追求型企業　162

〈カ　行〉

外発型企業　141, 144
化学産業　ⅴ
「かかわりの連鎖」　181
加島屋　179
「ガッチャマン時代」　148
勝山左義長まつり　59
金森長近　56
『紙の文化』博物館　106
観光　121-124
機械・金属産業　ⅴ
企業内ベンチャー　158, 159
規制緩和　ⅱ
「北ノ庄城」　51
北前船　10-12, 111
絹織物　20
機能性　86
　——材料　169
「ギフト組」　93
規模分析　25
供給者　ⅱ
共同店舗　118, 122
恐竜　59, 136
金属洋食器　21

「勤勉と絆」　172

熊川宿　22，135

クラッドメタル　99

グローカル　iv

グローバル化　ii，84，153，154，159，160

景気循環　ii

経済のソフト化・サービス化　33

「継体天皇」　3，4，185

『源氏物語』　64

原子力懇談会　131

原子力発電所　130-132，134

建設業　32，127，128

コア・コンピタンス　155

郊外型店　117

工作機械　98，100

合繊織物　79，81

公民連携　iv，v，172，177，181，186

国内総生産　26

「越国」　3-5，58，64

〈サ 行〉

再生可能エネルギー　132

「さばえ火祭り」　89

鯖街道　22，69，70

サービス業　v，33，123

産学官金連携　169-171

３軸織物複合材　84

CS　162

事業承継　161

市場原理主義　ii

失業率　37

シナジー（相乗）効果　159

地場産業　34，35，140，141

柴田勝家　7，53

柴田神社　53

シャトル　148

「宗教観」　38，39，183

「十郷用水」　50，51

需要者　ii

循環型社会　ii

商業集積　117

少子高齢化　ii

浄土真宗　39

商品流通経済　12，18

将来推計人口　28，30

ショッピングセンター　122，123

自立化・自活化　149，152

シルクライク　82

人絹

　――大国福井　62

　――織物　62，79，113

　――糸取引所　113

人口減少社会　ii，27

真宗大国　44

真宗門徒の掟11カ条　39，44

杉田玄白　13

製塩　11

製造業　32，35

繊維産業　v，35，77

〈タ 行〉

代替エネルギー　132

泰澄大師　58

第二創業　158，159

「高井鴻山記念館」　174，175

橘曙覧　14

多品種・小ロット化・短納期化　83

多文化共生　46

『ターヘル・アナトミア』　13

TAMA協会　169，170

「玉紬」　53，77，78

短繊維織物　81

炭素繊維複合材料基材　84

地域完結型　34

「地域経営」　i-iv，183，184，186，187

地域経済　71，161，172

地域資源　iv

地域自治区制度　49

「地域風土」 38, 39, 183
チタン素材 90
チタン微細加工技術 169
チタンフレーム 90
地方分権 14
中央集権 14
長寿企業 137, 138, 140
長繊維織物 81
敦賀県 19, 20
敦賀湊 67
定性分析 25
TPP 159, 160
定量分析 25
"出島" 72, 73
データシティ鯖江 63
電磁波シールド 84
伝統的工芸品産業 65, 102, 112, 126, 185, 186
投資
　建設―― 127
　公共―― 127
　民間―― 127
都市型産業 33
「舎人門」 52
土木資材 84
共働き率 37
「曇徴」 105

〈ナ 行〉

内需型企業 160, 161
ナイロン織物 80
「新潟県農業総合研究所食品研究センター」 177, 178
西回り航路 9, 10, 12
『日本書紀』 3, 6
"二枚広げ" 109
ネットワーク
　受発注―― 153
　取引―― 152

年縞 135, 136

〈ハ 行〉

「花のまち」 175
「羽二重大国」 78
バブル
　――景気 i
　――経済 ii
　――崩壊 84
ハーモニアスポリス構想 69
林毛川 58
PFI 170, 186, 187
東日本大震災 131
「非製造業」 v, 117
ビッグデータ iii, 186
PPP 170, 186, 187
ファッション性 86
ファブレス企業 149
付加価値 32
「福居」 7, 53
「福井城山里口御門」 54
「福井人絹会館」 113, 114
福井人絹倶楽部 114
「福井人絹取引所」 113, 114
「福井方式」 v, 117-119
複合化 157
「複合構造不況」 82
「府県物産表」 19, 21
「２つのＣ」 162
物品賃貸業 33
不動産業 33
フライ織機 148
フラグメンテーション化 160
ブランド化 177
"文明"の"文化"化 ii, 185
平均消費性向 40, 42, 43
「北荘紬」 53, 77, 78
防草シート 84
「北斎館」 174, 175

北陸新幹線　26，54，125，126
「北陸の小京都」　56
ボーダレス化　ii，159

〈マ　行〉

マグネシウム合金枠　92
マーケットイン　83
マシニングセンター　98
増永五左衛門　21，87
松平忠直　7
松平慶永　13
松前藩　10
"廻し鉋着け"　109
三国湊　52
「御食国」　5，69
名目GDP　25
「めがね会館」　91
眼鏡枠産業　v

〈ヤ　行〉

結城秀康　7
有効求人倍率　37
由利公正　14
「養公館庭園」　52

〈ラ　行〉

ライセンスブランド　90
離職率　37
「RENEW2018」　105
「0.6％経済圏」　26
「嶺南」　16
「嶺北」　16
「歴史観」　38，39，183
レピア織機　81
蓮如上人　39，41，44，47
労働集約型産業　39
6次産業化　157

〈ワ　行〉

若桜街道　135
若狭塗　107，108
若狭塗箸　108
「若狭国」　5，6
若狭瑪瑙　106，107
「和・華・蘭」　72
和釘　21
「輪積み成形」　109
「輪積み轆轤成形」　109

《著者紹介》

南 保　勝 (なんぼ　まさる)

　　1953年　福井県生まれ
　　立命館大学卒業
　　福井県立大学大学院経済・経営学研究科地域経済経営政策専攻博士前期課程修了
　　地方銀行系シンクタンクを経て，2001年より福井県立大学へ
　　現在，福井県立大学地域経済研究所長 教授，経済経営学研究科 教授，博士（経済学）

主な著書

　　単著『福井地域学』（晃洋書房，2016年）
　　単著『地方圏の時代』（晃洋書房，2013年）
　　単著『地場産業と地域経済』（晃洋書房，2008年）
　　共編著『地域産業発達史』（同友館，2005年）
　　共著『超優良企業の経営戦略』（同友館，2003年）
　　共著『データでみる地域経済入門』（ミネルヴァ書房，2003年）他多数.

専門分野

　　地域経済論，地場産業論，地域研究

地域経営分析
──地域の持続的発展に向けて──

2019年3月30日　初版第1刷発行　　＊定価はカバーに
　　　　　　　　　　　　　　　　　　表示してあります

著　者　南　保　　　勝ⓒ
発行者　植　田　　　実
印刷者　出　口　隆　弘

発行所　株式会社　晃　洋　書　房
〒615-0026　京都市右京区西院北矢掛町7番地
電　話　075(312)0788番㈹
振替口座　01040-6-32280

装丁　野田和浩　　　　　　　　印刷・製本　㈱エクシート
ISBN978-4-7710-3183-8

JCOPY〈(社)出版者著作権管理機構委託出版物〉

本書の無断複写は著作権法上での例外を除き禁じられています.
複写される場合は，そのつど事前に，(社)出版者著作権管理機構
（電話 03-5244-5088，FAX 03-5244-5089，e-mail: info@jcopy.or.jp）
の許諾を得てください.